3가지 전략으로 끝내는

시원스쿨 OPIc

실전 모의고사

송지원 · 시원스쿨어학연구소

10회분

IH-AL
1주 완성

시원스쿨 **LAB**

시원스쿨 오픽
실전 모의고사 10회

초판 3쇄 발행 2023년 4월 7일

지은이 송지원 · 시원스쿨어학연구소
펴낸곳 (주)에스제이더블유인터내셔널
펴낸이 양홍걸 이시원

홈페이지 www.siwonschool.com
주소 서울시 영등포구 국회대로74길 12 시원스쿨
교재 구입 문의 02)2014-8151
고객센터 02)6409-0878

ISBN 979-11-6150-440-7 13740
Number 1-110808-02020400-06

Preface

안녕하세요, 영어 스피킹 전문 트레이너 송지원입니다.

이번에는 오픽 실전 모의고사로 여러분을 다시 만나 뵙게 되었네요. 오픽 전문 트레이너로서 여러분들과 함께 할 수 있음에 너무 행복하고 감사합니다.

오픽 시험이 어떻게 보면 그리 어려워 보이지 않는데도 목표하는 등급이 쉽게 나오지 않는 시험이라고 생각하실 수 있을 것 같아요. 시험에 출제되는 주제도 일반 회화에서도 많이 주고받을 만한 주제이며, 공부해두면 여러모로 영어 스피킹에 도움이 될 것 같은데 말이죠. 사실, 막상 공부를 시작하고 시험을 보면 원하는 레벨이 그리 간단하게 나오지 않는 것이 오픽 시험인 것 같습니다.

오픽이 수험자 친화적이고, 일반 회화에서 많이 쓰일 법한 주제가 출제된다고 하더라도 시험이면 출제자의 의도가 있기 마련입니다. 다시 말해 오픽 시험을 단기간에 목표 달성하기 위해서 필요한 것은 정확한 출제 의도 파악과 그에 맞는 전략입니다.

도대체 출제자의 의도가 무엇일까요?
이 부분을 누구보다도 체계적이고 정확하게 이번 교재와 강의를 통해 제가 도와드리겠습니다.

- 다년간 온/오프라인을 통해 수많은 학습자들과 함께 해온 경험을 바탕으로
- 매달 오픽 시험 응시를 통한 최신 경향 완벽 분석
- 목표 점수 달성을 위한 고도의 전략 제시
- 영어 스피킹 전문 트레이너로서 영어 말하기 향상을 위한 효과적인 방법 제시

이 모든 것을 <시원스쿨 오픽 실전 모의고사 10회> 도서에 담았습니다. 오픽 전문 트레이너로서 여러분을 오픽 졸업의 길로 안내해 드릴 것을 약속합니다. 저에 대한 믿음과 큰 목소리만 준비해 온다면 나머지는 제가 완성해 드리겠습니다.

끝으로 늘 기회를 주시고 끊임없이 격려해 주시는 신승호 이사님 감사합니다. 든든하게 제 뒤에서 여러 부분 도움 주시는 홍지영 파트장님 감사합니다. 이 책이 나올 수 있도록 끝까지 함께 고생해 주신 문나라 대리님 정말 감사합니다. 이 외 이 책과 강의가 나올 수 있도록 참여해 주신 모든 분들께 감사드립니다.

조건 없는 사랑과 끊임없는 격려를 보내 주는 우리 가족들 정말 사랑하고, special thanks to B 제 맘 알죠?
그리고 제 영원한 버팀목 하나님께 진심으로 감사드립니다.

이 글을 읽으신 모든 분들의 오픽 목표 레벨 달성을 기원합니다.

송지원 드림

Contents

이 책의 특장점

◀ 도서 소개 영상 보기

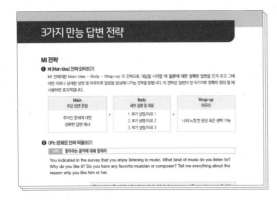

2021년 최신 기출 트렌드 완벽 반영

최신 OPIc 기출 트렌드를 바탕으로 빈출 주제와 신규 주제를 선별하여 실전 모의고사 10회분에 모두 담았습니다.

3가지 OPIc 만능 전략으로 쉽고 빠르게

어떤 문제에도 적용 가능한 3가지 만능 답변 전략을 공개합니다. 또한 빈출 주제별 어휘/표현, 통문장을 제공하여 답변 전략은 물론 어휘력까지 향상시킬 수 있습니다.

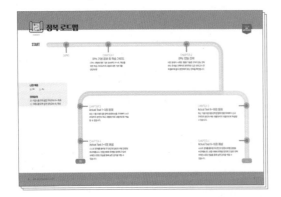

내 목표 레벨에 맞춰 핵심만!

순차적인 난이도 구성으로 목표 레벨에 따라 개인 맞춤형 학습이 가능합니다.

2개 강좌 유료 제공

1. 시원스쿨 오픽 실전 모의고사 IH+ 목표
2. 시원스쿨 오픽 실전 모의고사 AL 목표

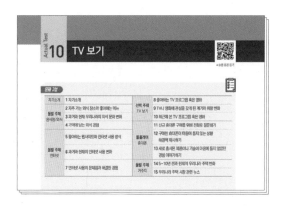

신규 돌발 주제 수록

새롭게 등장한 신규 주제와 혼합 문제 유형까지 모두 담았습니다.

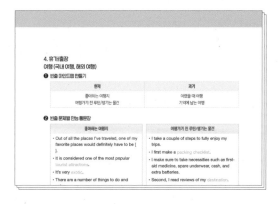

빈출 주제별 필수 어휘 & 표현

OPIc 빈출 주제별로 반드시 알아야 하는 어휘와 표현들을 확인하고 본인의 답변에 활용해보세요.

친절한 송쌤

IH-AL 고득점 획득을 위해 송지원 선생님에게 1:1 과외를 받는 듯한 꼼꼼하고 자세한 팁과 발음, 억양, 추가 표현을 제공합니다.

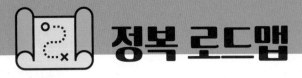

정복 로드맵

START

INTRO

CHAPTER 1
OPIc 기본 정보 및 학습 가이드
OPIc 시험에 대한 기본 정보부터 IH-AL 목표를
위한 학습 가이드까지 시험에 대한 기본기를
탄탄하게!

나의 목표
■ IH   ■ AL

연계강의
■ 시원스쿨 오픽 실전 모의고사 IH+ 목표
■ 시원스쿨 오픽 실전 모의고사 AL 목표

CHAPTER 3
실전 모의고사 1~5회 문제
최신 기출 트렌드를 완벽 반영해 빈출 주제부터 신규
주제까지 본인의 목표 레벨에 따라 효율적으로 학습
할 수 있습니다.

CHAPTER 4
실전 모의고사 1~5회 해설
스스로 문제를 풀어본 후 본인의 답변과 모범 답변을
비교해봅니다. 빈출 어휘와 표현을 정리하고 답변
브레인스토밍 연습을 통해 실전 감각을 익힐 수
있습니다.

IH

CHAPTER 2
OPIc 만능 전략

어떤 문제가 나와도 활용 가능한 3가지 만능 전략
부터 주제별 전략까지 본격적인 실전 모의고사 문
제 풀이에 앞서 본인에게 맞는 전략을 확인합니다.

CHAPTER 3
실전 모의고사 6~10회 문제

최신 기출 트렌드를 완벽 반영해 빈출 주제부터 신규
주제까지 본인의 목표 레벨에 따라 효율적으로 학습할
수 있습니다.

CHAPTER 4
실전 모의고사 6~10회 해설

스스로 문제를 풀어본 후 본인의 답변과 모범 답변을
비교해봅니다. 빈출 어휘와 표현을 정리하고 답변 전략
브레인스토밍 연습을 통해 실전 감각을 익힐 수
있습니다.

AL

학습 플랜

NL Novice Low	NM Novice Mid	NH Novice High	IL Intermediate Low	IM Intermediate Mid	IH Intermediate High	AL Advanced Low

등급 특징

문법적으로 크게 오류가 없는 문단 단위의 언어를 구사하고 기본적인 토론과 업무 관련 의사소통이 가능하다. 익숙하지 않거나 예측하지 못한 복잡한 상황을 만날 때, 대부분의 상황에서 시간을 설명하고 문제를 효과적으로 해결 가능하다. 발화량이 많고 다양한 어휘를 사용한다.

⊘ 1주 완성

Day 1	Day 2	Day 3	Day 4	Day 5	Day 6	Day 7
기본 정보 만능 전략	AT 1 문제 AT 1 해설	AT 2 문제 AT 2 해설	AT 3 문제 AT 3 해설	AT 4 문제 AT 4 해설	AT 5 문제 AT 5 해설	보충/선택 학습 +무료 해설강의 도서 앞날개 스크래치 쿠폰

⊘ 2주 완성

Day 1	Day 2	Day 3	Day 4	Day 5	Day 6	Day 7
기본 정보	만능 전략	AT 1 문제	AT 1 해설	AT 2 문제	AT 2 해설	AT 3 문제

Day 8	Day 9	Day 10	Day 11	Day 12	Day 13	Day 14
AT 3 해설	AT 4 문제	AT 4 해설	AT 5 문제	AT 5 해설	보충/선택 학습 +무료 해설강의 도서 앞날개 스크래치 쿠폰	부록 및 총정리

⊘ 연계 강의

시원스쿨 오픽 실전 모의고사 IH+ 목표

▸ 동영상 강좌와 함께 학습하실 경우, 시원스쿨LAB(lab.siwonschool.com)을 참고하세요.

AL 목표

NL Novice Low	NM Novice Mid	NH Novice High	IL Intermediate Low	IM Intermediate Mid	IH Intermediate High	AL Advanced Low

등급 특징

생각, 경험을 유창히 표현하는 수준으로 토론, 협상, 설득 등 업무 능력 발휘가 가능하다. 일관적 시제 관리, 묘사 및 설명에 다양한 형용사를 사용, 적절한 **접속사 사용**으로 문장 간의 결속력이 높고 **문단의 구조를 능숙히 구성**한다. 익숙치 않은 복잡한 상황에서도 문제를 설명, 해결할 수 있다.

⊘ 1주 완성

Day 1	Day 2	Day 3	Day 4	Day 5	Day 6	Day 7
기본 정보 만능 전략	AT 6 문제 AT 6 해설	AT 7 문제 AT 7 해설	AT 8 문제 AT 8 해설	AT 9 문제 AT 9 해설	AT 10 문제 AT 10 해설	실전 모의고사 +무료 해설강의 도서 앞날개 스크래치 쿠폰

⊘ 2주 완성

Day 1	Day 2	Day 3	Day 4	Day 5	Day 6	Day 7
기본 정보	만능 전략	AT 6 문제	AT 6 해설	AT 7 문제	AT 7 해설	AT 8 문제

Day 8	Day 9	Day 10	Day 11	Day 12	Day 13	Day 14
AT 8 해설	AT 9 문제	AT 9 해설	AT 10 문제	AT 10 해설	보충/선택 학습 +무료 해설강의 도서 앞날개 스크래치 쿠폰	부록 및 총정리

⊘ 연계 강의

시원스쿨 오픽 실전 모의고사 AL 목표

▸ 동영상 강좌와 함께 학습하실 경우, 시원스쿨LAB(lab.siwonschool.com)을 참고하세요.

나만의 학습 플랜

나의 목표 레벨	
나의 시험 예정일	년 월 일
성적 발표일	년 월 일
내가 공부하고 있는 강의	
나의 공부 다짐	

⊘ 1주/2주 완성

Day 1 ____월 ____일	Day 2 ____월 ____일	Day 3 ____월 ____일	Day 4 ____월 ____일
☐ _____	☐ _____	☐ _____	☐ _____
☐ _____	☐ _____	☐ _____	☐ _____
☐ _____	☐ _____	☐ _____	☐ _____
☐ _____	☐ _____	☐ _____	☐ _____
☐ _____	☐ _____	☐ _____	☐ _____

Day 5 ____월 ____일	Day 6 ____월 ____일	Day 7 ____월 ____일	Day 8 ____월 ____일
☐ _____	☐ _____	☐ _____	☐ _____
☐ _____	☐ _____	☐ _____	☐ _____
☐ _____	☐ _____	☐ _____	☐ _____
☐ _____	☐ _____	☐ _____	☐ _____
☐ _____	☐ _____	☐ _____	☐ _____

Day 9 ____월 ____일	Day 10 ____월 ____일	Day 11 ____월 ____일	Day 12 ____월 ____일
☐ _____	☐ _____	☐ _____	☐ _____
☐ _____	☐ _____	☐ _____	☐ _____
☐ _____	☐ _____	☐ _____	☐ _____
☐ _____	☐ _____	☐ _____	☐ _____
☐ _____	☐ _____	☐ _____	☐ _____

Day 13 ____월 ____일	Day 14 ____월 ____일
☐ _____	☐ _____
☐ _____	☐ _____
☐ _____	☐ _____
☐ _____	☐ _____
☐ _____	☐ _____

⊘ 4주 완성

Day 1 ____월 ____일	Day 2 ____월 ____일	Day 3 ____월 ____일	Day 4 ____월 ____일
☐ _____	☐ _____	☐ _____	☐ _____
☐ _____	☐ _____	☐ _____	☐ _____
☐ _____	☐ _____	☐ _____	☐ _____

Day 5 ____월 ____일	Day 6 ____월 ____일	Day 7 ____월 ____일	Day 8 ____월 ____일
☐ _____	☐ _____	☐ _____	☐ _____
☐ _____	☐ _____	☐ _____	☐ _____
☐ _____	☐ _____	☐ _____	☐ _____

Day 9 ____월 ____일	Day 10 ____월 ____일	Day 11 ____월 ____일	Day 12 ____월 ____일
☐ _____	☐ _____	☐ _____	☐ _____
☐ _____	☐ _____	☐ _____	☐ _____
☐ _____	☐ _____	☐ _____	☐ _____

Day 13 ____월 ____일	Day 14 ____월 ____일	Day 15 ____월 ____일	Day 16 ____월 ____일
☐ _____	☐ _____	☐ _____	☐ _____
☐ _____	☐ _____	☐ _____	☐ _____
☐ _____	☐ _____	☐ _____	☐ _____

Day 17 ____월 ____일	Day 18 ____월 ____일	Day 19 ____월 ____일	Day 20 ____월 ____일
☐ _____	☐ _____	☐ _____	☐ _____
☐ _____	☐ _____	☐ _____	☐ _____
☐ _____	☐ _____	☐ _____	☐ _____

Day 21 ____월 ____일	Day 22 ____월 ____일	Day 23 ____월 ____일	Day 24 ____월 ____일
☐ _____	☐ _____	☐ _____	☐ _____
☐ _____	☐ _____	☐ _____	☐ _____
☐ _____	☐ _____	☐ _____	☐ _____

Day 25 ____월 ____일	Day 26 ____월 ____일	Day 27 ____월 ____일	Day 28 ____월 ____일
☐ _____	☐ _____	☐ _____	☐ _____
☐ _____	☐ _____	☐ _____	☐ _____
☐ _____	☐ _____	☐ _____	☐ _____

OPIc
기본 정보 및
학습 가이드

OPIc 시험 소개

OPIc(Oral Proficiency Interview – computer)이란?

OPIc은 1:1로 사람과 사람이 인터뷰하는 듯한 말하기 시험으로서, 최대한 실제와 가깝게 만든 인터넷 기반(iBT)의 수험자 친화형 외국어 말하기 평가입니다. 단순히 문법이나 단어 등을 얼마나 많이 알고 있는가를 측정하는 것이 아니라, 일상 생활에서 얼마나 효과적이고 또 적절하게 해당 언어를 사용할 수 있는가를 측정하는 객관적인 언어 평가 도구입니다.

우리나라에서는 2007년에 최초 시행되어 현재 약 1,700여 개 기업과 기관에서 채용 및 인사 고과 등에 활발하게 활용하고 있습니다. 영어에서부터 중국어, 일본어, 스페인어, 러시아서, 한국어, 베트남어에 이르기까지 총 7개 언어에 대한 평가를 제공합니다.

평가 언어	7개 언어 (영어, 중국어, 일본어, 스페인어, 러시아어, 한국어, 베트남어)
시험 시간	60분(오리엔테이션 20분 + 본 시험 40분) - 문항 청취 시간 제외 약 30~35분 간 답변 녹음
문항 수	12~15문항 (개인별 차등)
응시료	84,000원 (VAT 포함)
시험 특징	· 개인 맞춤형 평가 · 실제 인터뷰와 흡사하여 수험자의 긴장 완화 · 문항별 성취도 측정이 아닌 종합적 평가 · 회화 능숙도 평가 · 신속한 성적 처리
문항 유형	· Background Survey를 통한 개인 맞춤형 문제 출제 · 직업, 여가 생활, 취미, 관심사, 스포츠, 여행 등에 대한 주제
평가 등급	Novice Low 등급부터 Advanced Low 등급까지 있으며, 특히 Intermediate Mid 등급을 세분화하여 제공 (IM1 < IM2 < IM3)
평가 영역	· 과제 수행/기능 (Global Tasks/Functions) · 문맥/내용 (Context/Content) · 정확도/의사전달 능력 (Accuracy/Comprehensibility) · 문장 구성 능력 (Text Type)

 친절한 송쌤 ♡

Q 시험 응시할 때 **25일 규정**이 있다고 하던데 어떤건가요?

A 개발기관 ACTFL의 시험 규정에 따라, OPIc, OPIc Writing, OPIc L&R에 응시한 모든 수험자는 최근 응시일로부터 **25일 경과 후의 시험에 응시할 수 있는데요. 단, 각각의 시험에는 한 언어당 1회에 한하여 25일 이내의 시험에 응시할 수 있는 Waiver 제도가 제공됩니다.** 보다 정확한 일자 계산은 OPIc 공식 홈페이지의 '**25일 규정 계산기**'를 사용하면 가장 정확하고 편리합니다.
확인 가능한 경로는 OPIc 공식 홈페이지 - 시험 접수 - 시험 신청 - 25일 규정 계산기 입니다.

평가 영역

OPIc의 평가 목적은 아래와 같습니다.

> ❶ 수험자가 외국어를 활용해 어떤 일을 할 수 있는지 측정하는 것
>
> ❷ 실생활의 목적들과 연관하여 언어 기술을 사용할 수 있을지 측정하는 것

수험자가 얼마나 오랫동안 외국어를 학습했는지, 언제, 어디에서, 어떤 이유로 어떻게 습득 하였는지보다는 수험자의 본질적인 언어 활용 능력을 측정하는 데에 초점이 맞춰져 있다는 것을 알 수 있습니다.

상세한 평가 영역은 총 4가지이며 아래와 같습니다.

> ❶ 과제 수행/기능 (Global Tasks/Functions)
> 특정 과제를 수행하기 위한 언어 능력 측정
>
> ❷ 문맥/내용 (Context/Content)
> 과제 수행을 하기 위해 사용하는 언어 문맥 및 내용의 범위
>
> ❸ 정확도/의사전달 능력 (Accuracy/Comprehensibility)
> 답변의 보편적 이해도, 정확성, 수용성 측정
> - Grammar/Vocabulary, Fluency/Pronunciation, Pragmatic Competency, Sociolinguistic Competency
>
> ❹ 문장 구성 능력 (Text Type)
> 답변의 길이와 구성 능력(단위: 단어, 구, 문장, 접합된 문장들, 문단)

우리가 흔히 알고 있는 문법(Grammar), 어휘(Vocabulary), 발음(Pronunciation) 등의 요소는 위 평가 영역 중 하나의 영역에 포함된 요소에 불과한데, OPIc은 총체적이고 다면적인 언어 수행 능력을 평가하는 시험이라는 것을 보여줍니다.

평가 방식

OPIc은 절대평가 방식으로 진행됩니다. 수험자가 녹음한 답변은 시험 주관인 ACTFL 공인 평가자(OPIc Rater)에게 전달되며, 평가자는 *ACTFL의 말하기 기준(Proficiency Guidelines Speaking: Revised 2012)에 따라 수험자에게 등급을 부여합니다.

* ACTFL의 말하기 기준(Proficiency Guidelines Speaking: Revised 2012)이란?

말하기 능숙도(Oral Proficiency)에 대한 ACTFL의 공식 언어 능력 기준으로, 일상 생활에서 해당 언어를 얼마나 효과적이고 적절하게 구사할 수 있는가를 측정하는 ACTFL의 40년 이상의 노하우가 집약된 공신력 있는 가이드라인입니다.

시험 진행 순서

오리엔테이션 (20분)

오리엔테이션은 본격적인 시험 시작 전 진행됩니다. 이 때, 시험에 있어 가장 중요한 사전 설문 조사(Background Survey)와 문제 난이도 맞춤을 위한 자가평가(Self-Assessment)가 진행됩니다.

❶ 사전 설문조사 (Background Survey)

먼저, 평가 문항을 위한 사전 설문을 진행합니다.

❷ 자가 평가 (Self-Assessment)

시험의 난이도 결정을 위한 자가 평가가 진행됩니다.

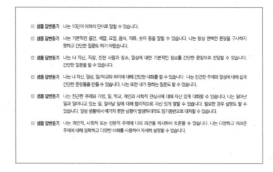

❸ 사전 점검 (Pre-Test Setup)

질문 청취 및 답변 녹음 기능을 사전 점검합니다.

❹ 샘플 문제 답변 (Sample Question)

화면구성, 청취 및 답변 방법 등 전반적인 시험 진행 방법이 안내됩니다.

본 시험 (40분)

❶ 1st Session

사전 설문조사 결과와 자가 평가에서 선택한
난이도를 바탕으로 약 7개의 문제가 진행됩니다.

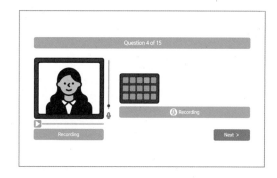

❷ 난이도 재조정

시험의 난이도를 다시 설정할 수 있는 2차 난이도
설정입니다.
쉬운 질문, 비슷한 질문, 어려운 질문 중 선택하면
됩니다.

난이도 재조정

다음 단계의 시험에서는

쉬운 질문 을 원하십니까?　▶ 쉬운 질문

비슷한 질문 을 원하십니까?　▶ 비슷한 질문

아니면 어려운 질문 을 원하십니까?　▶ 어려운 질문

❸ 2nd Session

난이도 재조정 결과를 적용한 나머지 인터뷰 질문들
(약 7개)이 출제됩니다.

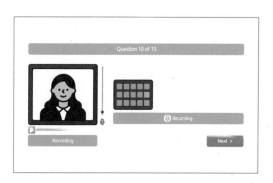

등급 체계

OPIc 등급은 크게 3개로 구분되며, 아래와 같이 더 세분화 됩니다.

NL Novice Low	NM Novice Mid	NH Novice High	IL Intermediate Low	IM Intermediate Mid	IH Intermediate High	AL Advanced Low

취업/승진 시 일반적으로
가장 많이 요구되는 등급

등급	요약 설명
AL (Advanced Low)	나는 사건을 서술/묘사할 때 **다양한 형용사**를 사용하며, **상황에 따른 동사 시제**를 일관적으로 관리할 수 있습니다. 또한, 적절한 위치에서 **접속사**를 사용하여, 문장간 정리된 느낌으로 말을 할 수 있으며, 어떤 대화나 **익숙하지 않은 복잡한 상황**에서도 문제를 설명하고 자연스럽게 이야기하며, 해결할 수 있는 수준입니다.
IH (Intermediate High)	나는 친숙한 대화 주제나 사회적인 이슈에 대해서 어느 정도 문제없이 말할 수 있습니다. 또한, 익숙하지 않거나 예측하지 못한 복잡한 상황을 만날 때에도, **대부분의 상황에서 사건을 설명하고 문제를 효과적으로 해결**할 수 있습니다. 나는 **다양한 어휘**를 사용하며, 주어진 상황에 따른 **상황 설명** 또한 할 수 있습니다.
IM (Intermediate Mid)	나는 일상적인 소재 뿐 아니라 개인적으로 **익숙한 상황**에서는 **문장을 나열**하며 자연스럽게 말할 수 있습니다. 다양한 **문장 형식이나 어휘**를 실험적으로 사용하려고 하며, 상대방이 조금만 배려해주면 오랜 시간 대화도 가능합니다. 또한, 상대방에게 내가 원하는 **질문도 할 수 있습니다.**
IL (Intermediate Low)	나는 **일상적인 소재**에 대해서는 **문장으로 말할 수 있습니다.** 대화에 참여하고 선호하는 소재에서는 간단하지만 자신감을 가지고 문장을 말할 수 있으며, 간단하게 질문도 가능합니다.
NH (Novice High)	나는 내가 친숙한 주제나 개인 정보라면 그에 따른 질문을 하고 **짧은 문장**으로 응답을 할 수 있습니다.
NM (Novice Mid)	나는 이미 암기한 **단어나 문장**으로만 말하기를 할 수 있습니다. **간단한 질문도 하기 어렵습니다.**
NL (Novice Low)	나는 제한적인 수준으로 외국어 **단어만 나열**하며 말할 수 있습니다.

등급 활용

OPIc 시험 성적은 신입, 경력 채용 및 인사 고과 뿐만 아니라 인재 선발, 교육 평가 등 약 1,700여개의 기업 및 공기관과 다수의 대학교에서 영어 말하기 능력을 평가하는 언어 평가 도구로 활용되고 있습니다.

단체 유형별

일반 기업 및 공기관	· 인사 고과 · 직원 평가 및 신입 선발 · 연수 과정 성과 측정 · 교육 성과 측정 (인센티브 제도 운영) · 효과적인 인재 육성 　– 해외 파견 대상 선발 　– 우수 어학 능력자 선발
대학교	· 학업 능력 측정 · 학점 반영 및 학사 관리 · 어학 우수자 장학제도 운영

목적별

신입 채용 및 인사고과	· 신입, 경력 채용 시 어학 자격 제출 제도화 · 2차 전형 인터뷰 대체 · 인사 제도 내 OPIc 도입 · 승진 시 자격기준, 가산점 부여
교육 평가	· 교육, 연수 과정 사전, 후 평가 · 어학능력 측정
인력 선발	· 해외 주재원 선발 자격 기준 · 우수 어학 능력자 선발

출처: 멀티캠퍼스, www.multicampus.com, 오픽 활용방안 및 OPIc 브로슈어

사전 설문조사와 자가 평가

사전 설문조사 항목 미리보기

시험을 보기 전 수험자에 대한 설문 조사가 실시되며, 설문 조사는 1~7번에 걸쳐 직업, 거주지, 여가활동, 취미, 관심사, 스포츠, 여행에 대한 것을 묻게 됩니다. 특히 4~7번에 걸쳐 12개 이상을 택해야 하며 여기서 택한 주제들을 중심으로 본 시험 문제가 출제됩니다.

1. 현재 귀하는 어느 분야에 종사하고 계십니까?
☐ 사업/회사   ☐ 재택근무/재택사업   ☐ 교사/교육자   ☐ 군 복무   ☐ 일 경험 없음

1.1. 현재 귀하는 직업이 있으십니까?
☐ 네   ☐ 아니오

1.1.1. 귀하의 근무 기간은 얼마나 되십니까?
☐ 첫 직장-2개월 미만   ☐ 첫 직장 – 2개월 이상   ☐ 첫 직장 아님-경험 많음

1.1.1.1. 당신은 부하 직원을 관리하는 관리직을 맡고 있습니까?
☐ 네   ☐ 아니오

문항 1에서 교사/교육자로 답변했을 경우
1.1. 당신은 어디에서 학생을 가르치십니까?
☐ 대학 이상   ☐ 초등/중/고등학교   ☐ 평생교육

1.1.1. 귀하의 근무 기간은 얼마나 되십니까?
☐ 2개월 미만 – 첫 직장
☐ 2개월 미만 – 교직은 처음이지만 이전에 다른 직업을 가진 적이 있음
☐ 2개월 이상

2. 현재 귀하는 학생이십니까?
☐ 네   ☐ 아니오

2.1. 현재 어떤 강의를 듣고 있습니까?
☐ 학위 과정 수업   ☐ 전문 기술 향상을 위한 평생 학습   ☐ 어학 수업

2.2. 최근 어떤 강의를 수강했습니까?
☐ 학위 과정 수업
☐ 전문 기술 향상을 위한 평생 학습
☐ 어학 수업
☐ 수업 등록 후 5년 이상 지남

3. 현재 귀하는 어디에 살고 계십니까?

- ☐ 개인 주택이나 아파트에 홀로 거주
- ☐ 친구나 룸메이트와 함께 주택이나 아파트에 거주
- ☐ 가족(배우자/자녀/기타 가족 일원)과 함께 주택이나 아파트에 거주
- ☐ 학교 기숙사
- ☐ 군대 막사

아래의 4~7번 문항에서 12개 이상을 선택해 주시기 바랍니다.

4. 귀하는 여가 활동으로 주로 무엇을 하십니까? (두개 이상 선택)

☐ 영화 보기	☐ 클럽/나이트 클럽 가기	☐ 술집/바에 가기
☐ 박물관 가기	☐ 공원 가기	☐ 당구 치기
☐ 스포츠 관람	☐ 주거 개선	☐ 시험대비 과정 수강하기
☐ 게임하기	☐ 친구들에게 문자 대화하기	☐ 뉴스 보거나 듣기
☐ SNS에 글 올리기	☐ 리얼리티쇼 시청하기	☐ 쇼핑하기
☐ TV 보기	☐ 스파/마사지샵 가기	☐ 구직활동 하기
☐ 요리 관련 프로그램 시청하기	☐ 공연 보기	☐ 콘서트 보기
☐ 차로 드라이브하기	☐ 캠핑하기	☐ 해변 가기
☐ 카페/커피 전문점 가기	☐ 체스하기	☐ 자원 봉사하기

5. 귀하의 취미나 관심사는 무엇입니까? (한 개 이상 선택)

☐ 아이에게 책 읽어주기	☐ 음악 감상하기	☐ 악기 연주하기
☐ 글쓰기(편지, 단문, 시 등)	☐ 그림 그리기	☐ 요리하기
☐ 독서	☐ 주식 투자하기	☐ 신문 읽기
☐ 사진 촬영하기	☐ 혼자 노래 부르거나 합창하기	☐ 춤추기
☐ 애완 동물 기르기	☐ 여행 관련 잡지나 블로그 읽기	

6. 귀하는 주로 어떤 운동을 즐기십니까? (한 개 이상 선택)

☐ 농구	☐ 야구/소프트볼	☐ 축구
☐ 미식 축구	☐ 하키	☐ 크리켓
☐ 골프	☐ 배구	☐ 테니스
☐ 배드민턴	☐ 탁구	☐ 수영
☐ 자전거	☐ 스키/스노보드	☐ 아이스 스케이트
☐ 조깅	☐ 걷기	☐ 요가
☐ 하이킹/트레킹	☐ 낚시	☐ 헬스
☐ 태권도	☐ 운동 수업 수강하기	☐ 운동을 전혀 하지 않음

7. 당신은 어떤 휴가나 출장을 다녀온 경험이 있습니까? (한 개 이상 선택)

☐ 국내 출장	☐ 해외 출장	☐ 집에서 보내는 휴가
☐ 국내 여행	☐ 해외 여행	

자가 평가 항목(Self-Assessment) 미리보기

OPIc은 응시자가 스스로 시험의 난이도를 결정할 수 있습니다. 설문조사가 끝나면 하단과 같이 가장 낮은 1단계부터 가장 높은 6단계에 걸쳐 난이도가 제시되며, 응시자는 각각의 난이도에 해당하는 샘플 답변을 들어본 뒤 본인이 원하는 난이도를 택할 수 있습니다.

1단계	☑ **샘플 답변듣기**	나는 10단어 이하의 단어로 말할 수 있습니다.
2단계	☑ **샘플 답변듣기**	나는 일반적인 사물, 색깔 요일, 음식, 의류, 숫자 등에 대해 말할 수 있습니다. 항상 완벽한 문장을 구사하지 못하며, 간단한 질문도 하기 어렵습니다.
3단계	☑ **샘플 답변듣기**	나는 나 자신, 직장, 친한 사람과 장소, 일상에 대한 기본적인 정보를 간단한 문장으로 전달할 수 있으며, 간단한 질문을 할 수 있습니다.
4단계	☑ **샘플 답변듣기**	나는 나 자신, 일상, 일/학교와 취미에 대해 간단한 대화를 할 수 있습니다. 나는 친근한 주제와 일상에 대해 쉽게 간단한 문장들을 만들 수 있습니다. 나는 또한 내가 원하는 질문도 할 수 있습니다.
5단계	☑ **샘플 답변듣기**	나는 친숙한 화제와 집, 직장/학교, 개인적이거나 사회적인 관심사에 대해 대화할 수 있습니다. 나는 일어난 일, 일어나고 있는 일, 일어날 일에 대해 연결된 문장을 말할 수 있고, 질문을 받을 경우 이를 설명할 수 있습니다. 일상 생활에서 예기치 않은 복잡한 상황이 발생하더라도 임기응변으로 대처하여 말할 수 있습니다.
6단계	☑ **샘플 답변듣기**	나는 직장/학교, 개인적 관심사나 시사 문제에 대한 어떤 대화나 토론도 자신 있게 할 수 있습니다. 높은 수준의 정확성과 다양한 어휘가 요구되는 대부분의 화제에 대해 충분한 길이나 내용으로 자세히 설명할 수 있습니다.

송지원 쌤이 추천하는 사전 설문 조사

1. 현재 귀하는 어느 분야에 종사하고 계십니까?
   □ 사업/회사   □ 재택근무/재택사업   □ 교사/교육자   □ 군 복무   ☑ 일 경험 없음

   > 1번 문항에서 '일 경험 없음'을 선택하고 직업 유무에 관해서도 '아니오'를 선택하면 근무 기간이나 관리직 관련 질문이 나올 가능성이 현저히 줄어듭니다.

   1.1. 현재 귀하는 직업이 있으십니까?
   □ 네   ☑ 아니오

   1.1.1. 귀하의 근무 기간은 얼마나 되십니까?
   □ 첫 직장-2개월 미만   □ 첫 직장 - 2개월 이상   □ 첫 직장 아님-경험 많음

   1.1.1.1. 당신은 부하 직원을 관리하는 관리직을 맡고 있습니까?
   □ 네   □ 아니오

   문항 1에서 교사/교육자로 답변했을 경우
   1.1. 당신은 어디에서 학생을 가르치십니까?
   □ 대학 이상   □ 초등/중/고등학교   □ 평생교육

   1.1.1. 귀하의 근무 기간은 얼마나 되십니까?
   □ 2개월 미만 – 첫 직장
   □ 2개월 미만 – 교직은 처음이지만 이전에 다른 직업을 가진 적이 있음
   □ 2개월 이상

2. 현재 귀하는 학생이십니까?
   □ 네   ☑ 아니오

   2.1. 현재 어떤 강의를 듣고 있습니까?
   □ 학위 과정 수업   □ 전문 기술 향상을 위한 평생 학습   □ 어학 수업

   2.2. 최근 어떤 강의를 수강했습니까?
   □ 학위 과정 수업
   □ 전문 기술 향상을 위한 평생 학습
   □ 어학 수업
   ☑ 수업 등록 후 5년 이상 지남

3. 현재 귀하는 어디에 살고 계십니까?

- ☑ 개인 주택이나 아파트에 홀로 거주
- ☐ 친구나 룸메이트와 함께 주택이나 아파트에 거주
- ☐ 가족(배우자/자녀/기타 가족 일원)과 함께 주택이나 아파트에 거주
- ☐ 학교 기숙사
- ☐ 군대 막사

아래의 4~7번 문항에서 12개 이상을 선택해 주시기 바랍니다.

4. 귀하는 여가 활동으로 주로 무엇을 하십니까? (두개 이상 선택)

☑ 영화 보기	☐ 클럽/나이트 클럽 가기	☐ 술집/바에 가기
☐ 박물관 가기	☑ 공원 가기	☐ 당구 치기
☐ 스포츠 관람	☐ 주기 개선	☐ 시험대비 과정 수강하기
☐ 게임하기	☐ 친구들에게 문자 대화하기	☐ 뉴스 보거나 듣기
☐ SNS에 글 올리기	☑ 리얼리티쇼 시청하기	☐ 쇼핑하기
☑ TV 보기	☐ 스파/마사지샵 가기	☐ 구직활동 하기
☐ 요리 관련 프로그램 시청하기	☑ 공연 보기	☑ 콘서트 보기
☐ 차로 드라이브하기	☐ 캠핑하기	☐ 해변 가기
☐ 카페/커피 전문점 가기	☐ 체스하기	☐ 자원 봉사하기

5. 귀하의 취미나 관심사는 무엇입니까? (한 개 이상 선택)

☐ 아이에게 책 읽어주기	☑ 음악 감상하기	☐ 악기 연주하기
☐ 글쓰기(편지, 단문, 시 등)	☐ 그림 그리기	☐ 요리하기
☐ 독서	☐ 주식 투자하기	☐ 신문 읽기
☐ 사진 촬영하기	☐ 혼자 노래 부르거나 합창하기	☐ 춤추기
☐ 애완 동물 기르기	☐ 여행 관련 잡지나 블로그 읽기	

6. 귀하는 주로 어떤 운동을 즐기십니까? (한 개 이상 선택)

☐ 농구	☐ 야구/소프트볼	☐ 축구
☐ 미식 축구	☐ 하키	☐ 크리켓
☐ 골프	☐ 배구	☐ 테니스
☐ 배드민턴	☐ 탁구	☐ 수영
☐ 자전거	☐ 스키/스노보드	☐ 아이스 스케이트
☑ 조깅	☑ 걷기	☐ 요가
☐ 하이킹/트레킹	☐ 낚시	☐ 헬스
☐ 태권도	☐ 운동 수업 수강하기	☑ 운동을 전혀 하지 않음

7. 당신은 어떤 휴가나 출장을 다녀온 경험이 있습니까? (한 개 이상 선택)

☐ 국내 출장	☐ 해외 출장	☐ 집에서 보내는 휴가
☑ 국내 여행	☑ 해외 여행	

송지원 쌤이 추천하는 자가 평가

OPIc 응시자는 Self-Assessment 를 통해 본인에게 맞는 레벨을 선택하여 시험을 치를 수 있습니다. 샘플 답변을 들으며 본인 실력과 비슷한 단계를 선택하는 것이 자가 평가의 기본 목적이지만, 어떤 레벨을 고르느냐가 고득점을 받는 데 중요한 전략이 될 수 있기 때문에 전략적인 선택이 필요합니다. 7번까지의 문항을 마친 후, 레벨 조정의 시간이 주어집니다. 쉬운 질문 - 비슷한 질문 - 어려운 질문이 주어지는데, 비슷한 질문을 선택하여 **난이도 조정 없이** 가는 것을 추천합니다. **AL이 목표등급이라면** 5-5 혹은 6-6 을, **IM3-IH를 목표로 한다면** 4-4를 추천합니다.

1단계	☑ 샘플 답변듣기	나는 10단어 이하의 단어로 말할 수 있습니다.
2단계	☑ 샘플 답변듣기	나는 일반적인 사물, 색깔 요일, 음식, 의류, 숫자 등에 대해 말할 수 있습니다. 항상 완벽한 문장을 구사하지 못하며, 간단한 질문도 하기 어렵습니다.
3단계	☑ 샘플 답변듣기	나는 나 자신, 직장, 친한 사람과 장소, 일상에 대한 기본적인 정보를 간단한 문장으로 전달할 수 있으며, 간단한 질문을 할 수 있습니다.
4단계	☑ 샘플 답변듣기	나는 나 자신, 일상, 일/학교와 취미에 대해 간단한 대화를 할 수 있습니다. 나는 친근한 주제와 일상에 대해 쉽게 간단한 문장들을 만들 수 있습니다. 나는 또한 내가 원하는 질문도 할 수 있습니다.
5단계	☑ 샘플 답변듣기	나는 친숙한 화제와 집, 직장/학교, 개인적이거나 사회적인 관심사에 대해 대화할 수 있습니다. 나는 일어난 일, 일어나고 있는 일, 일어날 일에 대해 연결된 문장을 말할 수 있고, 질문을 받을 경우 이를 설명할 수 있습니다. 일상 생활에서 예기치 않은 복잡한 상황이 발생하더라도 임기응변으로 대처하여 말할 수 있습니다.
6단계	☑ 샘플 답변듣기	나는 직장/학교, 개인적 관심사나 시사 문제에 대한 어떤 대화나 토론도 자신 있게 할 수 있습니다. 높은 수준의 정확성과 다양한 어휘가 요구되는 대부분의 화제에 대해 충분한 길이나 내용으로 자세히 설명할 수 있습니다.

IM3-IH 목표 전략

전략1 문장과 문장 사이에 멈춤을 없애라!

무조건 많은 문장을 말해야 한다거나, 발화량이 무조건 많아야만 고득점이 나오는 것은 아닙니다. 하지만 문장과 문장 사이를 너무 길게 멈추면 고득점을 받을 수 없게 만드는 중요한 요인 중 하나예요. 한 문장을 말할 때 그 다음은 어떤 문장을 이어서 말할지 항상 생각하고 준비해야 합니다. 문장과 문장사이의 너무 많은 um.. uh.. 등 혹은 너무 긴 멈춤은 반드시 없애야 합니다!

전략2 기본-선택 주제는 마인드맵을 활용하여 답변을 철저히 준비하라!

OPIc는 기본-선택-돌발-롤플레이 크게 4가지로 나뉩니다. 그 중에서도 기본-선택주제는 100% 준비 할 수 있습니다. 기본주제는 거주지 부분을, 선택주제는 Background Survey에서 여러분이 정한 범위의 주제로 마인드맵을 그리며, 완벽히 준비합니다. 자가평가 3-3 이상을 선택할 경우, 15문제가 출제되며, 그 중 적게는 6문제 많게는 12문제까지 기본/선택에서 출제될 수 있으니, 확실히 준비할 수 있는 부분은 준비하고 가는 것이 목표 레벨을 달성할 수 있는 전략이 되겠습니다.

전략3 롤플레이를 활용하자!

상대방에게 질문을 할 수 있는 능력이 있다는 것을 채점자에게 보여줘야 IM 이상 등급을 받을 수 있습니다. 질문하기는 롤플레이에서 출제 되는데 롤플레이에서는 의문문을 정확하게 만들 수 있어야 합니다. 의문문은 크게 직접 의문문과 간접 의문문으로 나뉘는데 간접 의문문을 답변에 잘 활용한다면 고득점을 받을 수 있습니다. 간접 의문문을 답변으로 활용할 때는 어순에 주의하며, 상황에 알맞은 형태로 질문합니다. IH 등급을 목표로 한다면 단순히 질문하는 것 이외에 주어진 상황에 대한 해결능력 및 대처능력이 점수에 영향을 미치므로 롤플레이 콤보 2에서 해결하기, 대안책 제시하기에 대한 답변을 정확히 연습합니다.

전략4 질문을 반드시 두 번 듣고, 최대한 활용하자!

OPIc은 질문을 2번 들을 수 있고, 이로 인한 감점은 없습니다. 따라서, 질문은 반드시 두번씩 들으며 질문에 나온 문장을 최대한 기억합니다. 질문에 주어진 문장을 답변으로 활용하면, 반드시 좋은 결과가 있습니다. 단순히 언제, 어디서, 누구와와 같은 질문이 주어지기도 하지만, 답변에 그대로 활용할 수 있는 예시, 사실과 같은 문장, 표현이 질문에 포함되어 있을 수 있으니 질문을 잘 기억하여 답변에 활용합니다.

IH-AL 목표 전략

전략1 나만의 패턴/표현 20가지를 암기해라!

채점자에게 다양한 패턴 및 표현을 사용하여 답변하는 것을 의도적으로 보여주는 것이 중요합니다. 본 책에 수록된 다양한 패턴 및 표현을 학습한 후 내 답변에 활용도가 높을 것 같은 패턴/표현을 20개 정도 선택하여 반복 학습을 한다면 다양한 답변을 만들 수 있습니다.

전략2 적절한 filler 및 접속사/연결어 를 사용하라!

채점자는 수험자가 외운 답변을 말한다라는 판단이 들면 점수를·주지 않습니다. 모든 답변을 외울 수는 없지만 그래도 암기한 티를 내지 않고 자연스럽게 말할 수 있는 방법에는 무엇이 있을까요? 정답은 바로 filler 및 접속사/연결어에 있습니다. What I mean is that…, you know…, I mean…과 같이 말 중간 중간 넣을 수 있는 filler와 so, that's why, then과 같은 연결어를 문장 사이에 적절히 활용한다면 답변도 좀 더 자연스러워집니다.

전략3 일괄되고 정확한 시제를 사용하라!

OPIc은 주로 하나의 주제에 3단 콤보로 문제가 출제되는데, 그 기준은 바로 시제입니다. 가령, 3단 콤보 중 첫번째 문제는 보통 현재형을 사용하여 대답해야 하는 문제가, 두번째, 세번째 문제는 과거형 혹은 현재형과 과거형을 넘나드는 현재완료형을 사용하면 고득점을 받을 만한 문제가 출제되죠. 이러한 문제들에서는 내용보다도 더 중요한 부분이 시제를 정확하게 일괄적으로 사용하는 것입니다. 문제에서 묻는 것이 무엇인지 정확히 파악하고, 어떤 시제를 사용해야 하는지 반드시 숙지하고 연습해야 합니다.

전략4 문장에 양념을 쳐라!

굳이 쓰지 않아도 문법적으로 오류는 없지만, 넣어서 문장을 풍성하게 만드는 역할을 하는 단어, 문장들을 되도록 많이 사용합니다. 가령, I love you. 문장을 I DO love you.와 같이 강조용법을 사용한다던지, It was the worst food.를 It was by far the worst food I've ever had.를 넣어 강조 한다던지 말이죠. I live in Seoul. 문장을 I currently live in Seoul.이라고 풍부한 감정을 넣어 말해보세요. 고득점으로 가는 지름길이랍니다.

OPIc
만능 전략

3가지 만능 답변 전략

- ⊘ MI 전략
- ⊘ INTRO 전략
- ⊘ WH 전략

주제별 전략

- ⊘ 기본 주제
- ⊘ 선택 주제
- ⊘ 돌발 주제
- ⊘ 롤플레이

3가지 만능 답변 전략

MI 전략

❶ MI (Main Idea) 전략 파악하기

MI 전략이란 Main Idea - Body - Wrap-up 의 전략으로, 대답을 시작할 때 **질문에 대한 정확한 답변**을 먼저 주고 그에 대한 이유나 상세한 설명 및 마무리로 답변을 완성해 나가는 전략을 말합니다. 이 전략은 답변이 한 두가지로 명확히 정리 될 때 사용하면 효과적입니다.

Main 주요 답변 문장	Body 세부 설명 및 이유	Wrap-up 마무리
주어진 문제에 대한 정확한 답변 제시	1. 부가 설명/이유 1 2. 부가 설명/이유 2 3. 부가 설명/이유 3	나의 느낌 한 문장 혹은 생략 가능

❷ OPIc 문제로 전략 적용하기

선택 좋아하는 음악에 대해 말하라

You indicated in the survey that you enjoy listening to music. What kind of music do you listen to? Why do you like it? Do you have any favorite musician or composer? Tell me everything about the reason why you like him or her.

Main

K-pop

I'm not really picky about music but I do have a specific music genre that I like to listen to the most, and it is Korean pop.
저는 음악에 별로 까다롭지 않아요. 하지만 제가 가장 즐겨 듣는 음악 장르가 있긴 있는데, 그것은 바로 한국 대중가요예요.

Body

1. 가사 이해 가능
2. 추억을 회상
3. [   ]을 좋아함
4. 감정 표현 방법

The biggest reason why I like it the most is because the lyrics are understandable, whereas those in foreign songs are not. When I can hear the lyrics clearly, it helps me reminisce about the past and personally relate to the song. This is one of many keys to appreciate music. Plus, I'd like to talk about my favorite singer, Lee-jeok. I like the way he expresses his feelings throughout the entire song, and I like his appearance, too.
제가 그것을 좋아하는 가장 큰 이유는 외국 노래와는 다르게 한국 노래는 가사를 이해할 수 있기 때문이에요. 가사가 정확하게 들릴 때, 저는 과거를 회상하고, 개인적으로 노래에 공감할 수 있어요. 이것은 음악을 잘 감상하는 많은 비법 중에 하나죠. 이에 더하여, 제가 좋아하는 가수 이적에 대해 이야기하고 싶어요. 전 그가 노래 전체에서 감정을 표현하는 방법도 좋고, 그의 외모도 좋아합니다.

Wrap-up

강력 추천

I strongly recommend you listen to K-pop, Ava.
저는 당신이 K-pop을 들어 보길 강력히 추천해요, Ava.

INTRO 전략

❶ INTRO (서론) 전략 파악하기

Intro 전략이란 Introduction – Body – Wrap-up의 전략으로 질문에 대한 정확한 답변이 떠오르지 않거나 여러 개의 답변이 생각나서 나열해야 하는 경우 **답변을 시작하기에 앞서 일반적인 서론을 주는 전략**을 말합니다. 이 전략은 여러 개의 답변을 나열해야 하는 문제, 예를 들어, '변화/차이점들을 이야기 해라', '질문 및 대안을 제시해라' 와 같은 롤플레이에 효과적으로 사용할 수 있습니다.

Intro 서론 문장		Body 세부 설명 및 이유		Wrap-up 마무리
답변 전체를 아우르는 주제문	▶	1. 부가 설명/이유 1 2. 부가 설명/이유 2 3. 부가 설명/이유 3	▶	나의 느낌 한 문장 혹은 생략 가능

❷ OPIc 문제로 전략 적용하기

롤플레이 | 호텔 주변에 할 것들 질문하기

I'd like to give you a situation and act it out. Imagine you are staying at a hotel. Go up to the receptionist and ask him or her three to four questions about things to do around the hotel.

Intro
할 일들

> Hi. I'm staying at your hotel for the first time and I have no idea what's around the hotel. Since I have some free time, I would like to ask you a few questions about things to do around here.
>
> 안녕하세요. 전 당신의 호텔에서 처음 묵는데 호텔 주변에 뭐가 있는지 전혀 모르겠습니다. 제겐 시간이 좀 있어서, 이 근처에서 할 일들에 대해 몇 가지 물어보고 싶습니다.

Body
1. 마켓
2. 관광지
3. 차 렌트 장소

> First, is there a market around the hotel? I am getting a little bit hungry and I would love to try some local food at the market. Second, could you recommend some sightseeing spots? I love taking landscape photos and it would be wonderful if you could point out some great spots for me. Lastly, could you tell me where I can rent a car? It would definitely be helpful if I have a car to travel long distances.
>
> 첫째, 호텔 주변에 마켓이 있나요? 저는 배가 좀 고프고 마켓에서 현지 음식을 먹어보고 싶어요. 둘째로는, 관광지 좀 추천해 주시겠어요? 저는 풍경 사진 찍는 것을 좋아하는데, 좋은 장소를 알려주시면 좋을 것 같습니다. 마지막으로, 제가 차를 어디서 빌릴 수 있는지 알려주시겠어요? 만약 장거리 여행을 할 차가 있다면 분명 도움이 될 것 같습니다.

Wrap-up
감사 인사

> Thanks in advance for sharing your precious time.
>
> 당신의 소중한 시간을 공유해주셔서 미리 감사합니다.

WH 전략

❶ WH 전략 파악하기

WH전략이란, When - Body - So 의 전략으로, 주로 **과거에 있었던 일을 설명하라**는 문제가 출제 되었을 때 효과적으로 사용할 수 있습니다. 답변은 일어난 시점부터 시작하여 wh-words(**육하원칙**)에 의거하여 말하다 보면, 생각보다 쉽게 답변을 완성해 나갈 수 있습니다.

When 언제		WH 사건 순서 대로 나열		So 마무리
사건이 일어난 시기	▶	순서/육하원칙에 따라 나열 1. 어디서 2. 무엇을 3. 어떻게 4. 누구와 5. 왜	▶	사건의 결과, 나의 느낌 혹은 생략 가능

❷ OPIc 문제로 전략 적용하기

선택 | 최근 영화 관람

Can you describe the most recent time you went to the movies? What did you do? Who did you go with? When did you go? Did anything special happen there? Tell me everything about the last time you went to the movies.

When 1년 전	It's been quite a long time since I last went to the movies due to the outbreak of COVID-19. To bring back the memory, I guess the last time I went to the movies was approximately a year ago. COVID-19의 발생으로 영화를 보러 간 지 꽤 오래되었어요. 기억을 되살려 보자면, 제가 최근에 마지막으로 영화를 보러 간 것은 대략 1년 전일 듯합니다.
WH 1. [　]을 봄 2. 기대에 못 미침 3. 옆 사람 코 곪	I went to the movies with my friend, and I believe we watched Dolittle. I believe I chose the right one but it turned out to be wrong. All I remember about the movie is that it didn't live up to my expectation, and what's worse was that the person sitting right next to me was snoring so hard that we even left the theater in the middle of the movie. 저는 친구와 영화를 보러 갔고, Dolittle이라는 영화를 본 것 같습니다. 저는 제가 영화를 잘 선택했다고 생각했는데, 아니었어요. 제가 기억나는 것이라고는 그 영화가 제 기대에 부응하지 못했고, 설상가상으로 바로 옆에 앉은 사람이 코를 심하게 골아서 영화 중간에 영화관까지 나왔다는 것뿐입니다.
So 가장 좋지 않은 경험	That was one of the worst experiences I've had at the theater! 그것이 바로 제가 극장에서 겪은 최악의 경험들 중 하나입니다!

주제별 전략

기본 주제
거주지

❶ 빈출 마인드맵 만들기

현재	과거
거주지 묘사/설명 좋아하는 방 묘사/설명 집에서 하는 일(루틴) 설명	과거와 현재의 거주지 비교/변화 집에서 잊지 못할 경험/문제

❷ 빈출 문제별 만능 통문장

거주지 묘사/설명
• I currently live in an apartment/a detached house. • I've lived in an apartment all my life. • There are high-rise apartment complexes in my town. • It's very clean and quiet. • I'm fully satisfied with where I live.

좋아하는 방 묘사/설명
• My favorite room is [　]. • My number one place in my house is master bedroom/bedroom/bathroom/living room/kitchen/study/balcony. • There is [　] where I feel the coziest. • It's filled with things I like.

집에서 하는 일(루틴)
• What I do in my house varies/differs depending on the situation. • Most of the time, I kill time watching TV or reading books. • I invite people over to my house and have a house party. • I get some rest.

과거와 현재의 거주지 비교/변화
• One of the biggest differences is the size of the house/the number of rooms. • The number of rooms has increased. • There were two rooms in the previous house whereas three in the current house.

집에서 잊지 못할 경험/문제
• It was when I was about to go out. • All of a sudden, the hot water stopped working. • I couldn't come up with any idea on how to deal with that problem.

어휘
표현
currently 현재 high-rise 고층의 apartment complex 아파트 단지 clean 깨끗한 quiet 조용한 my number one 내가 가장 좋아하는 be filled with ~로 가득차다 kill time 시간을 죽이다, 시간을 보내다 come up with ~을 생각해내다, 내놓다

1. 여가 활동
(1)관람하기 (영화 보기, 콘서트 보기, 공연 관람하기)

❶ 빈출 마인드맵 만들기

현재	과거
관람 장소 좋아하는 배우/장르 관람 전후 활동(루틴)	관심 갖게 된 계기 과거와 현재의 취향 변화 기억에 남는 경험

❷ 빈출 문제별 만능 통문장

관람 장소	좋아하는 배우/장르	관람 전후 활동(루틴)
• The place I like to go to for movies/performances would be the one called [ ] near my house. • It is equipped with a state-of-the-art sound system. • It's very spacious, quiet, well-maintained and well-organized. • It's always packed with people and noisy.	• Out of all the genres/actors, actresses, my all-time favorite one would be [ ]. • The storylines are very simple and easy to understand. • It's so hilarious that it cracks me up. • It has twists that makes it more fun and absorbing. • It's neither cruel nor violent.	• I take a few steps in order to fully enjoy movies/performances. • The first thing I do is to book tickets/read reviews of the movie/performance. • I also check what's been newly released recently. • I don't forget to clean up after myself for the next person.

관심 갖게 된 계기	과거와 현재의 취향 변화	기억에 남는 경험
• The movie/play motivated/encouraged me to overcome my hardship. • It was way better than I expected. • It was worth the money. • Since then, it has become a major part of my life.	• My taste in movies/performances has (not) changed dramatically. • In my youth, I used to be a big fan of [ ]. • As time has gone by, I've become more interested in [ ].	• It was the best/worst movie/play that I've ever seen. • The movie was as good as everyone praised it to be. • The movie was (not) as good/bad as I expected. • I still remember some of the scenes and lines from the movie/play.

(2) 시청하기 (리얼리티 쇼 시청하기, TV 보기)

❶ 빈출 마인드맵 만들기

현재	과거
좋아하는 TV 프로그램 TV 시청 루틴/방법	관심 갖게 된 계기 좋아하는 TV 프로그램의 취향 변화 TV 방송 프로그램의 변화 기억에 남는 TV 프로그램

❷ 빈출 문제별 만능 통문장

좋아하는 TV 프로그램

- Out of all kinds of programs, I like reality shows/documentary/soap opera/news the most.
- [ ] is my preferred one.
- It's epic/dramatic/realistic/funny.
- It is based on unscripted real-life situations.
- They're so funny that I easily get absorbed in the show.

TV 시청 루틴/방법

- I like to watch TV after getting myself comfortable on my couch.
- I usually browse through random channels until I find the one that interests me.
- I sometimes binge-watch.

관심 갖게 된 계기

- It was so addictive and entertaining.
- I used to lose track of time when I watched [ ].
- It was so fun that I could forget about all the things that stressed me out.
- It was not only just fun but also educational and beneficial.

좋아하는 TV프로그램의 취향 변화

- I only liked dramas/comedy shows/cartoons when I was little.
- I was only into [ ].
- My taste for TV shows has changed as I got older.
- I started being attracted to [ ].

TV 방송 프로그램의 변화

- YouTube has become the mainstream nowadays.
- People are more likely to watch shows on YouTube rather than on TV.
- We can watch numerous TV programs on a number of channels now.
- The settings and contents of the shows have become diverse.

기억에 남는 TV 프로그램

- A TV show that was especially memorable is called [ ].
- That show made me have second thoughts about [ ]
- I try to watch the reruns every time to kill time whenever I have the chance.

(3) 공원 가기

❶ 빈출 마인드맵 만들기

현재	과거
자주가는 공원 묘사/설명 공원에서 주로 하는 일/루틴 설명	어렸을 때 갔던 경험/기억에 남는 경험

❷ 빈출 문제별 만능 통문장

자주가는 공원 묘사/설명	공원에서 주로 하는 일 / 루틴 설명	어렸을 때 갔던 경험 기억에 남는 경험 (최근 경험)
• The park that I often go to is called [ ]. • It's right in front of my house. • It's within walking distance. • It's only a 5 minute walk from my house/office. • It takes only about 5 minutes from my house. • It's equipped with many fun activities such as outdoor swimming pool, bike for rent, and exercise equipment. • The bike path is separate from walking trails, which is good for both joggers and riders. • There's a beautiful lake along the park, which allows people to enjoy the beautiful scenery.	• I put on comfy clothing and shoes. • I always take my phone with me because I can listen to music on my phone. • I really like it when I get some fresh air in the park. • I prefer to go to the park alone rather than with other people. • I gather my thoughts and enjoy my own free time. • I sometimes ride a bicycle or take a walk. • I normally have a light walk while listening to music.	• Nothing big/special happened at the park. • We decided to head to the park to enjoy the great weather. • We had a lot of fun. • We flew a kite, ate sandwiches, rode a bicycle, played catch and took a walk. • We spent quality time together. • We talked about many things.

어휘 표현 within walking distance 걸어서 갈 수 있는 거리에   be equipped with ~을 구비하다   exercise equipment 운동 기구   bike path 자전거 도로   walking trail 산책로   along ~을 따라   allow A to B A가 B하는 것을 허용하다   comfy 편안한   get some fresh air 바람을 쐬다, 신선한 공기를 마시다   prefer to ~하기를 선호하다   gather one's thoughts 생각을 정리하다   have a light walk 가벼운 산책을 하다   head 가다, 향하다   take a walk 가볍게 산책하다   quality time 소중한 시간

2. 취미나 관심사
음악 감상하기

❶ 빈출 마인드맵 만들기

빈출	신규
좋아하는 음악 장르/가수 음악을 즐기는 방법 음악 듣는 기기	관심 갖게 된 계기 좋아하는 음악 (취향 변화) 최근 (라이브)음악 감상 경험

❷ 빈출 문제별 만능 통문장

좋아하는 음악 장르/가수	음악을 즐기는 방법	음악 듣는 기기
• It calms me down. • It's very energetic. • The lyrics are touching, inspiring and catchy. • His/her songs make me relate to it. • It relieves my stress.	• I listen to music on the move. • In most cases, I listen to music while commuting/ working out. • I like to listen to music before I go to bed because it helps me to have sound sleep.	• There used to be a handheld gadget called an MP3 player, which people do not use anymore. • Smartphones come with MP3 functionality, which allows people to have easier access to music. • People can enjoy music using streaming services.

관심 갖게 된 계기 좋아하는 음악 (취향 변화)	최근 (라이브)음악 감상 경험
• I've been into music all my life. • I'm not picky about music. • Different music gives me different feelings. • What music I like to listen to heavily depends on what mood I am in. • As I got older, I started being attracted by classical music/ballads.	• I was literally in that moment. • I could forget about all the stressful things. • I got goose bumps. • I didn't know it would be that great. • It was beyond words. • It was out of this world.

어휘 표현 calm A down ~을 진정시키다 energetic 활기찬 lyrics 가사 touching 감동적인 inspiring 영감을 주는 catchy 기억하기 쉬운 relate to ~와 관련되다 relieve one's stress 스트레스를 해소하다 commute 출퇴근하다 work out 운동하다 handheld gadget 휴대용 장치 comes with ~이 딸려 있는 streaming service 스트리밍 서비스, 재생 서비스 be into ~에 관심이 많다, ~을 좋아하다 picky 까다로운 depend on ~에 달려 있다, ~에 따라 다르다 classical music 고전 음악 literally 말 그대로 get goose bumps 소름이 돋다 beyond words 말로 표현할 수 없이

3. 즐기는 운동
유산소 운동 (걷기, 조깅, 운동을 하지 않음)

❶ 빈출 마인드맵 만들기

현재	과거
걷기, 조깅하는 장소 운동하기 전후 루틴	관심 갖게 된 계기 기억에 남는 경험

❷ 빈출 문제별 만능 통문장

걷기, 조깅하는 장소
• I go to the gym located near my house. • The place is filled with various exercise equipment. • The park consists of lots of trees and a forest. • The park has recently been renovated, which has become much safer for joggers. • They offer many different kinds of exercise programs as well.

운동하기 전후 루틴
• I first start off my warm-up by stretching my body. • I take some time to warm up/down. • I take a bottle of water in case I get thirsty. • I wear comfy clothes/sweats/shoes. • I drink water to hydrate my body. • I watch YouTube to get some help in order to work out properly. • I stretch my body. Otherwise, I might get muscle cramps. • I run on a treadmill for at least 30 minutes. • I do weight training.

관심 갖게 된 계기
• When I was little, my parents took me to [ ]. • That was when I became interested in [ ]. • I didn't know it would be that fun. • I turned out to be good at it. • I became excited and slowly got into it. • I found it really interesting to [ ]. • Whenever I [ ], it feels like all of my stress goes away.

기억에 남는 경험
• I didn't take it seriously that I needed to take enough time to warm up my body. • I didn't know how important it is to warm up my body. • All of a sudden, I got a leg cramp. • I ignored it even though he/she put a huge emphasis on warming up. • I was frightened and I panicked. • I learned how important it is to 동사.

어휘 표현 be filled with ~로 가득차다   consist of ~로 구성되다   hydrate 수분을 채우다   muscle cramps 근육 경련   get into ~에 빠져 들다   warm up 준비 운동을 하다

4. 휴가/출장
여행 (국내 여행, 해외 여행)

❶ 빈출 마인드맵 만들기

현재	과거
좋아하는 여행지 여행가기 전 루틴/챙기는 물건	어렸을 때 여행 기억에 남는 여행

❷ 빈출 문제별 만능 통문장

좋아하는 여행지

- Out of all the places I've traveled, one of my favorite places would definitely have to be [ ].
- It is considered one of the most popular tourist attractions.
- It's very exotic.
- There are a number of things to do and enjoy.
- It's packed with museums, theme parks, and outdoor activities.
- Although there are a bunch of other good places for tourists, I would definitely recommend going to [ ].

여행가기 전 루틴/챙기는 물건

- I take a couple of steps to fully enjoy my trips.
- I first make a packing checklist.
- I make sure to take necessities such as first-aid medicine, spare underwear, cash, and extra batteries.
- Second, I read reviews of my destination.
- Lastly, I fully charge my camera and my phone.
- That way, I can make the most of my trips.

어렸을 때 여행

- I remember a time when I went on a trip to [ ] with my family when I was young.
- We were stuck in traffic literally for five hours.
- It was a bit tiring but it was worth it.
- I remember falling asleep in my dad's car.
- We had a lot of fun.

기억에 남는 여행

- What made this trip so memorable was that we did many unforgettable things there.
- It was my first time 동사ing.
- We had some delicious and interesting dishes at reasonable prices.
- An unexpected thing happened.
- I got lost.
- That was the best/worst trip experience I've ever had.

어휘
표현
tourist attraction 관광 명소, 관광지   exotic 이국적인   recommend 추천하다   packing checklist 챙길 짐 목록
destination 목적지, 여행지   memorable 기억에 남는   unforgettable 잊을 수 없는   at reasonable prices 적절한 가격에

1. 집안일 거들기/재활용

빈출 3 combo 만능 통문장

우리나라의 재활용	• It is very simple and efficient. • Each recycling category has its own recycling bin. • All we have to do is just to put each recyclable item in the right bin.
내가 하는 재활용/ 집안일	• I'm responsible for/in charge of recycling. • I clean my house, do(wash) the dishes, fold the laundry, take out the garbage, put away things and make the bed. • I first separate each item by its category, such as plastic, paper, and glass bottles. • I go to a recycling area on the first floor and dump them into the recycling bin according to their category.
기억에 남는 재활용/ 집안일 경험	• One day, I decided to 동사. • I started off by 동사ing. • I went through all the hassle to 동사. • It wouldn't have happened if I'd 동사(과거분사) in the first place.

어휘 표현 simple 간단한 efficient 효율적인 recycling category 재활용 종류 recycling bin 분리수거 함 responsible ~에 책임이 있는 do(wash) the dishes 설거지 하다 fold the laundry 빨래를 개다 take out the garbage 쓰레기를 내다 버리다 put away things 물건들을 내다 버리다 make the bed 잠자리를 정돈하다 separate 분류하다 start off by ~을 하는 것으로 시작하다 go through all the hassle 온갖 고생을 다하다

 친절한 송쌤 ⊙

돌발 주제는 Background Survey에서 선택하지 않은 주제가 출제된다는 점에서 많은 학습자들이 어려움을 느끼는데요. 하지만 돌발 주제로 자주 등장하는 주제를 우선적으로 학습한다면 시험장에서 당황하지 않고 답변할 수 있어요. 일상 관련 돌발 주제로 자주 출제되는 집안일 거들기 또는 재활용의 빈출 3단 콤보는 **내가 하는 집안일 - 과거와 현재 집안일 변화/비교 혹은 집안일 루틴 - 집안일 관련 경험** 순서로 자주 등장합니다.

2. 외식/음식/식사

빈출 3 combo 만능 통문장

좋아하는 음식 자주 가는 식당	• I am a food enthusiast, and I love [ ] food the most. • [ ] food is difficult to mess up, meaning that the food will almost always satisfy people eating it. • There is a [ ] restaurant near my house. • I go to [ ] restaurant every once in a while. • I am a regular customer there.
외식 문화 및 레스토랑의 변화	• Dining culture in Korea has changed a lot over the course of many years. • Dining out wasn't something that people did every day in the past. • Nowadays, people have become so busy that they either order delivery food or go out to dine. • Recently, food delivery has gained so much popularity.
음식점 선택 요소	• When people talk about restaurants, the taste/price/location is definitely discussed. • When it comes to restaurants, taste/price/location is always mentioned/considered. • The more delicious food they serve, the happier people get. • The cheaper the food is, the more satisfied people get. • The closer location the restaurant has, the more people would like to visit there.

어휘
표현 food enthusiast 음식 애호가 every once in a while 가끔 regular customer 단골 손님 dining culture 음식 문화 go out to dine 외식하다 delivery 배달 gain popularity 인기를 얻다, 인기를 끌다 taste 맛 price 가격 location 위치 when it comes to ~에 대해 말하자면 the 비교급 the 비교급 ~하면 할수록 더 ~하다

3. 우리나라의 명절/휴일

빈출 3 combo 만능 통문장

우리나라의 명절	• Two of them are considered the biggest and the most special. • One is called Seolnal and the other is called Chuseok. • Both of them last more than 3 days.
명절에 하는 일	• What people do on these days differs. • People visit their family members/spend quality time together. • They prepare/share some food, hold a memorial service for their ancestors, play some traditional games, and talk.
기억에 남는 경험	• We decided to 동사 because it seemed fun to 동사 together. • Honestly, it was a little hard to 동사 but we had a great time while 동사ing. • I realized that it is very important to do things together with my family, and it still is in my memory.

어휘
표현
spend quality time 소중한 시간을 보내다, 좋은 시간을 보내다   hold a memorial service 차례를 지내다   ancestor 조상
traditional 전통적인   realize 깨닫다

 친절한 송쌤

우리나라의 명절이나 휴일에 관한 문제에 관한 아이디어는 우리말로도 쉽게 떠오르지 않기 때문에 시험 전 반드시 준비해야 하는 주제들 중 하나예요. 빈출 3단 콤보는 **우리나라의 명절/휴일 - 명절/휴일의 과거와 현재 변화 혹은 일반적인 루틴 - 기억에 남는 경험** 순으로 자주 출제됩니다.

4. 인터넷

빈출 3 combo 만능 통문장

사람들의 인터넷 사용 목적	• People use the internet for various purposes. • People get information from the internet. • It's much faster and more economical. • People can connect with others via the internet in real-time. • People do their banking on their mobile phones. • People also watch videos, shop and even take classes online.
자주 가는 웹사이트/ 인터넷 사용 경향	• I'm on the internet every single day. • Thanks to my smartphone, I can get access to the internet every moment. • I often go to a website called [ ]. • This website provides many different services. • What's good about this website is that 주어+동사. • This website provides weather forecasts, so I can check the weather and choose what to wear for the day.
과거와 현재의 인터넷 사용/ 웹사이트 비교	• The internet first became mainstream in the late 90s. • Many things have changed with websites. • The internet has become a major part of our lives. • In the past, the internet speed was so slow. • Now, it takes much shorter than before to download even larger files. • Most websites were very simple and content-based. • Now, almost all websites are beautifully designed and their interface is very user-oriented today.

**어휘
표현** economical 실속 있는 connect with ~와 연락하다 banking 은행 업무 every single day 하루도 거르지 않고, 매일같이 provide 제공하다 weather forecast 일기 예보 mainstream 대세 content-based 내용 중심의 user-oriented 사용자 지향의

5. 교통 수단

빈출 3 combo 만능 통문장

우리나라의 교통수단/ 내가 이용하는 교통수단	· Korea is one of the most well-developed countries in terms of public transportation. · The two most favored means of public transportation in Korea; One is a bus and the other one is the subway. · They are very convenient and affordable. · They are readily available, and they run very frequently. · I personally prefer the subway to a bus because there's no traffic.
교통수단의 변화	· There are a number of subway lines and bus routes now. · We could see only a few subway lines and bus routes in the past. · People can take any public transportation using cards. · In the past, people were only allowed to pay the fee in cash. · It got much faster.
기억에 남는 경험	· I was supposed to go to a place where I've never been to before. · It turned out I took the train that headed toward the other direction. · I got off at the next station, went to the other side, and changed to the right subway bound for my destination.

어휘 표현　well-developed 잘 발달한　convenient 편리한　affordable 가격이 적당한　available 이용 가능한　route 경로　in cash 현금으로　be supposed to ~하기로 되어 있다　turn out ~인 것으로 나타나다　destination 목적지

6. 날씨, 계절

빈출 3 combo 만능 통문장

우리나라의 날씨/계절	• Korea has four distinct seasons. • Spring and fall are relatively shorter than summer and winter in duration. • It's really humid, sticky, and rainy in summer. • It's very dry, cold and snowy in winter.
과거와 현재의 날씨 비교	• It's getting hotter and hotter due to global warming. • When I was young, I used to play snowball fights with my friends in the winter. • I find it harder to see snowball fights outside due to climate change.
날씨 변화로 인한 영향	• I still cannot forget how frightening that day was because it was devastating. • Having never experienced such a disaster, I did not know what to do. • This helped raise awareness on how dangerous [ ] can be.

어휘
표현   distinct seasons 뚜렷한 계절   duration 지속되는 기간   humid 습한   sticky 끈적끈적한   rainy 비가 많이 오는   global warming 지구 온난화   snowball fight 눈싸움   climate change 기후 변화   raise awareness 인식을 높이다

7. 가구

빈출 3 combo 만능 통문장

좋아하는 가구	• The piece of furniture I like the most would be [ ]. • It relaxes me and I feel the most comfortable when I use it. • I've used this [ ] for approximately [ ] years.
과거와 현재의 가구 변화/ 최근 구매한 가구	• The biggest change with the furniture in my house would be [ ]. • I recently replaced my old [ ] with a new one. • What made me change it to a new one was [ ]. • The one that I bought recently looks good with the other furniture in my house.
기억에 남는 경험 (수리/문제 상황)	• I have a few special experiences with regards to furniture. • The most memorable one goes back to a couple of years ago. • Since I didn't have a great taste in interior design, I just decided to go to IKEA on a whim. • It took me more than three hours to finish assembling everything. • That is by far the most terrifying experience I have had with furniture.

**어휘
표현** comfortable 편안한 approximately 대략 replace with ~로 교체하다 with regards to ~에 관해 interior design 실내 디자인 on a whim 즉흥적으로 assemble 조립하다 terrifying 끔찍한

8. 모임

빈출 3 combo/2 combo 만능 통문장

사람들이 모임이나 파티를 하는 장소	• The most common place for those types of events in Korea would be restaurants. • They can have a delicious meal along with alcohol/beverages at the same time. • Depending on the occasion, the menu can vary from traditional to Western.
마지막으로 가졌던 모임이나 파티, 기억에 남는 경험	• It was just a casual gathering. • We had a little bit of alcohol to go along with the food. • We were all talking about our lives. • It was just so fun. • We decided to go Dutch.
소도시와 대도시의 모임 비교 ★ 14번으로 출제	• There are many differences between big cities and small towns when it comes to gathering. • In urban areas, there are many activities that people can enjoy. • Gathering in smaller towns is very different than in a metropolis in terms of the location of the meeting and what people do.
모임에 관한 사람들의 우려 ★ 15번으로 출제	• There are some things that they have to worry about. • Parking space is very limited. • People oftentimes worry about the weather as well.

어휘
표현 common 흔한 at the same time 동시에 casual 가벼운, 일상적인 go Dutch 비용을 나누어 내다 gathering 모임 urban 도시의 parking space 주차 공간

9. 은행

빈출 3 combo 만능 통문장

우리나라의 은행	• There are approximately six major banks in Korea. • They all provide similar service quality and interest rates. • No matter what bank I choose, it wouldn't make that much of a difference. • Each major bank in Korea has its numerous branches.
은행에서 하는 일	• They can do their banking. (open/make an account, deposit/transfer/withdraw money) • They can pay utility bills. • They can get a loan. • They can exchange currency. • People can do basic/simple transactions using ATMs. • Banks promote financial products.
과거와 현재의 은행 변화	• I have noticed that the number of customers visiting the bank has decreased. • People are able to do most of their banking on their smartphone nowadays.

어휘
표현
provide 제공하다 interest rates 이자율 difference 차이(점) numerous 많은 branch 지점, 지사 do one's banking 은행 업무를 보다 open/make an account 계좌를 개설하다 deposit 입금하다 transfer 송금하다 withdraw 출금하다 utility bills 공과금 get a loan 대출을 받다 exchange currency 환전하다 transaction 거래 promote 홍보하다 financial 금융의 decrease 감소하다

 친절한 송쌤♡

은행 관련 주제는 **관련 어휘와 표현 숙지가 핵심**입니다. 계좌를 개설하거나 돈을 입금/송금하는 등 시험 전 기본적인 은행 업무 관련 어휘를 암기하는 것을 추천합니다. 빈출 3단 콤보는 **우리나라의 은행 - 은행의 과거와 현재 변화 혹은 일반적인 방문 루틴 - 기억에 남는 경험 혹은 최근 은행 방문** 경험 순입니다.

10. 휴대폰

빈출 3 combo 만능 통문장

내가 사용하는 휴대폰의 장점	• My phone is actually the best smartphone that is currently out on the market. • It has a huge screen. • My phone is equipped with a large battery.
휴대폰 사용 목적	• People do a variety of things on their smartphone. • People use their smartphone to connect to social media. • They watch videos on their phones. • They do their banking on their phones.
과거와 현재의 휴대폰 비교	• I don't really remember the first time I started using my phone. • My first phone was definitely not a smartphone. • There were only limited functions. • It has a number of advanced functions and applications.

5년 전과 현재의 휴대폰 사용 변화 ★ 14번으로 출제	• The biggest difference can be found in the size of the battery. • Another big difference is the internet speed.
젊은 사람들의 과도한 휴대폰 사용에 대한 의견 ★ 15번으로 출제	• Korea is no exception. • Social media enables them to connect with other people worldwide. • Heavy usage of social media can cause depression. • There are two sides to everything, so we should be well aware of both sides.

**어휘
표현**   be out on the market 시중에 나와 있다   connect 접속하다   function 기능   exception 예외   usage 사용(량)

11. 패션/옷

빈출 3 combo 만능 통문장

우리나라 사람들이 즐겨 입는 옷/패션 스타일	· It really depends on what kind of situation they are in. · The kind of occasion has a lot to with what to wear. · People in my country do love wearing jeans most of the time. · Jeans go very well with any kind of top.
마지막으로 옷을 구매한 시기	· The last time I shopped for clothes was [　] ago. · I went to the department store which is located within walking distance from my house. · It was packed with a lot of people. · I started shopping by browsing through different stores.
과거와 현재의 패션 변화	· Fashion is definitely changing all the time. · Fashion goes round in circles. · After all, fashion is not so different now than in the past.
옷을 사러 갔을 때 겪었던 경험이나 문제 상황	· Something very embarrassing happened while I was shopping. · My credit card was declined. · I realized that I had reached my credit limit. · I felt really embarrassed. · I ran out of the store. · That was the most embarrassing moment in my life.

어휘 표현　occasion 행사　go well with ~와 잘 어울리다　be located ~에 위치해 있다　be packed with ~로 가득차다　browse 둘러보다　go round in circles 돌고 돌다　decline 거절하다　credit limit 신용 한도(액)　embarrassed 당황스러운　run out of ~로부터 도망 나오다, 뛰쳐나오다

12. 약속 (Appointment)

빈출 3 combo 만능 통문장

약속 장소	• The place I go to for an appointment depends on what kind of meeting it is. • If I have a casual meeting with close friends, I would most likely go to a restaurant or a café. • If I have a doctor's appointment, I would have to visit the doctor's office or the hospital. • There are appropriate places for different types of appointments.
전형적인 약속 (루틴)	• There are many different types of appointments I can have. • A typical appointment I usually have is with [ ]. • I also make an appointment with doctors.
어렸을 때 약속 중 기억에 남는 경험	• I couldn't stand a visit to the dentist. • My mother got me to visit the dentist. • My first impression of the dentist was awful, and still remains the same. • I will never get used to going to the dentist.

어휘 표현 appointment 약속, (진료 등의) 예약 appropriate 적절한 typical 대표적인, 보통의 dentist 치과의사 awful 끔찍한 remain 남아 있다

 친절한 송쌤

약속과 관련된 appointments, plans, reservations 의 공통점과 차이점을 알려드릴게요. 세 단어 모두 약간의 의미와 상황 별 쓰임 차이가 있으니 유의해서 사용해야 합니다.

- **appointments**: 공식 기관 방문이나 전문가들과의 만남에 자주 사용되는 약속으로 make an appointment, have an appointment 등 동사 **make, have** 와 주로 함께 쓰입니다.
  예문 I made an appointment with Dr.Lee.
- **plans**: 가족이나 친구들과 함께하는 약속에 자주 쓰입니다.
  예문 Do you have any plans this weekend?
- **reservations**: 식당이나 호텔에 자리나 방을 예약할 때 사용됩니다. **make a reservation** 혹은 **make a boking**으로 자주 쓰입니다.
  예문 I'd like to make a reservation for three people.

13. 여가 시간

빈출 3 combo 만능 통문장

여가 시간을 보내는 장소	• People in my country go to various places to spend their free time. • One of the most commonly visited places is [ ]. • What's even better is that since it is 형용사 for people to 동사, I've seen many people 동사ing.
여가 시간에 하는 일	• What people in my country do to spend their spare time differs from [ ] to [ ]. • The most popular activity that Koreans like to do in their free time is [ ].
과거와 현재의 나의 여가 시간 비교	• Now that I think of it, I used to have way more free time in the past than I do now. • That might be because I got more responsibilities as time went by. • I didn't have that many things to take care of. • Now, I have so much on my plate.

어휘 표현 the most commonly visited places (사람들이) 가장 흔히 방문하는 장소   what's even better is that 더 좋은 점은 ~이다   spare time 여가 시간   differ from 각기 다르다   popular activity 인기 있는 활동   now that I think of it 지금 생각해보니   way 비교급 훨씬 더 ~한   responsibility 책임   as time goes by 시간이 지나면서   take care of ~의 책임을 지다   have so much on one's plate 해야 할 일이 많다, 책임져야 할 일이 많다

14. 호텔

빈출 3 combo 만능 통문장

우리나라의 호텔	· There are numerous hotels in my country. · Most of them follow the styles from the west. · Hotels in cities are mostly located near bus stops or subway stations. · Hotels that are located near tourist attractions have better facilities with great views.
호텔에서 주로 하는 일	· What I do at a hotel varies depending on which type of hotel I am staying in. · At a luxurious hotel for vacation, I'd definitely enjoy all the amenities available. · At a business hotel, I would use the room for the internet and some brief shut-eye.
인상 깊었던 호텔 묘사/경험	· I stayed at [ ] hotel in [ ] a few years back. · It wasn't a specific event that had made the trip unforgettable, but a series of them. · The hotel itself was amazing. · I've never received a warmer welcome before.

**어휘
표현** tourist attraction 관광 명소, 관광지 facility 시설 specific 특정한 unforgettable 잊을 수 없는 itself amazing 그 자체가 놀라운

15. 건강

빈출 3 combo 만능 통문장

건강한 사람들이 먹는 음식	• Most Korean dishes are known to be healthy. • Out of all, bibimbap is nutrient-rich and is loved by healthy people around the world. • A lot of health enthusiasts have a balanced diet.
건강 유지를 위한 활동	• I exercise on a regular basis and get enough sleep. • I also try to look on the bright side. • I sometimes meditate as well. • I have a balanced diet and avoid eating junk food. • I also eat a lot of fruits and vegetables/take some supplements. • I get a health check-up regularly.
최근 건강식을 먹은 경험	• One of my favorite healthy foods is called samgye-tang. • It can be directly translated into ginseng chicken soup. • After finishing the dish, it almost felt like we'd immediately gained energy. • It's definitely worth the time and money.
과거와 현재의 건강 인식 변화	• People started becoming interested in their well-being. • They started caring for their bodies. • More people are now spending their leisure time exercising, taking supplements, and eating healthy.

어휘 표현   dish 음식   known to ~로 알려진   nutrient-rich 영양소가 풍부한   health enthusiast 건강 애호가   balanced diet 균형 잡힌 식단/식사   on a regular basis 정기적으로   meditate 명상하다   junk food 정크 푸드, 영양가가 낮은 음식   supplement 보충제, 보조제   health check-up 건강검진   favorite 가장 좋아하는   gain energy 기력을 얻다   worth ~의 가치가 있는   well-being 건강, 행복   care for ~을 돌보다   leisure time 여가 시간

롤플레이

1. 질문하기

❶ 빈출 마인드맵 만들기

전화	주어진 상황
집을 봐주기로 한 상황 호텔 예약 병원 진료 예약	친구의 MP3/phone 관련 질문하기 친구와 약속 정하기 가구 구입하기

❷ 빈출 문제별 만능 통문장

집을 봐주기로 한 상황

- What exactly do you want me to do?
- Do you want me to recycle as well? If so, what are the things I should recycle?
- Do I have to check the mail box every day?

호텔 예약

- Are there any available rooms on [날짜]?
- How much does the room cost per day?
- Can I possibly get a discount if I stay for three days in a row?
- What time is the check-in and out?

병원 진료 예약

- I'd like to know the earliest time I can see Doctor [　].
- Is there anything to remind myself about before I see the doctor?
- I'm also wondering if there's enough parking space.

친구의 MP3/phone 관련 질문하기

- How much did you pay for the mp3 player/phone?
- Do you think it's worth the price?
- What feature do you like the most?

친구와 약속 정하기

- Is there any particular food you want to eat?
- Please feel free to let me know if there's anything that you want to do.
- Is it okay for us to visit [　]?

가구 구입하기

- Please show me all of the available [　] at your store.
- I'm looking for the one under 1,000 dollars. Do you have any?
- I'm wondering if you're offering any promotion now.

어휘 표현 recycle 재활용하다　available 이용 가능한　get a discount 할인을 받다　in a row 잇달아, 연이어　anything to remind myself 내가 알아둬야 할 것　enough parking space 충분한 주차 공간　feature 특징　particular 특정한　feel free 편하게 ~하라　offer promotion 혜택/이벤트를 제공하다

2. 해결책/대안 제시하기

❶ 빈출 마인드맵 만들기

전화	주어진 상황
집을 봐주기로 했는데 문이 잠긴 상황 호텔 방이 마음에 들지 않음 병원 진료 예약 스케줄 변경	친구의 MP3/phone 고장 낸 상황 친구와의 약속을 못 지키는 상황 가구에 문제가 생긴 상황

❷ 빈출 문제별 만능 통문장

집을 봐주기로 했는데 문이 잠긴 상황	호텔 방이 마음에 들지 않음	병원 진료 예약 스케줄 변경
• I did everything I could think of but I cannot find the key. • Do you happen to know if there is any other possible way for me to get in? • I remember you telling me that password also works to open the door. • Could you please let me know what the numbers are?	• I'm afraid I'm not very satisfied with the room I'll be staying in. • Is there any possible way for you to change my room to a better one? • If all the rooms are fully booked, I'd like to get a refund.	• I'm sorry but I think I should reschedule the appointment I made with Doctor [ ] at [시간]. • Can you please let me know when the doctor is available next week? • Do you think therewill be a lot of people in the hospital next week?

친구의 MP3/phone 고장 낸 상황	친구와의 약속을 못지키는 상황	가구에 문제가 생긴 상황
• I accidentally dropped it when I was exercising. • Would it be okay if I take it to a repair shop? • If you want a new one, I will buy you one. • Don't worry about the money.	• I really hate to tell you this, but I don't think I can make it today. • Would it be okay if we take a rain-check? • If you still want to 동사, I'll hook you up with [ ].	• I've just received [ ] that I ordered but there seems to be a problem with it. • What's the fastest way to get an exchange? • If not, I'd like to get a refund.

어휘 표현 everything I could think of 내가 생각할 수 있는 모든 것   possible 가능한   get a refund 환불을 받다   reschedule 일정을 변경하다   available 이용 가능한   accidentally 실수로, 잘못해서   repair shop 수리점   make it 참석하다, (약속을) 지키다   take a rain-check 다음을 기약하다   hook A up with B A에게 B를 소개하다

3. 경험 이야기 하기

❶ 빈출 마인드맵 만들기

호텔 관련 경험	예약/약속에 늦음	물건을 빌렸다 고장냄	예약/약속 취소	구매 상품에 하자

❷ 빈출 문제별 만능 통문장

호텔 관련 경험

- There was this time when I was not very satisfied with the hotel I stayed at.
- Everything was a mess and nothing satisfied me.
- I never want to go back to the hotel no matter what happens.

예약/약속에 늦음

- There was this time when I was supposed to 동사.
- Something unexpected happened all of a sudden.
- I couldn't avoid being late for the meeting / canceling.
- I apologized to them.

물건을 빌렸다 고장냄

- When I was [ ], a friend of mine was kind enough to lend me her [ ].
- I accidentally dropped it when I was getting off the bus.
- She didn't even get mad at me.
- I still feel grateful for how she reacted, and we are still good friends.

예약/약속 취소

- I am not the person who cancels plans at the last minute, but there was a time when I had no choice but to cancel [ ].
- There was not a single thing I could do to make it to [ ].
- I felt really sorry for canceling [ ] at the last minute.

구매 상품에 하자

- I remember a time when I bought [ ] several years ago.
- I thought it was perfect for my house when I saw it at the store.
- However, it didn't go well with other furniture in my house.
- However, I found this small crack on [ ] when it was delivered.
- I decided to get a refund.

어휘 표현 be supposed to ~하기로 되어 있다 a mess 난장판 unexpected 예상치 못한, 뜻밖의 all of a sudden 갑자기 lend 빌려주다 get off 내리다, 하차하다 get mad at ~에게 화나다 feel grateful 고맙게 여기다 cancel 취소하다 crack 금 get a refund 환불을 받다

실전 모의고사 문제

- ⊘ Actual Test 1
- ⊘ Actual Test 2
- ⊘ Actual Test 3
- ⊘ Actual Test 4
- ⊘ Actual Test 5
- ⊘ Actual Test 6
- ⊘ Actual Test 7
- ⊘ Actual Test 8
- ⊘ Actual Test 9
- ⊘ Actual Test 10

1 영화 보기, 음악 감상하기, 국내 여행

▲ 문제 영상 보기

Background Survey

1	직업	일 경험 없음
2	학생 여부	아니오
3	거주지	개인 주택이나 아파트에 홀로 거주
4	여가 활동	영화 보기, 공연 보기, 콘서트 보기, 공원 가기, TV 보기, 리얼리티 쇼 시청하기
5	취미/관심사	음악 감상하기
6	즐기는 운동	조깅, 걷기, 하이킹/트레킹, 운동을 전혀 하지 않음
7	휴가/출장	국내 여행

Self-Assessment

1차 3단계 | 2차 3단계

TEST_1

기본	자기소개

Q1 Let's start the interview. Tell me about yourself.

돌발	휴대폰

Q2 What's good about your phone? Is it the camera or the big screen? Or does it have some special functions? Can you play a game that is really fun? Please tell me why you like your phone in detail.

Q3 People do various things on their phones. They talk to their friends or family, check what time it is, et cetera. What do you do on your phone? Tell me what you do on your phone besides talking to your friend. What is the main use of your mobile phone?

Q4 When did you start using your phone for the first time? What did your phone look like then? How is your current phone different from the one you used in the past? Are there any changes in functions or appearances? Please tell me in as much detail as possible.

Q5   You indicated in the survey that you enjoy listening to music. What kind of music do you listen to? Why do you like it? Do you have any favorite musician or composer? Tell me everything about the reason why you like him or her.

Q6   I'd like to know how you enjoy music. When do you usually listen to music? Where do you normally go to enjoy listening to music? Do you attend a concert? Or do you go to some places to enjoy live music? Tell me everything about the way you listen to music.

Q7   Can you tell me how you got interested in listening to music? When did you first start listening to music? Was there any person who made you interested in music? What made you start showing interest in music?

선택   **영화 보기**

Q8   You indicated in the survey that you like to watch movies. What kind of movies do you like to watch the most? Why do you like it? Tell me in detail.

Q9   I'd like to know if you have any favorite actors or actresses. Why do you like him or her? What aspect of his or hers attracted you the most? Tell me everything.

Q10   Can you describe the most recent time you went to the movies? What did you do? Who did you go with? When did you go? Did anything special happen there? Tell me everything about the last time you went to the movies.

롤플레이   **호텔/물건 분실**

Q11   I'd like to give you a situation and act it out. Imagine you are staying at a hotel. Go up to the receptionist and ask him or her three to four questions about things to do around the hotel.

Q12   There is a problem I need you to resolve. You left your bag in a taxi on your way back to the hotel. Call the taxi company and explain your situation to the manager and ask him or her to look for it.

Q13   That's the end of the situation. Have you ever had an experience where you left your belongings somewhere? What was it? When did it happen? What did you do to get it back? Please tell me everything you did in order to resolve the problem.

선택   **국내 여행**

Q14   You indicated in the survey that you like to travel domestically. Which place in your country is your favorite? Why do you like that place? Tell me in detail.

Q15   I also like traveling. Please ask me three or four questions about a trip that I took.

2 TV 보기, 국내 여행

▲ 문제 영상 보기

Background Survey

1	직업	일 경험 없음
2	학생 여부	아니오
3	거주지	개인 주택이나 아파트에 홀로 거주
4	여가 활동	영화 보기, TV 보기, 공원 가기, 시험대비 과정 수강하기, 카페/커피 전문점 가기
5	취미/관심사	음악 감상하기
6	즐기는 운동	조깅, 걷기, 배드민턴, 운동을 전혀 하지 않음
7	휴가/출장	국내 여행, 해외 여행

Self-Assessment

1차 3단계 | 2차 3단계

TEST_2

기본	자기소개

Q1 Let's start the interview. Tell me about yourself.

선택	TV 보기

Q2 Tell me about what kinds of TV shows or movies you like to watch. Why do you enjoy them the most?

Q3 Describe your typical routine when you watch TV or a movie. What do you do before, during, and after watching it? Tell me in detail from the beginning to the end.

Q4 Do you have a TV show or a movie that was especially unforgettable in your memory? What kind of TV show or movie was it? Who appeared in that show or movie? Why is it still fresh in your memory? Give me all the details.

선택 국내 여행

Q5 You mentioned in the survey that you like to go on domestic trips. Out of all the places you've been to, where is your favorite place? Why is it your number one place? Give me details.

Q6 People should definitely prepare things for their trips. I'd like to know what you typically do before you go on trips. What do you do before going on a trip? Tell me everything you do before traveling in detail.

Q7 Tell me about the most memorable experience you had while you were traveling in your childhood. What exactly happened? When did it happen? Tell me in detail from the beginning to the end.

돌발 휴일

Q8 Tell me about the most popular holidays in your country. What do people in your country do on those days? Tell me in as much detail as possible.

Q9 Tell me about your most memorable event that happened during the holidays. What happened?

Q10 Describe the most recent holiday you've had. What did you do? Who were you with? Did something special happen during the holiday? Tell me in as much detail as possible.

롤플레이 이벤트 (celebration)

Q11 I'd like to give you a situation to act out. Imagine one of your friends wants to invite you to a celebration in his/her town. Call your friend and ask three or four questions about the celebration.

Q12 I'm sorry but you have a problem to resolve. On the day of the celebration, a water pipe in your bathroom broke, and you cannot go out until it's fixed. Call your friend, explain the situation, and suggest two to three alternatives.

Q13 That's the end of the situation. Have you had any unforgettable events or memorable celebrations that were held in your town or community? What kind of event was it? When was it held? What made it so memorable to you? Tell me everything.

기본 거주지

Q14 I'd like to know about your favorite place in your house. Why do you like it? Tell me in detail.

Q15 I'd like to talk about my place. Ask me three to four questions about where I live.

3 국내 출장, 공원 가기, 운동 수업 수강하기

▲ 문제 영상 보기

Background Survey

1	직업	일 경험 없음
2	학생 여부	아니오
3	거주지	개인 주택이나 아파트에 홀로 거주
4	여가 활동	영화 보기, 공연 보기, 콘서트 보기, 공원 가기, TV 보기, 리얼리티 쇼 시청하기
5	취미/관심사	음악 감상하기
6	즐기는 운동	조깅, 걷기, 요가, 헬스, 운동 수업 수강하기
7	휴가/출장	국내 출장

Self-Assessment

1차 4단계 | 2차 4단계

TEST_3

기본	자기소개

Q1 Let's start the interview. Tell me about yourself.

돌발	모임/기념일

Q2 Where do people in your country go to celebrate? Why do they like to go there? What do they do there? Tell me in as much detail as possible.

Q3 Please talk about the biggest holidays in your country. What do people in your country do during the holiday? Explain in as much detail as possible.

Q4 Please tell me about the last get-together or party you've had. Who were you with? When was it? What did you do? Did something memorable happen that day? Give me all the details.

Q5   Where do you usually go for business trips? Are they domestic or international? Where do you stay when you go on business trips?

Q6   Tell me about your routine before you go on business trips. Do you tend to overpack or underpack? Is there something that you always take? Tell me everything.

Q7   Tell me about your last business trip. Where did you go? Did you go with anyone? Did you have any free time? What did you do on that business trip? Tell me in detail.

선택   공원 가기

Q8   You indicated in the survey that you like to go to parks. Tell me one of the parks that you often go to. Where is it located? Why do you like to go there? When and with whom do you go to the park? Tell me everything.

Q9   When was the last time you went to a park? Who did you go with? What did you do there? Did something special happen while you were there? Tell me everything about the last time you went to the park.

Q10 Have you ever experienced any memorable or unforgettable incident at a park? When was it? Who were you with at that moment? Why did it happen? How did you react to it? Tell me why it is so special to you.

롤플레이   기술/산업

Q11 I'd like to give you a situation to act out. Imagine you are given an assignment to write about the technology sector. Luckily, one of your friends works in that field and knows a lot about it. Come up with three to four questions to ask your friend.

Q12 I'm sorry but there's a problem you need to resolve. Your friend has asked you to meet up to share some information, but you can't meet your friend. Call your friend, explain the situation, and provide your friend with alternatives on how to share the information.

Q13 That's the end of the situation. Is there a product that you use daily? Why do you use the product? What is its main function? Please describe the product in as much detail as possible.

선택   운동 수업 수강하기

Q14 You mentioned that you take an exercise class. What kind of class is it? Where is the class held? Why do you take the class?

Q15 I also recently started taking an exercise class. Ask me three to four questions about the class I'm taking.

Background Survey

1	직업	일 경험 없음
2	학생 여부	아니오
3	거주지	개인 주택이나 아파트에 홀로 거주
4	여가 활동	영화 보기, 공연 보기, 콘서트 보기, 공원가기, 쇼핑하기
5	취미/관심사	음악 감상하기, 독서, 애완동물 기르기
6	즐기는 운동	조깅, 걷기, 운동을 전혀 하지 않음
7	휴가/출장	국내 여행

Self-Assessment

1차 4단계 | 2차 4단계

◁)) TEST_4

| 기본 | 자기소개 |

Q1 Let's start the interview. Tell me about yourself.

| 돌발 | 여가 시간 |

Q2 Where do people in your country go to spend their free time? Why do you think people go there? What do they usually do there?

Q3 What is the most popular activity that people in your country do in order to spend their free time? Why do you think it's so popular? Give me detail.

Q4 Tell me about your free time. Do you have more free time now than you did in the past? Why or why not? Tell me in detail.

기본   거주지

Q5 Describe your neighborhood. Where do you live? How long have you been living there? Do you like your place? Why or why not? What does it look like? Tell me everything about the place you live in.

Q6 I'd like to know what you typically do on weekdays and weekends at home. Do you have any specific routine that you follow when you spend time at home? Tell me in detail.

Q7 Have you ever had any incidents at home? What kind of incident was it? Who was involved in the incident? How did you resolve that problem? Tell me everything from the beginning to the end.

선택   애완동물 기르기

Q8 In the survey, you indicated that you have a pet. What kind of pet is it? How does it look? How long have you had the pet? Tell me everything about the pet you have.

Q9 I'd like to hear about the first time you got your pet. Was there anyone in your family that wanted to raise a pet? What was your first reaction when you met your pet for the first time? Tell me in detail.

Q10 People who have pets have special memories with their pets. Tell me about yours. What happened? What makes the event so special? Explain from the beginning to the end.

롤플레이   공원 가기

Q11 I'd like to give you a situation and act it out. Your friend wants to go to the park with you. Call your friend and ask him three to four questions about the meeting.

Q12 There is a problem I need you to resolve. The park that you and your friend were going to visit will close on that day. Call your friend, explain the situation, and give him/her two to three alternatives.

Q13 That's the end of the situation. Do you have special memories related to parks? What happened there? Why is it so memorable? Tell me everything.

돌발   인터넷

Q14 People use the internet for various purposes. What do people in your country use the internet for? Are there any benefits to using the internet? What is the main purpose of using the internet?

Q15 I also like surfing the web. Ask me three to four questions about my favorite website.

Background Survey

1	직업	일 경험 없음
2	학생 여부	아니오
3	거주지	개인 주택이나 아파트에 홀로 거주
4	여가 활동	영화 보기, 공원 가기, 카페/커피 전문점 가기
5	취미/관심사	음악 감상하기, 독서, 요리하기
6	즐기는 운동	조깅, 걷기, 헬스, 운동을 전혀 하지 않음
7	휴가/출장	집에서 보내는 휴가 , 해외 여행

Self-Assessment

1차 4단계 | **2차** 4단계

🔊 TEST_5

| 기본 | 자기소개 |

Q1 Let's start the interview. Tell me about yourself.

| 선택 | 독서 |

Q2 You indicated in the survey that you like to read books. Who is your favorite e-book author and what is your favorite piece by him or her? Why do you like it? How did you first find out about the piece? What made you become interested in it? Tell me everything.

Q3 I'd like to know how people in your country read books these days. Do they read printed books or e-books? Where do they go to buy books? Tell me in detail.

Q4 What kind of books do you read these days? Is it a novel? Or self-development books? What kind of books did you like to read in your youth? Are there any changes in your taste in books from the past? If so, how has it changed? Give me all the details.

Q5   Describe hotels in your country. What do they look like? How are they different from hotels in other countries? Where are they mostly located? Tell me everything about hotels in your country.

Q6   I believe people go to hotels for various purposes. Some people relax, while others are there for business. What do you do? What kind of activities are available? Give me all the details.

Q7   Have you ever had any memorable experiences while staying at a hotel? What happened? When was it? Who were you with? What made the experience so memorable? Tell me everything from the beginning to the end.

선택   집에서 보내는 휴가

Q8   You indicated in the survey that you like to stay at home for vacation. Are there people who you would like to spend time with? What would you like to do with them? Why would you like to have them over for your vacation?

Q9   What did you do on your last vacation that you spent at home? Did you do anything special? When was it? Who were you with? Tell me everything in detail.

Q10   Tell me one of the most memorable or unforgettable events you've had while spending a vacation at home. What happened? When did it happen? Who were you with? How did you react to it? Why is it so memorable? Tell me everything.

롤플레이   스마트폰

Q11   I'd like to give you a situation and ask you to act it out. Imagine a friend of yours has recently bought a newer version of your phone. You want to find out about its new features. Call your friend and ask three or four questions about the phone.

Q12   There is a problem I need you to resolve. Your friend has sent a document to your phone, but you cannot open it for some reason. Call your friend, explain the situation and provide two to three alternatives.

Q13   That's the end of the situation. I'd like to know if you've had any problem with your smartphone. What happened? How did it happen? How did you resolve the problem? Give me all the details.

선택   헬스

Q14   Please describe the gym that you go to often. Where is it located? What does it look like? What kind of equipment does it have?

Q15   I've recently started going to the gym, too. Ask me three to four questions about the gym I go to.

6 음악 감상하기, 해외 여행

▲ 문제 영상 보기

Background Survey

1	직업	일 경험 없음
2	학생 여부	아니오
3	거주지	개인 주택이나 아파트에 홀로 거주
4	여가 활동	영화 보기, 공원 가기, TV 보기, 카페/커피 전문점 가기
5	취미/관심사	음악 감상하기, 독서
6	즐기는 운동	조깅, 걷기, 헬스, 운동을 전혀 하지 않음
7	휴가/출장	국내 여행. 해외 여행

Self-Assessment

1차 5단계 | 2차 5단계

◁)) TEST_6

| 기본 | 자기소개 |

Q1 Let's start the interview. Tell me about yourself.

| 돌발 | 약속 |

Q2 People go to various places for their appointments. Where do you usually go for appointments? Do you have any preferences on where to go? Tell me in detail.

Q3 I'd like to know about the appointments you typically have. What kind of appointments are they? With whom do you have appointments? How often do you attend this appointment? Give me details.

Q4 Tell me about an unforgettable appointment in your youth. Did anything special happen when you were at the appointment? What exactly happened? Why is it so special? Tell me everything from the beginning to the end.

기본 | **거주지 + 주거 개선**

Q5 Tell me about your favorite room in your house. What makes you like that room the most? What is in there? Tell me in as much detail as possible.

Q6 Compare your homes now and in the past. How have they changed? What is the biggest difference? Is it the size? Is it the number of rooms? Please tell me all the differences you notice.

Q7 Tell me about the last time you decorated your house. When was it? What did you do? Did you buy anything special to decorate your house? Tell me everything.

돌발 | **날씨**

Q8 Tell me about the weather in your country. How many seasons are there? How long does each season last? What is the weather like in each season? Please explain in detail.

Q9 What was the weather like when you were young? How has it changed since then? Are there a lot of changes? What kind of changes are they? Give me all the details.

Q10 Extreme weather can cause major damage in our world. Have you ever experienced any problem caused by weather? It can be a flood, drought, typhoon, or earthquake. What was the problem? How severe was it? How did you react to it? Tell me everything from the beginning to the end.

롤플레이 | **여행/면허증 발급**

Q11 I'd like to give you a situation and ask you to act it out. Imagine you are traveling in New York and you are in need of a rental car. Go find a car rental agency and ask three to four questions about how to rent a car.

Q12 There is a problem I need you to resolve. The car rental agency has disqualified you from renting their car for not having an American driver's license. Explain to the agency why you should be allowed to drive, and what is written on your driver's license.

Q13 That's the end of the situation. Have you ever had any unforgettable events while you were traveling abroad? What happened? When was it? What made it so memorable? Tell me everything from the beginning to the end.

선택 | **음악 감상**

Q14 Choose two genres of music or composers you like and talk about similarities and differences between those two.

Q15 There are many different gadgets people use to listen to music. Tell me what devices people in your country use to listen to music.

7 카페/커피 전문점 가기, 헬스

▲ 문제 영상 보기

Background Survey

1	직업	일 경험 없음
2	학생 여부	아니오
3	거주지	개인 주택이나 아파트에 홀로 거주
4	여가 활동	영화 보기, 공원 가기, 시험대비 과정 수강하기, 카페/커피 전문점 가기
5	취미/관심사	음악 감상하기, 독서
6	즐기는 운동	조깅, 걷기, 헬스, 운동을 전혀 하지 않음
7	휴가/출장	국내 여행. 해외 여행

Self-Assessment

1차 5단계 | 2차 5단계

🔊 TEST_7

기본	자기소개

Q1 Let's start the interview. Tell me about yourself.

선택	카페/커피 전문점 가기

Q2 You indicated in the survey that you like to go to coffee shops. Tell me about the coffee shop that you go to often. Who do you go there with? When do you normally go there? What do you do there? Where is it located? Tell me everything.

Q3 There are many differences between coffee shops now and in the past. What has changed the most? Is it the menu? Is it the design? Give me as many details as possible.

Q4 Sometimes, unexpected things could happen at coffee shops. What was the most memorable event that you had at a coffee shop? When did it happen? What happened? Why is it memorable? Tell me everything from the beginning.

돌발 가구

Q5 Tell me about your favorite piece of furniture in your house. Why is it your favorite? How long have you been using it? What's so special about it? What can you do with it? Give me details.

Q6 In your house, which furniture has changed the most? Did you buy new furniture? Or did you fix it? How did that happen? Tell me in detail.

Q7 Do you have any unforgettable experience with regards to furniture? What was it? And what happened? Did you get it fixed? Or did you have to change something? When did it happen? Tell me in as much detail as possible.

돌발 책임

Q8 Tell me about the responsibilities you currently have at home. What are they? Do other family members have responsibilities as well? Give me details.

Q9 I'd like to know about a responsibility you had when you were young. What was it? Do you still carry that responsibility? Tell me in as much detail as possible.

Q10 Was there a time when you did not fulfill your duties? What responsibility were you supposed to fulfill? Why did you not carry out your responsibility? What stopped you from taking that responsibility? Give me lots of details.

롤플레이 약속

Q11 I'd like to give you a situation and ask you to act it out. In your neighborhood, a new gym has recently opened. Call the gym and ask three to four questions about the gym.

Q12 There is a problem I need you to resolve. You were supposed to go to the gym with your friend, but something came up at the last minute. Call your friend, explain the situation and provide two to three alternatives.

Q13 That's the end of the situation. Have you ever had an experience where you had to cancel on your friend? Why did it happen? How did you react to it? When did it happen? Tell me in detail from the beginning to the end.

돌발 휴대폰

Q14 Please compare smartphones to phones five years ago. How are they different? What is the biggest difference you can notice? How has the way people use their phones now changed from five years ago?

Q15 Young generations spend a lot of time communicating with peers online. It is considered a problem in some countries. Do people in your country see it the same way? What's your opinion on this?

8 쇼핑하기, 해외 여행

▲ 문제 영상 보기

Background Survey

1	직업	일 경험 없음
2	학생 여부	아니오
3	거주지	개인 주택이나 아파트에 홀로 거주
4	여가 활동	영화 보기, 공원 가기, 시험대비 과정 수강하기, 쇼핑하기, 카페/커피 전문점 가기
5	취미/관심사	음악 감상하기
6	즐기는 운동	조깅, 걷기, 헬스, 운동을 전혀 하지 않음
7	휴가/출장	국내 여행. 해외 여행

Self-Assessment

1차 5단계 | **2차** 5단계

🔊 TEST_8

기본	자기소개

Q1   Let's start the interview. Tell me about yourself.

선택	쇼핑하기

Q2   You indicated in the survey that you like shopping. Where do you go shopping? When do you usually shop? Is there any particular routine you follow when you shop? Tell me everything.

Q3   Please tell me about your shopping experience when you were young. Where did you go to shop? Who did you go with? Did you buy anything? Did something happen while you were shopping? Tell me in as much detail as possible.

Q4   Have you experienced any unforgettable event while shopping? What exactly happened? Was there a problem? If so, how did you resolve it? Were you with someone at that moment? Tell me everything from the beginning till the end.

Q5 You indicated in the survey that you enjoy going on overseas trips. Can you list some of the tourist destinations where people in your country like to go? Why do you think people like to go there? Give me details.

Q6 Can you please describe the overseas city or country where you traveled for the first time? Where was it? What did you do? Who did you go with? Tell me everything in detail.

Q7 Unordinary things happen during overseas trips. Have you had any? What happened? Where and when did it happen? What makes it so memorable? Tell me everything.

Q8 Everyone wants to stay healthy. Some people follow their specific routine for a healthier life while others take supplements like vitamins. What about people in your country? Is there any food that healthy people in your country specifically eat in order to stay fit? What about you? Do you do some special things to stay healthy? I'd like to know everything.

Q9 Everyone's definition of healthy is different and their views toward staying healthy have changed over the past few years. Some people consider eating light the best way to stay healthy while others think eating as you want is the key to staying healthy. Tell me how the awareness of health has changed from the past.

Q10 Tell me about your recent experience of having healthy food. What kind of food was it? What ingredients does it have? Do you normally eat this whenever you feel like you are out of energy? Where did you go? Who did you go with? Tell me everything in detail.

Q11 I'd like to give you a situation to act out. Imagine your friend invited you to a get-together this weekend. Call your friend and ask three to four questions about getting together.

Q12 I'm sorry, but there is a problem that I need you to resolve. On the day of a gathering, you have an emergency you need to take care of and you cannot make it to the event. Call your friend, explain the situation, and provide two to three suggestions to your friend.

Q13 That's the end of the situation. Have you ever experienced a moment when your free time didn't go as you planned? What did you originally plan to do for your free time? How did it end up? Tell me everything from the beginning.

Q14 Tell me about the recent state of the industry you are most interested in. How has it changed over the past three years? Please list some of the biggest changes in the industry.

Q15 With regards to the industry of your interest, were there any products or services that did not meet your expectation? How has it failed to satisfy you?

9 음악 감상하기, 영화 보기

▲ 문제 영상 보기

Background Survey

1	직업	일 경험 없음
2	학생 여부	아니오
3	거주지	개인 주택이나 아파트에 홀로 거주
4	여가 활동	영화 보기, 공원 가기, 시험대비 과정 수강하기, 쇼핑하기, 카페/ 커피 전문점 가기
5	취미/관심사	음악 감상하기
6	즐기는 운동	조깅, 걷기, 배드민턴, 운동을 전혀 하지 않음
7	휴가/출장	국내 여행, 해외 여행

Self-Assessment

1차 6단계 | **2차** 6단계

◁》 TEST_9

기본	자기소개

Q1 Let's start the interview. Tell me about yourself.

돌발	재활용

Q2 Tell me about recycling you do in the area where you live. How do you recycle? What are your routines when you recycle at home? What do you usually recycle? Can you categorize things that should be recycled? Provide as many details as possible.

Q3 How do you dispose of your waste? Are there specific steps that you take? Tell me the first, second, and third steps on how you dispose of the garbage.

Q4 How did you recycle when you were young? Are there any special memories about recycling? Was there a special container to categorize recyclable items in your house? Please tell me in detail.

Q5 You indicated in the survey that you enjoy listening to music. Can you please tell me about your favorite musician or genre of music? Why? Tell me in as much detail as possible.

Q6 I'd like to know how you enjoy listening to music. Do you usually go somewhere to listen to music? Mostly when do you listen to music? Is there anything that you specifically do to enjoy music? Tell me everything.

Q7 Tastes in music can change as you age. Tell me how you first became interested in music and how your taste has changed since you were little.

Q8 Tell me what kind of clothing people in your country like to wear. Do they wear any uniforms, casual clothes, or suits? Tell me in detail.

Q9 I'd like to know about the last time you bought some clothes. When did you last buy a piece of clothing? What did you buy? Tell me everything about the last time you bought clothes.

Q10 Fashion changes all the time. Can you tell me how it is different now than in the past when you were young? Give me all the details.

Q11 I'd like to give you a situation to act out. Let's suppose one of your friends has just told you about a new movie that sounds interesting. Ask your friend three or four questions about the movie.

Q12 I'm sorry, but there's a problem I need you to resolve. You and your friend are at the theater to watch the movie. However, the movie is so boring that you want to leave. Explain the whole situation to your friend and suggest two to three alternatives.

Q13 That's the end of the situation. I'd like to ask you if you've ever been in the same situation where you wanted to leave the theater because the movie you were watching was too boring. If so, what did you do? Did you finish the whole movie or just leave? Tell me all the details.

Q14 Tell me how gatherings in big cities and small cities differ. What is the biggest difference you've noticed?

Q15 I'd like to know what people in your town worry about the most when planning a gathering. For example, they might be concerned about parking or food. Tell me what problem can arise when people have a gathering.

10 TV 보기

▲ 문제 영상 보기

Background Survey

1	직업	일 경험 없음
2	학생 여부	아니오
3	거주지	개인 주택이나 아파트에 홀로 거주
4	여가 활동	영화 보기, 공원 가기, TV 보기, 리얼리티쇼 시청하기, 카페/커피 전문점가기
5	취미/관심사	음악 감상하기
6	즐기는 운동	조깅, 걷기, 헬스, 운동을 전혀 하지 않음
7	휴가/출장	국내 여행. 해외 여행

Self-Assessment

1차 6단계 | **2차** 6단계

◁)) TEST_10

기본	자기소개

Q1 Let's start the interview. Tell me about yourself.

돌발	음식점/외식

Q2 I'd like to know your favorite restaurant, and the kind of menu you prefer to order. Why do you like it? Where is the restaurant located? When and with whom do you normally go there? Tell me everything.

Q3 In your country, how have the dining culture and restaurants changed from the past? Do people eat out more often now than in the past? What led to all the changes? I'd like to know in detail.

Q4 Tell me about the most memorable experience you've had at a restaurant. What happened? When did it happen? Where did you go? Who did you go with? Tell me everything from the beginning to the end.

돌발	인터넷

Q5 People surf the internet in different ways. What's your style? Are there any specific steps you take to surf the internet? What is your favorite website, and why do you like it? What do you mainly do on the website? Tell me in detail.

Q6 Compared to the past, the purpose of internet use has changed a lot. People in the past used the internet to just do simple tasks whereas people now use the internet for various purposes. How has the internet usage changed from the past? Tell me everything about internet use.

Q7 Problems can arise while using the internet. They might be technical issues or related to addiction. Have you had any problems with using the internet? What kind of problem was it? How did you handle the problem? Tell me in detail.

선택 **TV 보기**

Q8 Tell me about one of your favorite movies or TV shows. Why do you like the movie or the show? What's the title of it? Which aspect attracted you the most? Tell me in detail.

Q9 Explain how your taste in TV shows or movies has changed from the past. Do you still like the same kinds of TV shows or movies? Why or why not? What kinds of TV shows or movies did you like in your youth? What about now? How did you first become interested in watching TV shows or movies? Give me all the details.

Q10 Tell me about the most recent TV show or movie you've watched. What kind of show or movie was it? When did you watch it? How was it? Tell me everything from the beginning.

롤플레이 **휴대폰**

Q11 I'd like to give you a situation and act it out. Imagine you are looking to buy a new cellphone but you don't know much about the features of cellphones that are currently out on the market. Go find the cellphone store manager and ask three or four questions about the phone that you're going to purchase.

Q12 I'm sorry but there's a problem I need you to resolve. You've purchased a new cellphone but you don't like your phone for some reason. Call the manager, explain the whole situation and provide two to three suggestions.

Q13 Have you had an experience of not being satisfied with a product you bought or technology that was released recently? Why did you not like it? What was so bad about it? I'd like to know in detail.

기본 **거주지**

Q14 How have houses in your country changed over the past five to ten years? What is the biggest change?

Q15 Have you ever read an article or seen a news report about the problems regarding the real estate market in your country? What kind of problems exist?

CHAPTER

4

실전 모의고사
모범 답변
및 해설

영화보기, 음악 감상하기, 국내 여행

▲ 송쌤 총평 듣기

문제 구성

자기소개	1 자기소개		선택 주제 영화보기	8 좋아하는 영화 장르
돌발 주제 휴대폰	2 너의 휴대폰 장점			9 좋아하는 영화 배우
	3 휴대폰 사용 목적			10 최근 영화 관람
	4 처음 사용했던 휴대폰		롤플레이 호텔/물건 분실	11 호텔 주변에 할 것들 질문하기
선택 주제 음악 감상	5 좋아하는 음악 장르			12 가방을 택시에 놓고 내린 상황 해결책 제시하기
	6 음악을 즐기는 방법			13 물건을 놓고 온 경험 이야기하기
	7 음악에 관심을 갖게 된 계기		선택 주제 국내 여행	14 좋아하는 국내 여행 장소
				15 여행에 대한 질문하기

시험 난이도 ★★★☆☆

전체 문제 난이도

돌발 주제 난이도

문제 길이

특이/신규 주제 출제

어휘 난이도

Q1 기본 | 자기소개 - 직장인 ☆☆☆☆☆

Let's start the interview. Tell me about yourself.
인터뷰를 시작합니다. 당신에 대해 말해주세요.

답변 전략 INTRO 전략

 MP3 1_2

Intro

나에 대해 이야기 하게
talk a little bit about myself

> Hi, Ava. Nice to meet you. I'd like to talk a little bit about myself.
> 안녕하세요, Ava. 만나서 반가워요. 저에 대해 조금 이야기하고 싶어요.

Body

20대 후반
in my late 20s

4명 가족 구성원
4 members in my family

외향적
extroverted

하는 일에 재능 있음
be talented in what I do

> First of all, my name is Amy, and I'm in my late 20s. Currently, I live in an apartment with my family, and to talk about my family, there are 4 members including myself. To tell you about my personality, I'm very extroverted, so I love to get along with many people. I've been working at Siwon Company for 4 years, and I believe I'm talented in what I do.
> 우선 제 이름은 Amy이고 20대 후반입니다. 현재 저는 가족과 함께 아파트에 살고 있고, 가족에 대해 이야기하자면 저를 포함해서 4명이에요. 제 성격에 대해 말하자면, 저는 매우 외향적이어서 많은 사람들과 어울리는 것을 좋아해요. 저는 시원 회사에서 4년째 일하고 있고, 전 제가 하는 일에 재능이 있다고 믿어요.

Wrap-up

이게 다예요.
pretty much everything about myself

> That's pretty much everything about myself.
> 그게 저에 대한 다예요.

■ AL 패턴/표현

어휘 표현 late 20s 20대 후반 currently 현재 including ~를 포함하여 personality 성격 extroverted 외향적인 get along with ~와 잘 어울리다 have been -ing ~해오고 있다 be talented in ~에 재능이 있다

 친절한 송쌤

- **Q** 자기소개를 하지 않으면 감점이 되나요?

  A 자기소개는 하지 않아도 감점이 되지 않습니다.
  하지만, 앞으로 나올 문제들에 대비해 **입을 푸는 시간**으로 적절히 활용하는 것을 추천합니다.

- 나이를 이야기할 때에는 정확한 나이를 말하기보다는, be in my **(early/mid/late)** 20s, 30s, 40s를 사용하여 20,30,40대 초,중,반 이에요 라고 이야기 해 보세요.

Q2 돌발 | 휴대폰 - 너의 휴대폰 장점 ★★★★☆

What's good about your phone? Is it the camera or the big screen? Or does it have some special functions? Can you play a game that is really fun? Please tell me why you like your phone in detail.

당신의 휴대폰에 대해 좋은 점은 무엇인가요? 카메라인가요, 아니면 큰 화면인가요? 아니면 특별한 기능이 있나요? 정말 재미있는 게임을 할 수 있나요? 당신의 휴대폰이 왜 좋은지 자세히 말해주세요.

답변 전략 · MI 전략
🔊 MP3 1_4

Main

시중 최고의 폰
the best smartphone out on the market

My phone is actually the best smartphone that is currently out on the market.
제 휴대폰은 사실 현재 시중에 나와 있는 최고의 스마트폰이에요.

Body

큰 (초대형) 화면
a huge screen

용량이 큰 배터리
be equipped with a large battery

유용한 앱 [   ]
an application called [   ]

First, it has a huge screen, and this allows me to watch YouTube videos more clearly. Second, my phone is equipped with a large battery that lasts almost an entire day even though I am a heavy user. Lastly, my phone has an application called Samsung Pay that can be used like a credit card. Because of this, I don't have to take my wallet when I go somewhere.
첫째로, 초대형 화면을 가지고 있고, 이것은 제가 유튜브 비디오를 더 명확하게 볼 수 있게 해주죠. 둘째로, 제 휴대폰에는, 비록 제가 헤비 유저라도 거의 하루 종일 지속되는 큰 배터리가 장착되어 있어요. 마지막으로, 제 휴대폰에는 삼성 페이라는 앱이 있어서 신용카드처럼 사용할 수 있죠. 이 덕분에 어딘가에 갈 때 지갑을 가져갈 필요가 없어요.

Wrap-up

이것들이 장점
the merits of my phone

These are the merits of my phone.
이것들이 제 휴대폰의 장점이에요.

■ AL 패턴/표현

어휘 표현 on the market (상품 등이) 시중에 나와 있는 huge 엄청난, 거대한 allow A to do A가 ~할 수 있게 하다 be equipped with ~을 갖추다 last 지속되다 even though 비록 ~일지라도 heavy user 헤비 유저(중독성을 보일 정도로 ~을 많이 사용하는 사람) because of ~ 때문에, ~ 덕분에, ~라는 이유로 don't have to do ~할 필요가 없다 merit 장점

 친절한 송쌤 💬

Q 시험 초반부에 돌발 주제가 등장하기도 하나요?

A 네, 돌발 주제는 시험의 초반부나 후반부 어디든 등장할 수 있어요. 하지만 Self-Assessment 난이도 선택 사항에 따라 개수나 주제 난이도가 달라질 수 있어요. 돌발 주제는 말 그대로 어떤 문제가 나올지 알 수 없기 때문에 기출 문제를 기반으로 빈출 주제를 주력으로 공부하는 것이 중요해요.

Q3 | 돌발 | 휴대폰 - 휴대폰 사용 목적 ★★★☆☆

People do various things on their phones. They talk to their friends or family, check what time it is, et cetera. What do you do on your phone? Tell me what you do on your phone besides talking to your friend. What is the main use of your mobile phone?

사람들은 휴대폰으로 다양한 일들을 합니다. 그들은 친구나 가족과 이야기를 하고, 몇 시인지 확인도 하고, 기타 등등 다른 일들도 합니다. 당신은 휴대폰으로 무엇을 하나요? 친구와 통화하는 것 외에 당신의 휴대폰으로 무엇을 하는지 말해주세요. 당신의 휴대폰의 주된 용도는 무엇인가요?

답변 전략 INTRO 전략

◁))) MP3 1_6

Intro

다양한 일
a variety of things

> Yes, like other people, I do a variety of things on my smartphone as well.
> 네, 다른 사람들처럼 저도 스마트폰으로 다양한 일을 해요.

Body

소셜 미디어 연결
connect to social media

YouTube 영상 시청
watch videos on YouTube

은행 업무
do one's banking

> First, I use my phone to connect to social media because it allows me to have a better relationship with people and make new friends. Second, watching videos on YouTube is one of the main things that I do on my phone. These days, YouTube is really popular because people can easily access a wide variety of useful and beneficial videos for free. Lastly, I do my banking on my phone. Thanks to the advanced technology, people can do most of their banking on their phone using mobile banking applications.
> 첫째로, 저는 소셜 미디어에 접속하기 위해 휴대폰을 사용해요. 왜냐하면 그것은 사람들과 더 좋은 관계를 맺고, 새로운 친구들을 사귈 수 있도록 해주기 때문이죠. 둘째로, 유튜브에서 동영상을 보는 것은 제가 휴대폰으로 하는 주요한 일들 중 하나입니다. 요즘 유튜브는 정말 인기가 많아요. 왜냐하면 사람들이 많은 종류의 유용하고 유익한 동영상을 무료로 쉽게 접할 수 있기 때문이죠. 마지막으로, 저는 휴대폰으로 은행 업무를 봐요. 발달된 기술 덕분에, 사람들은 모바일 뱅킹 애플리케이션을 사용하여 휴대폰으로 대부분의 은행 업무를 볼 수 있죠.

Wrap-up

주로 하는 일이야
this is what [주어 + 동사]

> This is what I mainly do on my smartphone.
> 이것이 바로 제가 스마트폰으로 주로 하는 일이에요.

■ AL 패턴/표현

어휘 표현 a variety of 다양한 as well 또한 connect ~에 접속하다 access ~을 이용하다, ~에 접속하다 beneficial 유익한 for free 무료로 banking 은행 업무 advanced 고급의, 발전한

 친절한 송쌤 ⊙

아래 발음에 유의하며 답변 연습을 해보세요.
• variety [v ㅓ롸이어리]
  v ㅓ 부분은 윗니와 아랫입술에 닿을 때 진동이 느껴지도록 발음하며, 롸 에 강세를 두고 발음!
• access 는 [액-쎄스]
  동사로 쓰일 때는 access + [목적어], 명사로 쓰일 때는 have access to [목적어]로 쓰이는 것에 주의!

MP3 1_7

Q4 돌발 | 휴대폰 - 처음 사용했던 휴대폰 ★★★★★

고난도

When did you start using your phone for the first time? What did your phone look like then? How is your current phone different from the one you used in the past? Are there any changes in functions or appearances? Please tell me in as much detail as possible.

당신은 언제 처음으로 휴대폰을 사용하기 시작했나요? 그때 당신의 휴대폰은 어떻게 생겼었나요? 당신의 현재 휴대폰은 과거에 사용했 던 것과 어떻게 다른가요? 기능이나 외형에 변화가 있나요? 가능한 한 자세히 말해주세요.

답변 전략 INTRO 전략

MP3 1_8

Intro

기억이 잘 안 남
don't really remember

I don't really **remember the first time I started using my phone.** Obviously, **I started using my phone** when I was little, **and** it's been a long time since then.

제가 처음으로 휴대폰을 사용하기 시작했던 때가 잘 기억나지 않아요. 분명히 어렸을 때 휴대폰을 쓰 기 시작했는데, 오래됐죠.

Body

과거
제한된 기능
only limited functions

작은 검정색 폴더 폰
a small black flip phone

현재
많은 기능과 앱
a number of functions, applications

스크린에 키패드
the keypad appears on the touch screen

What I can clearly remember is that **my first phone was definitely not a smartphone. Since it was not a smartphone, there were only** limited **functions that I could use, such as** making a phone call **or messaging people or taking pictures.** To talk about how **it looked, it was a small black flip phone** consisting of **two parts: a tiny screen, and a keypad. However, my current phone is a smartphone,** which has **a number of advanced functions and applications that I can use.** To describe how it looks, **the keypad now appears on the touch screen,** allowing phone manufacturers **to make the screen** even bigger.

제가 분명히 기억할 수 있는 것은 저의 첫 번째 휴대폰이 확실히 스마트폰이 아니었다는 거예요. 스 마트폰이 아니었기 때문에, 전화를 걸거나 문자를 보내거나 사진을 찍는 것과 같이 사용할 수 있는 기능이 한정되어 있었어요. 어떻게 생겼는지에 대해 말하자면, 그것은 작은 화면과 키패드 두 부분으 로 구성된 작은 검정색 폴더 폰이었어요. 하지만 현재 제 폰은 스마트폰으로, 제가 사용할 수 있는 여 러 가지 고급 기능과 응용 프로그램을 가지고 있어요. 어떻게 생겼는지 설명하자면, 이제는 키패드가 터치 스크린에 나타나는데, 그래서 전화기 제조업체들이 화면을 더 크게 만들 수 있게 되었죠.

Wrap-up

이것들이 다른 점
the differences I can think of

These are the differences **I can think of now.**
이것들이 지금 제가 생각해낼 수 있는 다른 점이에요.

■ AL 패턴/표현

어휘
표현
clearly 분명히, 확실히   definitely 분명히, 확실히   limited 제한된, 한정된   to talk about ~에 대해 말하자면   consist of ~ 로 구성된   tiny 작은   a number of 여러 가지, 많은   describe 묘사하다   appear 나타나다   manufacturer 제조사

Q5 선택 | 음악 감상 - 좋아하는 음악 장르 ★★★☆☆

You indicated in the survey that you enjoy listening to music. What kind of music do you listen to? Why do you like it? Do you have any favorite musician or composer? Tell me everything about the reason why you like him or her.
설문조사에서 당신은 음악 감상을 즐긴다고 했습니다. 어떤 종류의 음악을 듣나요? 왜 좋아하나요? 당신이 좋아하는 음악가나 작곡가가 있나요? 당신이 그 혹은 그녀를 좋아하는 이유에 대해 모두 말해주세요.

답변 전략 · MI 전략
◁)) MP3 1_10

Main

K-pop
like Korean pop the most

I'm not really picky about music because different music gives me different feelings, I believe. However, I do have a specific music genre that I like to listen to the most, and it is Korean pop.
음악마다 제게 주는 느낌이 다르기 때문에, 음악에 별로 까다롭지 않아요. 하지만 제가 가장 즐겨 듣는 특정한 음악 장르가 있는데, 그것은 바로 한국 대중가요예요.

Body

가사 이해 가능
the lyrics are understandable

추억을 회상
reminisce about the past

[ ]을 좋아함
my favorite singer, [ ]

감정 표현 방법
the way [주어 + 동사]

The biggest reason why I like it the most is because the lyrics are understandable, whereas those in foreign songs are not. When I can hear the lyrics clearly, it helps me reminisce about the past and personally relate to the song. This is one of many keys to appreciate music. Plus, to talk about my favorite singer or composer, I don't really know much about composers, so I'd like to talk about my favorite singer, Lee-jeok. I like the way he expresses his feelings throughout the entire song, and I like his appearance, too.
제가 그것을 좋아하는 가장 큰 이유는 외국 노래와는 다르게 한국 노래는 가사를 이해할 수 있기 때문이에요. 가사가 또렷하게 들릴 때, 저는 과거를 회상하고, 직접적으로 노래에 공감할 수 있어요. 이것은 음악을 잘 감상하는 많은 비법 중에 하나죠. 게다가, 제가 좋아하는 가수나 작곡가에 대해 이야기하자면, 저는 작곡가에 대해 잘 모르기 때문에 제가 좋아하는 가수 이적에 대해 이야기하고 싶어요. 전 그가 노래 전체에서 감정을 표현하는 방법도 좋고, 그의 외모도 좋아하죠.

Wrap-up

강력 추천
strongly recommend

I strongly recommend you listen to K-pop, Ava.
저는 당신이 K-pop을 들어보길 강력하게 추천해요, Ava.

■ AL 패턴/표현

어휘 표현 not really 그다지, 별로 picky 까다로운 I believe ~라고 생각하다, ~이다 specific 특정한 understandable 이해하기 쉬운, 이해할 수 있는 whereas 반면에 reminisce (과거를) 회상하다 appreciate 감상하다 the way 주어+동사 주어가 동사 하는 방법 express 표현하다 throughout 통틀어 entire 전체의 appearance 외모 recommend ~를 추천하다, 권하다

 친절한 송쌤 ♥

picky는 까다로운을 뜻하는 형용사로, be picky about something은 무엇에 대해 까다롭다 라고 쓰입니다.
be choosy about, be fussy about 로 바꾸어 사용할 수도 있어요.

Q6 선택 | 음악 감상 - 음악을 즐기는 방법 ★★★☆☆

I'd like to know how you enjoy music. When do you usually listen to music? Where do you normally go to enjoy listening to music? Do you attend a concert? Or do you go to some places to enjoy live music? Tell me everything about the way you listen to music.

당신이 음악을 어떻게 즐기는지 알고 싶습니다. 보통 언제 음악을 듣나요? 음악 감상을 즐기기 위해 당신은 보통 어디로 가나요? 콘서트에 가나요? 아니면 라이브 음악을 즐기러 가나요? 당신이 음악을 듣는 방법에 대해 모두 말해주세요.

답변 전략 · MI 전략
◁)) MP3 1_12

Main

[ ]에 따라 다름
it depends on [ ]

> How I enjoy music really depends on what mood I am in.
> 제가 어떻게 음악을 즐기는지는 제가 어떤 기분인지에 따라 완전히 달라요.

Body

스마트폰 이용
using my smartphone

[ ]라는 앱 사용
use an application called
[ ]

공연에 가는 편
tend to attend a concert

스트레스 해소
best way to relieve stress

> For example, if I feel tired or feel like doing nothing, I just listen to music while lying on my bed using my smartphone. I use an application called Melon to listen to music, and I can basically listen to any songs I want by adding them to my playlist. But if I want to enjoy live music, I tend to attend a concert of my favorite musician. Attending a live concert at a large auditorium equipped with a state-of-the-art sound system gives me sheer excitement. It is one of the best ways to relieve stress.
> 예를 들어, 제가 피곤하거나 아무것도 하고 싶지 않을 때는, 침대에 누워 제 스마트폰을 이용해 음악을 들어요. 멜론이라는 애플리케이션을 이용해 음악을 듣는데, 재생목록에 곡을 추가해서 기본적으로 원하는 어떤 곡이라도 들을 수 있죠. 하지만 라이브 음악을 즐기고 싶을 땐, 제가 좋아하는 뮤지션의 콘서트에 가는 편이에요. 최첨단 음향시스템을 갖춘 대형 객석에서 열리는 라이브 콘서트에 참석하면, 그야말로 온전한 신남을 느낄 수 있어요. 그것은 스트레스를 해소하는 가장 좋은 방법 중 하나죠.

Wrap-up

[ ]하는 방법
this is how [주어+동사]

> This is how I enjoy music.
> 이것이 제가 음악을 즐기는 방법이에요.

■ AL 패턴/표현

어휘
표현
depend on ~에 따라 결정되다   mood 기분   feel like -ing ~하고 싶은 기분이다   called ~라고 불리는   tend to ~하는 경향이 있다   attend 참석하다   state-of-the-art 최첨단의   sheer 온전한, 순전한   relieve stress 스트레스를 해소하다

Q7 선택 | 음악 감상 - 음악에 관심을 갖게 된 계기 ★★★★☆

Can you tell me how you got interested in listening to music? When did you first start listening to music? Was there any person who made you interested in music? What made you start showing interest in music?

당신이 음악을 듣는 데 어떻게 관심이 생겼는지 말해줄 수 있나요? 당신은 언제 처음으로 음악을 듣기 시작했나요? 음악에 관심을 갖게 한 사람이 있었나요? 음악에 관심을 보이기 시작한 계기는 무엇인가요?

답변 전략 WH 전략

🔊 MP3 1_14

When

몇 년 전
It was [ ] years ago when
[주어 + 동사]

I have pretty much always been into music. But, there was this moment that made me get really hooked on music. It was several years ago when I first attended a concert of my favorite musician with my friends.

저는 거의 항상 음악에 빠져 있는 것 같아요. 하지만, 저를 음악에 푹 빠지게 만들었던 순간이 있었어요. 그것은 몇 년 전에 제가 좋아하는 뮤지션의 콘서트에 친구들과 처음 참석했을 때였어요.

WH

말로 표현할 수 없음
beyond words

말 그대로 압도당함
literally overwhelmed

직접 처음 관람
one's first time [동사]ing

To tell you how the concert went, let me just say it was beyond words. With all the great sound effects and the majestic stage management, I was literally overwhelmed throughout the whole performance. That was my first time witnessing my favorite musician perform in person. I was able to forget about all the things that gave me stress. I was literally in the moment.

콘서트가 어떻게 진행됐는지에 대해 얘기하자면, 그것은 정말 말로는 다 표현할 수 없었다는 정도로만 말할게요. 모든 훌륭한 음향 효과와 장엄한 무대 장치로, 저는 공연 내내 말 그대로 압도당했어요. 제가 좋아하는 음악가가 직접 공연을 하는 것을 본 것은 그때가 처음이었어요. 저는 스트레스 받게 하는 모든 것들을 잊을 수 있었어요. 저는 말 그대로 그 순간에 빠져 있었어요.

So

인생의 주요한 부분
a major part of one's life

Since then, music has become a major part of my life.
그때 이후로, 음악은 제 인생의 주요한 부분이 되었어요.

■ AL 패턴/표현

어휘 표현 get hooked on ~에 푹 빠지다 beyond words 말로 표현할 수 없는 majestic 장엄한 literally 말 그대로, 그야말로 overwhelmed 압도된 witness 목격하다 in person 직접

 친절한 송쌤

• pretty much는 거의라는 뜻을 갖고 있으며 스피킹에서 많이 쓰이는 표현이니 꼭 알아두세요!

• be into something/someone은 무엇이나 누군가에게 빠져 있다라는 뜻으로, be interested in 과 비슷하게 사용할 수 있어요.

• beyond [비안-드] 로 발음하며, 안- 을 조금 길게 빼주며 강조하는 것이 발음 팁!

Q8 선택 | 영화 보기 - 좋아하는 영화 장르 ★★★☆☆

빈출

You indicated in the survey that you like to watch movies. What kind of movies do you like to watch the most? Why do you like it? Tell me in detail.

설문조사에서 당신은 영화 보는 것을 좋아한다고 했습니다. 당신은 어떤 종류의 영화 보기를 가장 좋아하나요? 왜 좋아하나요? 자세히 말해주세요.

답변 전략 · MI 전략

MP3 1_16

Main

코미디
definitely comedies

Truth be told, I love all kinds of movies. However, if I have to choose one, it would definitely be **comedies.**
사실, 저는 모든 종류의 영화를 좋아해요. 하지만, 만약 제가 한 종류를 선택해야 한다면, 그것은 분명히 코미디일 것이예요.

Body

재미있고 즐거움
fun and enjoyable

단순한 줄거리, 이해가 쉬움
storylines are simple, easy to understand

전 연령대
for all ages

가족간 유대감 형성
a good way to bond with my family

The biggest reason why I love comedies is that they're fun and enjoyable. You know, some movies like Sci-Fi or fantasy are sometimes so difficult to understand that I even get stressed out after the movies. In this regard, comedies are perfect because the storylines are simple, and easy to understand. Also, most of comedies are for all ages, so I often watch them with my family, which can be a good way to bond with them.
제가 코미디를 좋아하는 가장 큰 이유는 코미디가 재미있고 즐겁기 때문이죠. 당신도 알다시피, 공상 과학이나 판타지와 같은 영화들은 가끔 너무 이해하기 어려워서, 영화를 본 후에 심지어 스트레스를 받기도 해요. 이런 점에서 코미디는 줄거리가 단순하고 이해하기 쉽기 때문에 완벽하다고 생각해요. 또한 대부분의 코미디는 전 연령대를 대상으로 하기 때문에 가족끼리 자주 보는 편인데, 이는 가족간 유대감을 형성하는 좋은 방법이 될 수 있죠.

Wrap-up

이것들이 이유
these are the reasons why

These are the reasons why I like comedies the most.
이것들이 제가 코미디를 가장 좋아하는 이유예요.

■ AL 패턴/표현

어휘 표현 truth to be told 사실, 솔직하게 말하자면 enjoyable 즐거운 you know 알다시피, 있잖아 Sci-Fi(Science fiction) 공상 과학 소설(영화) get stressed out 스트레스를 받다 in this regard 이러한 점에서 storyline 줄거리 for all ages 전체 관람가의

 친절한 송쌤 ♡

• 영어 문장에서 **all**이 들어가는 부분은 거의 대부분 **길게 강조하며** 발음하는 것이 좋아요.
  예를 들어, I love **all** kinds of movies, for **all** ages 등등 all 을 모두 강조하여 길게 발음해 주세요.

• fantasy [**팬**-터지] 는 fan에 강세를 주며 발음해야 합니다.

• **그것은 바로 A 입니다.** 라는 문장으로 질문에 대한 대답을 줄 때는, It would definitely be A. 라고 말하는 것도 고득점에 아주 좋은 팁이죠.
  definitely 는 [데-피닐리] 로 발음합니다.

Q9 | **선택 | 영화 보기 - 좋아하는 영화 배우** ★★★☆☆

I'd like to know if you have any favorite actors or actresses. Why do you like him or her? What aspect of his or hers attracted you the most? Tell me everything.
좋아하는 배우나 여배우가 있는지 알고 싶어요. 당신은 왜 그 또는 그녀를 좋아하나요? 그의 혹은 그녀의 어떤 면이 가장 매력적이었나요? 모두 말해주세요.

답변 전략 · MI 전략
◁))) MP3 1_18

Main

가장 좋아하는 배우
all-time favorite [　]

My all-time favorite actor **is Jim Carrey** for many reasons.
여러 가지 이유로 제가 가장 좋아하는 배우는 Jim Carrey입니다.

Body

수많은 흥행작에 출연
star in numerous box office hits

코믹한 역할로 유명함
be known for comedic roles

나를 매료시킴
attracted me the most

He has starred in numerous box office hits, with genres ranging from comedy to drama. Although he is mostly known for **his comedic roles, he has** received overwhelming acclaim for **his performance in the movie 'Eternal Sunshine of the Spotless Mind', where he played a serious role.** This has proved that **he has much more to offer than comedy. People** either love him or hate him for his overacting, but that is what attracted me the most.
그는 코미디에서 드라마에 이르는 장르로 수많은 흥행작의 주연을 맡았어요. 그는 주로 코믹한 역할로 유명하지만, 영화 '이터널 선샤인'에서 진지한 역할의 연기로 압도적인 찬사를 받았어요. 이것은 그가 코미디보다 더 많은 것을 보여줄 수 있다는 것을 증명했죠. 사람들은 그의 과장된 연기에 대해서 호불호를 가지고 있지만, 그 부분이야말로 저를 가장 매료시킨 부분이에요.

Wrap-up

기대됨
can't wait

I cannot wait **to watch his next movie!**
그의 다음 영화가 너무 기대돼요!

■ AL 패턴/표현

어휘 표현 all-time favorite 가장 좋아하는 ~, 인생 ~ star in 주연을 맡다 numerous 많은 box office hit 흥행작 range from A to B 범위가 A에서 B까지 이르다 be known for ~로 알려져 있다 receive 받다 acclaim 찬사 prove that 주어+동사 주어가 동사라는 것을 증명하다 overacting 과장된 연기 attract 매료하다 cannot(=can't) wait 기다릴 수 없다, 너무 하고 싶다

 친절한 솜쌤

아래 발음에 유의하며 답변 연습을 해보세요.
- genre [좐-러]
- starred in [스딸-딘]
- drama [쥬롸-마]
- serious [씨-뤼어스]
- overwhelming [오우붤-웰-밍]

Q10 선택 | 영화 보기 - 최근 영화 관람 ★★★☆☆

Can you describe the most recent time you went to the movies? What did you do? Who did you go with? When did you go? Did anything special happen there? Tell me everything about the last time you went to the movies.

가장 최근에 영화 보러 갔던 때를 설명해줄 수 있나요? 당신은 무엇을 했나요? 누구랑 같이 갔나요? 언제 갔나요? 그곳에서 어떤 특별한 일이라도 있었나요? 가장 최근에 영화를 보러 갔던 때에 대해 전부 말해주세요.

답변 전략 · WH 전략

MP3 1_20

When

1년 전
1 year ago

It's been quite a long time since I last went to the movies due to the outbreak of COVID-19. To bring back the memory, I guess the last time I went to the movies was approximately a year ago.

COVID-19의 발생으로 영화를 보러 간 지 꽤 오래되었어요. 기억을 되살려 보자면, 제가 가장 최근에 영화를 보러 간 것은 대략 1년 전일 듯해요.

WH

[ ]을 봄
watched [ ]

기대에 못 미침
didn't live up to one's expectation

옆 사람 코 곪
snore so hard

I went to the movies with my friend, and I believe we watched 'Dolittle'. Before the movie, I checked to see if there were any newly released movies and read the reviews. I believe I chose the right one but it turned out to be wrong. All I remember about the movie is that it didn't live up to my expectation, and what's worse was that the person sitting right next to me was snoring so hard that we even left the theater in the middle of the movie.

저는 친구와 영화를 보러 갔고, '닥터 두리틀'이라는 영화를 본 것 같아요. 영화를 보기 전에, 저는 새로 개봉한 영화가 있는지 확인하고, 후기를 읽었죠. 저는 제가 영화를 잘 선택했다고 생각했는데, 아니었어요. 제가 기억나는 것이라고는 그 영화가 제 기대에 부응하지 못했고, 설상가상으로 바로 옆에 앉은 사람이 코를 심하게 골아서 심지어 영화 중간에 영화관을 나왔다는 것뿐이에요.

So

가장 좋지 않은 경험
one of the worst experiences

That was one of the worst experiences I've had at the theater!
그것이 바로 제가 극장에서 겪은 최악의 경험들 중 하나예요!

■ AL 패턴/표현

어휘 표현 it has been a long time since 주어+동사 주어가 동사한 지 오래되었다 due to ~ 때문에 outbreak 발생 approximately 거의, 대략 turn out to be ~인 것으로 드러나다 live up one's expectation ~의 기대를 만족하다 what's worse 더 안 좋은 것은, 설상가상으로 snore 코를 골다

 친절한 송쌤

- to bring back the memory는 과거 경험에 대해 이야기할 때 활용도가 높은 filler(필러)예요.
- ~이 ~한 이후로 시간이 ~만큼 흘렀다라는 표현으로 It has been [기간] since [주어+과거동사]. 를 반드시 알아두세요.
- [최상급] + [명사] (that) [주어] have/has [동사]의 과거분사 패턴은 최상급 강조 표현으로 고득점 표현이니 꼭 알아두세요.

Q11 롤플레이 | 호텔/물건 분실 - 호텔 주변에 할 것들 질문하기 ★★★☆☆

I'd like to give you a situation and act it out. Imagine you are staying at a hotel. Go up to the receptionist and ask him or her three to four questions about things to do around the hotel.

당신에게 주어진 상황에 대해 역할극을 해주세요. 당신이 호텔에 묵고 있다고 상상해 보세요. 호텔 안내원에게 가서 호텔 주변에서 할 일들에 대해 서너 가지 질문을 해주세요.

답변 전략 INTRO 전략

◁)) MP3 1_22

Intro

할 일들
questions about things to do

Hi. I'm staying at your hotel for the first time and I have no idea what's around the hotel. Since I have some free time, I would like to ask you a few questions about things to do around here.

안녕하세요. 전 당신의 호텔에서 처음 묵는데 호텔 주변에 뭐가 있는지 전혀 모르겠어요. 제겐 시간이 좀 있어서, 이 주변에서 할 일들에 대해 몇 가지 물어보고 싶어요.

Body

마켓
a market around the hotel

관광지
some sightseeing spots

차 렌트 장소
where I can rent a car

First, is there a market around the hotel? I am getting a little bit hungry and I would love to try some local food at the market. Second, could you recommend some sightseeing spots? I love taking landscape photos and it would be wonderful if you could point out some great spots for me. Lastly, could you tell me where I can rent a car? It would definitely be helpful if I have a car to travel long distances.

첫째로, 호텔 주변에 시장이 있나요? 제가 배가 좀 고파서 시장에서 현지 음식을 먹어보고 싶어요. 둘째로, 관광지 좀 추천해 주시겠어요? 저는 풍경 사진 찍는 것을 좋아하는데, 좋은 장소를 알려주시면 좋을 것 같아요. 마지막으로, 제가 차를 어디서 빌릴 수 있는지 알려주시겠어요? 만약 장거리 여행을 할 수있는 차가 있다면 분명 도움이 될 것 같아요.

Wrap-up

감사 인사
thanks in advance for [동사]ing

Thanks in advance for sharing your precious time.
당신의 소중한 시간을 공유해주셔서 미리 감사해요.

■ AL 패턴/표현

어휘 표현 stay at ~에 묵다 for the first time 처음으로 have no idea ~에 대해 전혀 모르다 sightseeing spot 관광지 landscape 풍경 long distance 장거리 in advance 미리

 친절한 송쌤 ♡

Q 롤플레이 콤보 질문들 중 **질문하기 문제에서 가장 중요한 부분은 무엇인가요?**

A 롤플레이-질문하기 부분에서 가장 중점적으로 준비해야 할 부분은 바로 **의문문 제대로 만들기**입니다. 의문문은 직접적으로 정보를 묻는 **직접의문문** 과 간접적으로 돌려 묻는 **간접의문문** 이 있는데요, **직접의문문과 간접의문문을 적절히 섞어서 질문한다면 고득점을 받을 수 있습니다.**

Q12 롤플레이 | 호텔/물건 분실 – 가방을 택시에 놓고 내린 상황 해결책 제시하기 ★★★★☆

There is a problem I need you to resolve. You left your bag in a taxi on your way back to the hotel. Call the taxi company and explain your situation to the manager and ask him or her to look for it.

당신이 해결해야 할 문제가 있습니다. 호텔로 돌아오는 길에 당신은 택시에 가방을 두고 내렸습니다. 택시 회사에 전화해서 매니저에게 당신의 상황을 설명하고 가방을 찾아달라고 부탁하세요.

답변 전략 INTRO 전략

MP3 1_24

Intro

택시에 가방 놓고 내림
left my bag in one of your taxis

Hi, this is David and I'm calling you because I just realized that I left my bag in one of your taxis. Unfortunately, I don't remember the plate number and I was hoping you could help me find my bag.

안녕하세요, 저는 David라고 합니다. 제가 전화 드린 이유는 방금 택시에 가방을 두고 내렸다는 걸 알게 되었기 때문이에요. 안타깝게도, 제가 차량의 번호를 기억하지 못하는데, 당신이 제 가방을 찾는 것을 도와주시면 좋겠어요.

Body

내린 장소
got out of the taxi at [ ] hotel

가방 생김새
a small black bag

전화 달라 부탁
call me at XXX-XXXX

First of all, let me tell you when and where I got out. I got out of the taxi at Hilton hotel at 5 o'clock. Second, let me describe what my bag looks like. It is a small black bag with my passport and wallet in it. I remember placing it behind the driver's seat, so the driver must be able to find it right away unless the next customer took it. So, could you possibly call me at 123-4567 as soon as you find out who the driver was? And please let the driver know that he will be rewarded upon returning the bag. I am leaving the country tomorrow and I won't be able to do so without the bag.

우선, 제가 언제 어디서 내렸는지 알려드릴게요. 저는 5시에 Hilton 호텔에서 내렸어요. 둘째로, 제 가방이 어떻게 생겼는지 설명할게요. 그것은 제 여권과 지갑이 들어 있는 작은 검은색 가방입니다. 운전석 뒤에 둔 기억이 나는데, 만약 다음 손님이 가져가지 않은 한 운전기사분은 바로 찾을 수 있을 거예요. 그러니, 운전기사분이 누군지 찾게 되면 123-4567로 전화해 주실 수 있나요? 그리고 가방을 돌려주시면, 보상을 받을 수 있다는 것을 운전기사분에게 알려 주시길 바라요. 저는 내일 출국하는데 제 가방이 없이는 못 할 것 같아요.

Wrap-up

감사 인사
appreciate your help in advance

I appreciate your help in advance.
당신의 도움에 미리 감사해요.

■ AL 패턴/표현

어휘 표현 realize 알아차리다, 자각하다 plate number 번호판 describe 말하다, 묘사하다 remember -ing ~한 것을 기억하다
unless 주어+동사 주어가 동사하지 않은 한 find out ~임을 알아내다 reward 사례하다 upon -ing ~하자마자 곧

Q13 롤플레이 | 호텔/물건 분실 - 물건을 놓고 온 경험 이야기하기 ★★★★☆

That's the end of the situation. Have you ever had an experience where you left your belongings somewhere? What was it? When did it happen? What did you do to get it back? Please tell me everything you did in order to resolve the problem.

상황극이 종료되었습니다. 당신은 당신의 소지품을 어딘가에 두고 온 경험이 있나요? 그 소지품은 무엇이었나요? 언제 그런 일이 일어났나요? 그것을 되찾기 위해 무엇을 했나요? 문제를 해결하기 위해 당신이 한 모든 것을 말해주세요.

답변 전략 WH 전략

🔊 MP3 1_26

When

몇 달 전
happened [ ] months ago

I am a forgetful person and there were many times when I left my belongings somewhere. The incident I am about to tell you happened when I went to a coffee shop to meet my friend a couple of months ago.

저는 건망증이 있는 사람이고, 소지품을 어딘가에 두고 오는 경우가 많이 있었어요. 제가 말하려는 사건은 몇 달 전 친구를 만나러 커피숍에 갔을 때 일어났죠.

WH

일찍 떠났어야 했음
had to [동사원형]

지갑 놓고 옴
left my wallet at the café

지갑 찾을 수 있었음
be able to find my wallet

As usual, we sat around a table to have a conversation. A few moments later, my friend got a call from his office and we had to leave quickly. We went our separate ways, and I took a cab to return home. Just before I was about to pay my fare, I realized that my wallet was missing. I panicked and looked everywhere for my wallet. After a few seconds, I realized I left my wallet at the café. So, I had to ask the driver to go back to the café, and I was able to find my wallet there.

여느 때처럼 우리는 테이블에 둘러앉아 대화를 나누었어요. 잠시 후, 제 친구는 그의 사무실에서 전화를 받고 우리는 빨리 자리를 떠나야 했어요. 우리는 각자 갈 길을 갔고, 저는 택시를 타고 집으로 돌아왔어요. 요금을 내기 직전, 전 지갑이 없어진 것을 알게 되었죠. 전 당황했고 지갑을 찾느라 사방을 둘러보았어요. 잠시 후, 제가 지갑을 카페에 두고 왔다는 것을 깨달았어요. 그래서 운전기사분에게 다시 카페로 가도록 요청해야 했고, 거기서 지갑을 찾을 수 있었죠.

So

감사함을 느낌
felt grateful

I felt grateful that nobody took my wallet.
아무도 제 지갑을 가져가지 않아 감사함을 느꼈어요.

■ AL 패턴/표현

어휘
표현 forgetful 건망증이 있는 incident 일, 사건 as usual 평소처럼 go separate ways 각자의 길을 가다 fare 요금 grateful 감사하는

 친절한 송쌤 ✿

be about to 동사원형은 막 동사하려는 참이다 라는 뜻으로 오픽 시험은 물론 영어회화에서도 자주 사용할 수 있는 표현이니 꼭 알아두세요.

Q14 선택 | 국내 여행 - 좋아하는 국내 여행 장소 ★★★☆☆

You indicated in the survey that you like to travel domestically. Which place in your country is your favorite? Why do you like that place? Tell me in detail.

당신은 설문조사에서 국내 여행을 좋아한다고 언급했습니다. 당신 나라의 어느 곳을 가장 좋아하나요? 당신은 왜 그곳을 좋아하나요? 자세히 말해주세요.

답변 전략 MI 전략

MP3 1_28

Main

제주도
Jeju island must be
mentioned

Yes, I especially love to go on trips to domestic places because there are so many unbelievably great places in my country. Out of all the places I've been to, I can definitely say that Jeju Island must be mentioned when it comes to my favorite place for a trip.

맞아요, 우리나라에는 믿을 수 없을 정도로 멋진 곳이 많아서 저는 특히 국내 여행을 좋아해요. 제가 가본 모든 곳 중에서, 제가 가장 좋아하는 여행지에 대해서라면 제주도가 반드시 언급되어야 한다고 분명히 말할 수 있어요.

Body

숨막히는 풍경
the breathtaking scenery

화산섬, 특징 많음
a volcanic island, exotic
features

지루해지지 않음
never get bored

I'll tell you why. First and foremost, I can enjoy the breathtaking scenery. Since Jeju Island is a volcanic island, it has many exotic features that cannot be found in the mainland. Second, due to this geographical feature, you will never get bored because there are a number of activities to enjoy, such as surfing and hiking.

이유를 말해 줄게요. 무엇보다도, 저는 숨막힐 정도로 아름다운 풍경을 즐길 수 있어요. 제주도는 화산이기 때문에 우리나라 본토에서는 찾아볼 수 없는 이국적인 특징이 많죠. 둘째로, 이러한 지리적 특징 때문에 서핑이나 하이킹처럼 즐길 수 있는 여러 활동들이 있어서 지루할 틈이 없어요.

Wrap-up

한라산 등반을 가장 좋아함
one of my preferred
activities

One of my preferred activities is climbing Halla Mountain, which is the tallest mountain in Korea.

제가 가장 좋아하는 활동 중 하나는 한국에서 가장 높은 한라산 등반이에요.

■ AL 패턴/표현

어휘 표현 domestic 국내의 unbelievably 믿을 수 없을 정도로 mention 말하다, 언급하다 when it comes to ~에 대해서라면 first and foremost 다른 무엇보다도 breathtaking 숨이 막힐 정도로 volcanic island 화산섬 exotic 이국적인 feature 특징 geographical 지리적인 get bored 지루해지다

Q15 선택 | 국내 여행 - 여행에 대한 질문하기 ★★☆☆☆

> I also like traveling. Please ask me three or four questions about a trip that I took.
> 저도 여행을 좋아합니다. 제가 갔던 여행에 대해 서너 가지 질문을 해주세요.

답변 전략 · INTRO 전략
🔊 MP3 1_30

Intro

질문 있음
have some questions

> Hi, Ava. I love to hear that **you are a** travel enthusiast **like me, so I have some questions for you.** Do you have some spare time to answer my questions?
> 안녕하세요, Ava. 당신이 저처럼 여행 애호가라서 좋네요. 그래서 당신에게 궁금한 게 있어요. 제 질문에 대답할 시간이 좀 있나요?

Body

왜 좋아함?
why you like traveling

가장 좋은 곳
the best place you've ever been to

여행 계획?
planning to travel somewhere

> **First,** this can sound **a bit silly but...** can I ask you why **you like** traveling? For me, **traveling** motivates me to **step forward in my life. My second question is...** I believe **you've been to** many different places since you love to travel. Out of all the places, which was the best place you've ever been to? For me, Jeju Island is the best place because it's so beautiful. Lastly, I'm wondering if **you are planning to travel somewhere anytime soon.** That's because I'm planning on going on a trip to America next year!
> 첫째로, 조금 바보같이 들릴 수도 있지만.. 왜 여행을 좋아하는지 물어봐도 될까요? 제게 여행은 앞으로 나아가도록 동기를 부여해주거든요. 두 번째 질문은.. 저는 당신이 여행하는 것을 좋아하기 때문에 많은 다른 곳을 가봤다고 생각해요. 당신이 가본 곳들 중, 가장 좋았던 곳은 어디인가요? 제겐 제주도가 너무 아름다워서 그곳이 제일 좋은 곳이에요. 마지막으로, 저는 당신이 조만간 어딘가로 여행을 갈 계획이 있는지 궁금해요. 왜냐하면 저는 내년에 미국으로 여행을 갈 계획이기 때문이에요!

Wrap-up

시간 공유 고마워
thank you for [동사]ing

> Thank you for sharing your precious time!
> 당신의 소중한 시간을 나눠줘서 고마워요!

■ AL 패턴/표현

어휘
표현
enthusiast 애호가   spare 남는, 여가의   silly 바보 같은   motivate 동기를 부여하다   step forward 앞으로 나아가다
wondering if ~여부를 궁금해하다   precious 소중한

 친절한 송쌤 👿

• enthusiast [인뚜-지아스트] 로 발음 되며, 열렬한 지지자/애호가라는 뜻으로 다른 명사와 함께 많이 사용돼요.
 예를 들어, food enthusiast, travel enthusiast, animal enthusiast 와 같이 말이죠.

• 들리다와 듣다의 차이를 유의하여 사용하세요.
 sound + 형용사: 형용사 처럼 들리다   **listen to (hear) A:** A를 듣다

• ~를 가봤다라는 경험을 이야기 할 때, 주어 + have(has) been to + 목적지의 표현도 꼭 알아두세요.

TV 보기, 국내 여행

▲ 송쌤 총평 듣기

자기소개	1 자기소개	돌발 주제 휴일	8 우리나라의 유명한 연휴/휴일
선택 주제 TV 보기	2 본인이 좋아하는 TV 방송 혹은 영화		9 연휴 중 기억에 남았던 일
	3 TV 방송 혹은 영화 시청 습관이나 일상		10 최근에 있었던 연휴
	4 TV 방송 프로그램 관련 기억에 남는 경험	롤플레이 이벤트	11 친구가 동네 이벤트에 초대하고 싶어하는 상황에 대해 질문하기
선택 주제 국내 여행	5 좋아하는 여행 장소		12 이벤트에 참석하려 했지만 문제가 생겨 참석하지 못할 것 같은 상황 해결책 제시하기
	6 여행 가기 전 하는 일		13 동네에서 있었던 기억에 남는 이벤트 경험 이야기하기
	7 어렸을 때 기억에 남는 여행	기본 주제 거주지	14 가장 좋아하는 방
			15 Ava가 사는 곳에 대해 질문하기

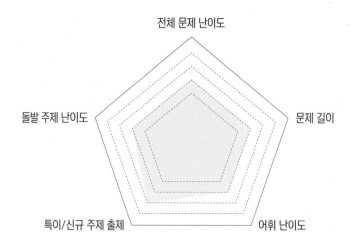

시험 난이도 ★★★☆☆

전체 문제 난이도

돌발 주제 난이도

문제 길이

특이/신규 주제 출제

어휘 난이도

Q1 | **기본** | 자기소개 - 직장인 ☆☆☆☆☆

Let's start the interview. Tell me about yourself.
인터뷰를 시작합니다. 당신에 대해 말해주세요.

답변 전략 INTRO 전략

◁》 MP3 2_2

Intro ●

기회를 줘서 고마워
thanks for [동사]ing

> Hi, Ava. Thanks for giving me a chance to talk about myself.
> 안녕하세요, Ava. 저에 대해 말할 기회를 줘서 고마워요.

Body ●

30대 초반
in my early 30s

[ ]에서 일함
have been working for [ ]

인력 관리 담당
in charge of managing people

직업에 만족
satisfied with my job

긍정적
look on the bright side

> First of all, my name is Chris, and I'm in my early 30s. To talk about what I do, I've been working for Siwon Company for 10 years, and I'm mainly in charge of managing people. It is challenging sometimes, but I'm satisfied with my job. To tell you about my personality, I always try to look on the bright side because there's nothing to lose by being positive.
> 우선, 제 이름은 Chris이고 30대 초반이에요. 제가 하는 일에 대해 이야기하자면, 저는 시원 회사에서 10년 동안 일해왔고, 인력 관리를 주로 담당하고 있어요. 가끔은 힘든지만, 저는 제 직업에 만족해요. 제 성격에 대해 말하자면, 저는 항상 긍정적으로 생각하려고 노력하는데, 그 이유는 긍정적으로 생각해서 손해볼 것이 없기 때문이죠.

Wrap-up ●

이게 다예요.
That's it.

> That's it.
> 이게 다예요.

■ AL 패턴/표현

어휘 표현 thank for ~에 감사하다 mainly 주로 in charge of ~을 맡은 challenging 쉽지 않은, 힘든 be satisfied with ~에 만족하다 try to ~하려고 노력하다 look on the bright side 긍정적으로 보다 positive 긍정적인

 친절한 송쌤 ⊙

Q My name is [ ]. 라는 표현은 너무 어색하다고 들었는데 사실인가요?

A 전혀 그렇지 않습니다. 본인 소개를 할 때 My name is [ ]. 라고 말하는 것은 일반적으로 통용되는 표현이며, 조금 더 친근하게 표현하고 싶을 때 I'm [ ]. 도 괜찮아요. My name is [ ]라고 말한다고 **감점이 된다거나 어색하게 들리지 않으니** 걱정 말고 편히 써도 돼요.

Q2 선택 | TV 보기 - 본인이 좋아하는 TV 방송 혹은 영화 ★★★☆☆

Tell me about what kinds of TV shows or movies you like to watch. Why do you enjoy them the most?

당신은 어떤 종류의 TV쇼나 영화를 좋아하는지 말해주세요. 왜 그것들을 가장 즐기나요?

답변 전략 MI 전략

MP3 2_4

Main

리얼리티 쇼
reality shows
: my preferred one

Although **YouTube** has become the mainstream nowadays, **I still love watching programs** on TV. Out of **numerous programs broadcasted on TV, reality shows are** my preferred one for the following reasons.

비록 요즘 유튜브가 대세가 되었지만, 저는 여전히 TV 프로그램을 보는 것을 좋아해요. TV에서 방영되는 수많은 프로그램 중, 리얼리티 쇼가 다음과 같은 이유로 제가 가장 선호하는 프로그램이에요.

Body

현실 상황
unscripted real-life
situations

일반인
ordinary people

어울리지 못함
cannot fit in

First, reality shows are based on **unscripted real-life situations**, which I find more interesting. You know, it's always fun to **see things turn out** differently from what I expect. Second, the main characters who lead the shows **are** more likely to **be ordinary people** as opposed to famous celebrities, and it makes the shows more attractive. Lastly, reality shows are frequently talked about at social gatherings that I cannot fit in without watching the shows.

첫째로, 리얼리티 쇼는 각본이 없는 현실 상황을 바탕으로 하고 있는데, 저는 이 부분이 정말 재미있다고 생각해요. 알다시피, 예상했던 것과 다르게 일이 돌아가는 걸 보는 건 항상 재미있죠. 둘째로, 방송을 이끌어가는 주인공들은 유명 연예인들과는 반대로 일반인일 가능성이 높은데, 이것이 방송을 더욱 매력적으로 만들어요. 마지막으로, 리얼리티 쇼는 사회적인 모임에서 자주 회자되는데, 제가 방송을 보지 않고는 사람들과 어울릴 수 없어요.

Wrap-up

TV 쇼 좋아하는지?
be fond of watching TV
shows

Ava, are you fond of watching TV shows like me?

Ava, 당신도 저처럼 TV 쇼 보는 것을 좋아하나요?

■ AL 패턴/표현

어휘 표현 mainstream 주류, 대세   nowadays 요즘에는   out of ~중에서   broadcast 방송하다   prefer 선호하다   be based on ~을 바탕으로 하다   unscripted 즉흥의, 대본이 없는   expect 예상하다   be more likely to ~할 가능성이 더 많다   as opposed to ~와는 다르게   attractive 매력적인   frequently 자주, 흔히   gathering 모임   fit in ~와 어울리다   be fond of ~을 좋아하다

Q3 선택 | TV 보기 - TV 방송 혹은 영화 시청 습관이나 일상 ★★★☆☆

Describe your typical routine when you watch TV or a movie. What do you do before, during, and after watching it? Tell me in detail from the beginning to the end.

TV나 영화를 볼 때 당신의 전형적인 루틴에 대해 설명해주세요. 그것을 보기 전, 동안, 그리고 후에 당신은 무엇을 하나요? 처음부터 끝까지 자세히 말해주세요.

답변 전략 MI 전략

MP3 2_6

Main

많은 것들
many things

There are many things I do before, during, and after **watching a TV show.**
제가 TV 쇼를 보기 전, 동안, 후에 하는 일이 많이 있어요.

Body

퇴근 후
after getting off from work

TV 보면서 마심
drink while watching TV

채널을 돌려 봄
browse through random channels

First, since I usually watch TV after getting off from work, I usually take a shower before I actually get comfortable on my couch. After taking a shower, I grab a can of beer or soda to drink while watching TV. When I watch TV, I prefer to turn the lights off because it makes it feel like I am in a theater. Since I don't decide what to watch in advance, I usually browse through random channels until I find one that interests me. Sometimes, I watch shows on Netflix because I'm a subscriber to it. Lastly, I usually stop watching TV when I finish my drink. After turning off my TV, I head straight to my bed and fall asleep there.

첫째로, 저는 퇴근 후 주로 TV를 보기 때문에, 소파에서 정말로 편하게 있기 전에 먼저 샤워를 해요. 샤워를 한 후, 저는 TV를 보면서 마실 맥주나 탄산음료 한 캔을 집어 들죠. 저는 TV를 볼 때 불을 끄는 것을 선호해요. 왜냐하면 마치 제가 극장에 있는 것처럼 느끼게 해주기 때문이죠. 저는 무엇을 볼지 미리 결정하지 않기 때문에, 제가 흥미를 느끼는 채널을 찾을 때까지 보통 마구잡이로 채널을 돌려봐요. 가끔은 넷플릭스에서 하는 쇼들을 보죠. 왜냐하면 전 구독자거든요. 마지막으로, 저는 보통 마시던 것을 다 마시면, TV 보는 것을 멈춰요. TV를 끄고, 곧장 침대로 향한 후 바로 잠이 들죠.

Wrap-up

주로 이런 것들이야
these are the things

These are the things I typically do when **I watch TV.**
이런 것들이 바로 제가 TV를 볼 때 주로 하는 것들이에요.

■ AL 패턴/표현

어휘 표현 get off from work 퇴근하다 turn off 끄다 decide 결정하다 browse through ~을 통해 훑어보다 subscriber 가입자, 이용자 head straight to ~로 곧바로 가다 typically 일반적으로

 친절한 송쌤

루틴이나 전형적인 일상을 물어볼 때에는, **first, after, then, lastly**와 같은 표현을 적절하게 사용하여 시간에 순서에 따라 일어나는 일들을 상세히 설명해주세요. 더불어 루틴은 반복적으로 일어나는 일을 말하는 것이므로 반드시 **시제(현재형)** 사용에 주의해주세요.

Q4 **선택** | TV 보기 - TV 방송 프로그램 관련 기억에 남는 경험 ★★★☆☆

Do you have a TV show or a movie that was especially unforgettable in your memory? What kind of TV show or movie was it? Who appeared in that show or movie? Why is it still fresh in your memory? Give me all the details.

특히 잊을 수 없는 TV 쇼나 영화가 기억 속에 있나요? 어떤 종류의 TV 쇼나 영화였나요? 그 쇼나 영화에 누가 출연했나요? 왜 아직도 기억에 생생한가요? 전부 자세히 말해주세요.

답변 전략 MI 전략

◁》 MP3 2_8

Main

백종원의 골목 식당
Baek Jong-won's Alley Restaurant

A TV show that was especially memorable is called '*Baek Jong-won's Alley Restaurant*'.
특히 기억에 남는 TV쇼는 '백종원의 골목 식당' 이에요.

Body

리얼리티 쇼
a reality show where ~

소규모 외식 업계를 살림
revive small restaurant businesses

음식점 사업 성장 어려움
difficult to grow a successful restaurant business

It is a reality show where Mr. Baek, a successful businessman in the food industry, visits random restaurants in different neighborhoods each episode. The main goal of the show is to revive small restaurant businesses by providing helpful solutions such as recipes and know-hows. Although I am a food enthusiast, I never realized how difficult it is to grow a successful restaurant business.
식품 업계에서 성공한 사업가 백씨가 에피소드마다 다른 동네의 식당을 방문하는 리얼리티 쇼예요. 레시피나 노하우와 같이 도움이 되는 해결책을 제공해 소규모 외식 업계를 되살리겠다는 것이 이 쇼의 주된 목적이에요. 저는 음식 애호가지만, 식당 사업을 성공적으로 성장시키는 것이 얼마나 어려운 일인지 결코 알지 못했었죠.

Wrap-up

음식 감사하게 생각
now appreciate food

After watching the show, I now appreciate food even more because I know how much effort is put into every dish served.
이 쇼를 보고 난 후, 저는 음식을 더욱 감사하게 생각하게 됐어요. 왜냐하면 모든 음식에 얼마나 많은 노력을 쏟는지 알기 때문이에요.

■ AL 패턴/표현

어휘
표현
memorable 기억에 남는 neighborhood 동네 episode 에피소드, 1회 방송분 revive 되살리다 provide 제공하다 realize 인식하다 appreciate 감사하다 put A into B A를 B에 넣다, 투입하다 serve 제공하다

 친절한 송쌤 ♡

• neighbor 과 neighborhood 를 헷갈리지 않도록 유의하세요.
  neighbor 이웃 주민 **neighborhood** 동네. 이웃
• 어떠한 쇼 혹은 프로그램인지 설명할 때에는 관계부사 **where**을 사용하여 설명해주세요.

Q5 선택 ｜ 국내 여행 - 좋아하는 여행 장소 ★★★☆☆
빈출

You mentioned in the survey that you like to go on domestic trips. Out of all the places you've been to, where is your favorite place? Why is it your number one place? Give me details.

설문조사에서 당신은 국내 여행 가는 것을 좋아한다고 했어요. 당신이 가본 곳 중에 제일 좋아하는 곳은 어디인가요? 왜 그곳이 당신이 가장 좋아하는 장소인가요? 자세히 말해주세요.

답변 전략 ·MI 전략
🔊 MP3 2_10

Main

경주
Gyeongju is my favorite of all

There are several places that I like to visit when I travel domestically, but if I had to choose only one place, it would definitely be Gyeongju. There are many reasons why Gyeongju is my favorite of all.

제가 국내에서 여행을 할 때 가보고 싶은 곳이 여러 곳 있지만, 굳이 한 곳만 골라야 한다면 분명 경주일 거예요. 제가 경주를 가장 좋아하는 이유에는 여러 가지가 있어요.

Body

풍부한 역사
a rich history

역사 문화 유적지
historical and cultural sites

재미있고 교육적임
not only fun but also educational

First, it has a rich history. Gyeongju was the capital of the ancient kingdom of Silla, which was the most prosperous kingdom on the Korean Peninsula. Second, the city has so many historical and cultural sites that it is often called 'the museum without walls'. Overall, it seems to me this place is not only just fun but also educational for kids, too.

첫째로, 경주는 다채로운 역사를 가지고 있어요. 경주는 한반도에서 가장 번성했던 신라 고대 왕국의 수도였죠. 둘째로, 이 도시는 '벽이 없는 박물관'이라고 불릴 정도로 역사 문화 유적지가 많아요. 전반적으로, 제가 볼 때 이곳은 재미있을 뿐만 아니라 아이들에게도 교육적인 곳인 것 같아요.

Wrap-up

이것들이 이유
these are the reasons why

These are the reasons why Gyeongju is my favorite destination when I travel domestically.

이러한 이유들로 제가 국내 여행을 할 때 가장 좋아하는 여행지가 경주예요.

■ AL 패턴/표현

어휘 표현 domestically 국내에서 of all 모든 ~ 중에서 rich history 다채로운 역사 capital 수도 ancient 고대의 prosperous 번성한 Korean Peninsula 한반도 overall 전반적으로 not only A but also B A뿐만 아니라 B도 educational 교육적인 destination 목적지

 친절한 송쌤

• 앞에 나온 명사(선행사)가 이미 그 자체만으로 충분한 정보를 가지고 있을 때, 추가적으로 정보를 주어 설명하고 싶다면 , which를 사용하여 수식해주면 됩니다.
• 나의 의견이나 생각으로 덧붙이고 싶을 때는 it seems to me [주어+동사]를 활용해 보세요. 내가 보기엔 주어가 동사인 듯하다라는 의미로 마무리 문장으로 활용도가 높아요.

Q6 선택 | 국내 여행 - 여행 가기 전 하는 일 ★★★☆☆

People should definitely prepare things for their trips. I'd like to know what you typically do before you go on trips. What do you do before going on a trip? Tell me everything you do before traveling in detail.

사람들은 여행을 위해 당연히 짐을 챙기죠. 당신이 여행 가기 전에 보통 무엇을 하는지 알고 싶어요. 여행 가기 전에 당신은 무엇을 하나요? 여행 가기 전에 당신이 하는 모든 것을 자세히 말해주세요.

답변 전략 - MI 전략

MP3 2_12

Main

몇 가지 단계
a couple of steps

There are a couple of steps that I take to **prepare for trips**.
여행을 준비하기 위한 몇 가지 단계가 있어요.

Body

챙겨야 할 짐 목록
a list of things to pack

도착지 후기
reviews of the destination

날씨
the weather forecast

First, I make a list of things to **pack** in order to **fully enjoy my trips**. What I learned from my previous **travel** experiences is the more I'm prepared, the more I can enjoy my trips. Second, I check reviews of my destination written by people who **have already been there.** Since the reviews are based on their hands-on experience, I can get more practical and beneficial information on how to enjoy my trip. Lastly, I check the weather forecast on my travel day. That's because the weather is the most important factor which **affects my trip** the most.

첫째로, 저는 여행을 충분히 즐기기 위해서 챙겨갈 짐의 목록을 만들어요. 이전 여행 경험에서 배운 것은, 준비하면 할수록 즐거운 여행을 할 수 있다는 것이죠. 둘째로, 여행지에 이미 가 본 사람들이 쓴 후기를 확인해요. 후기들은 그들의 실제 경험을 바탕으로 하기 때문에, 저는 제 여행을 즐기는 데 더 실질적이고 유익한 정보를 얻을 수 있죠. 마지막으로, 저는 여행가는 날의 일기예보를 확인해요. 왜냐하면 제 여행에 가장 영향을 미치는 가장 중요한 요소가 바로 날씨이기 때문이죠.

Wrap-up

내가 하는 것들
the things I typically do

These are the things that I typically do for my trips.
이것들이 제가 여행을 위해 일반적으로 하는 것들이에요.

■ AL 패턴/표현

어휘 표현 pack (짐을) 챙기다 in order to ~하기 위해서 fully 충분히 what I learned from 내가 ~에서 배운 것 previous 이전의 hands-on experience 실제 경험 practical 실용적인 beneficial 유익한 weather forecast 일기예보 affect 영향을 미치다

 친절한 송쌤 ▣

- take steps to [동사]는 [동사]하기 위해 절차를 밟다라는 뜻으로, 루틴이나 전형적으로 하는 일들에 대해 묻는 질문에 유용하게 쓰일 수 있는 표현인데요. 동사로 take를 쓴다는 것을 꼭 기억하세요.
- the 비교급 [주어+동사] the 비교급 [주어+동사]는 ~하면 할수록 더/덜 ~하다라는 뜻으로 고득점 비교 구문이니 예문과 함께 익혀주세요.

Q7 | 선택 | 국내 여행 - 어렸을 때 기억에 남는 여행 ★★★★☆

Tell me about the most memorable experience you had while you were traveling in your childhood. What exactly happened? When did it happen? Tell me in detail from the beginning to the end.

어린 시절에 여행하면서 가장 기억에 남는 경험에 대해 말해주세요. 정확히 무슨 일이 일어났나요? 언제 그런 일이 일어났나요? 처음부터 끝까지 자세히 말해주세요.

답변 전략 WH 전략

When

부산에 갔을 때
traveled to Busan

The most memorable trip I took in my childhood is when I traveled to Busan with my family.

제 어린 시절의 가장 기억에 남는 여행은 가족과 함께 부산으로 여행을 갔을 때예요.

WH

바다 수영이 처음
first time swimming in the ocean

맛있는 음식
the food was amazing

불꽃놀이
set off fireworks

Busan is famous for one of Korea's most renowned and beautiful beaches called Haeundae beach, and this trip has lasted so long in my memory because we did many unforgettable things there. First, it was my first time swimming in the ocean. It felt different than swimming in the pool. Second, the food that I tried in Busan was amazing. There's this food alley that consists of numerous small restaurants in Busan, and we had some delicious and interesting dishes at reasonable prices. Lastly, we set off fireworks at night on the last day of our trip.

부산은 한국에서 가장 유명하고 아름다운 해변 중 하나인 해운대로 유명한 곳인데, 우리가 그곳에서 잊지 못할 일들을 많이 했기 때문에 이번 여행은 제 기억에 오래 남아 있어요. 첫째로, 바다에서 수영하는 것은 그 때가 처음이었어요. 수영장에서 수영하는 것과는 다른 느낌이었죠. 둘째로, 부산에서 먹어 본 음식은 정말 맛있었어요. 부산에는 많은 작은 식당들로 이루어진 먹자골목이 있는데, 우리는 맛있고 흥미로운 음식을 합리적인 가격에 먹었죠. 마지막으로, 여행 마지막 날 밤에는 불꽃놀이를 했어요.

So

가치 있었음
worthy

Even though it took us pretty long to get to Busan, I believe it was worthy.

비록 우리가 부산에 도착하는 데 꽤 오랜 시간이 걸렸지만, 저는 그것이 그만한 가치가 있었다고 생각해요.

■ AL 패턴/표현

어휘 표현 be famous for ~로 유명하다 renowned 유명한 unforgettable 잊지 못할 food alley 먹자골목 at reasonable price 저렴한 가격에, 합리적인 가격에 set off fireworks 불꽃놀이를 하다 worthy 가치가 있는

Q8 | **돌발** | 휴일 - 우리나라의 유명한 연휴/휴일 ★★★☆☆

Tell me about the most popular holidays in your country. What do people in your country do on those days? Tell me in as much detail as possible.
당신 나라에서 가장 잘 알려진 연휴에 대해 말해주세요. 당신 나라 사람들은 그 날에 무엇을 하나요? 가능한 한 자세히 말해주세요.

답변 전략 · MI 전략
MP3 2_16

Main

두 개가 가장 큼
two: considered the biggest

> There are several national holidays in my country but two of them are considered the biggest and the most special. One is called Seolnal, which is similar to New Year's Day in English, and the other is called Chuseok, which is almost same as Thanksgiving in English.
> 우리나라에는 여러 개의 국경일이 있지만, 그 중 두 개가 가장 크고 특별하다고 여겨져요. 하나는 설날인데, 영어로는 새해 첫 날과 비슷하고, 다른 하나는 추석으로, 영어로는 추수감사절과 거의 같아요.

Body

3일 이상 지속
last more than three days

가족 방문, 시간 보냄
visit family, spend quality time

여행 감
people travel

> Both of them last more than three days whereas other holidays last only a day. On both holidays, people in my country visit their family members and spend quality time together. What people do on these days differs. However, most people do the same: prepare and share some food for their ancestral rites, play some traditional games, and talk about how they've been doing.
> 다른 공휴일은 하루밖에 지속되지 않는 반면, 이 두 명절은 3일 이상 지속돼요. 이 두 명절 동안, 우리나라 사람들은 그들의 가족을 방문해서 함께 오붓한 시간을 보내죠. 명절에 사람들이 하는 일은 각기 달라요. 하지만, 대부분의 사람들은 같은 일을 해요. 제사를 위해 음식을 준비하고, 나누어 먹고, 전통 놀이를 하고, 그들이 어떻게 지내고 있었는지에 대해 이야기하죠.

Wrap-up

가족 모임으로 알려짐
mostly known as family gathering

> Even though many people are more likely to take advantage of this time to travel, these two holidays are still mostly known as family gatherings.
> 비록 많은 사람들이 이 시간을 이용하여 여행을 떠나려고 하지만, 이 두 명절은 대부분 여전히 가족 모임으로 알려져 있어요.

■ AL 패턴/표현

어휘 표현 national holiday 국경일, 명절　be considered ~로 여겨지다　be similar to ~와 유사하다　whereas 반면에　spend quality time 오붓한 시간을 보내다　differ 다르다　ancestral rite 제사　traditional 전통적인　take advantage of ~을 이용하다

 친절한 송쌤

- 두 가지를 순서대로 이야기할 때는 **one - the other**, 세 가지를 순서대로 이야기할 때는 **one - another - the other**의 순서로 사용해주세요.
- **differ**는 다르다의 뜻을 가진 동사로, ~와 다르다고 할 때는 전치사 **from**과 함께 쓰여요.

Q9 돌발 | 휴일 – 연휴 중 기억에 남았던 일 ★★★☆☆

Tell me about your most memorable event that happened during the holidays. What happened?
연휴 동안 있었던 가장 기억에 남는 일들에 대해 말해주세요. 무슨 일이 있었나요?

답변 전략 WH 전략

When

2~3년 전
a couple of years ago

> The most memorable **holiday of my life is New Year's Day a couple of years ago.**
> 제 인생에서 가장 기억에 남는 연휴는 2~3년 전 새해였어요.

WH

동해로 떠남
left for the East Sea

교통 체증
a lot of traffic

추웠음
remember it being cold

> On New Year's Eve, my family and I left for the East Sea to watch the sunrise the next morning. Watching the sunrise on New Year's Day is meaningful because it is the perfect place to reflect on the past year and to make New Year's resolutions. On the way, there was a lot of traffic with cars heading to the East Sea. When we arrived, I remember it being really cold and I saw people building fires to keep warm. Thankfully, my father brought blankets to stay warm and we spent the night in the car. Just before the break of dawn, we all got out of the car and started looking for the perfect spot to watch the sunrise. As the sun rose, we made a wish.
> 새해 전 날, 우리 가족과 저는 다음날 아침 일출을 보기 위해 동해로 떠났어요. 새해 첫날 일출을 보는 것은 정말 의미 있는 일인데, 그 이유는 그곳에서 지난 한 해를 되돌아보고 새해 결심을 하기에 더할 나위 없이 좋기 때문이죠. 가는 길에는 동해로 향하는 차들로 엄청난 교통 체증이 있었어요. 우리가 도착했을 때, 저는 날씨가 너무 추워서 사람들이 따뜻하게 하기 위해 불을 지피는 걸 보았던 기억도 있어요. 다행스럽게도, 아버지는 따뜻하게 있으려고 담요를 가져오셨고, 우리는 차에서 밤을 보냈어요. 동이 트기 직전, 우리는 모두 차에서 내려 일출을 볼 수 있는 완벽한 장소를 찾기 시작했죠. 해가 뜨면서 우리는 소원을 빌었어요.

So

가치 있었음
worth the hassle

> It was freezing cold, but it was worth the hassle.
> 몹시 추웠지만, 모든 수고를 감수할 만한 가치가 있었어요.

■ AL 패턴/표현

**어휘
표현** leave for ~로 떠나다 meaningful 의미 있는 reflect on ~를 되돌아보다 New Year's resolutions 새해 결심 remember -ing ~했던 것을 기억하다 before the break of dawn 동이 틀 무렵에, 동이 트기 직전에 make a wish 소원을 빌다 freezing cold 매우 추운 be worth the hassle 번거로움을 감수할 가치가 있다

Q10 돌발 | 휴일 – 최근에 있었던 연휴 ★★★☆☆

Describe the most recent holiday you've had. What did you do? Who were you with? Did something special happen during the holiday? Tell me in as much detail as possible.

가장 최근에 보냈던 휴일을 설명해주세요. 무엇을 했나요? 누구와 함께 있었나요? 연휴 동안 특별한 일이 있었나요? 가능한 한 자세히 말해주세요.

답변 전략 -MI 전략

🔊 MP3 2_20

Main

사회적 거리두기
practice social distancing

To begin with, people, including myself, have been practicing social distancing due to the outbreak of COVID–19.
우선, 저를 포함한 사람들은 COVID-19의 발생으로 사회적 거리두기를 실행해오고 있어요.

Body

활동 최소화
a limited number of activities

[　]을 희망하며 집에 머묾
staying home hoping that
[　]

실내에 있는 것이 힘듦
hard to stay inside

People have been asked to do a limited number of activities and to stay in their houses even during holidays. So, it's not really easy for me to answer your question because the only thing I did during the most recent holiday was just staying home hoping that this pandemic would come to an end soon. I've never imagined how hard it would be to just stay inside, and not be allowed to go outside without wearing masks. The only thing that I remember about the latest holiday was just me staying at home and watching TV all day long.
사람들은 제한된 수의 활동을 하고, 휴일에도 집에 머무르라는 요구를 받았어요. 그래서, 가장 최근의 휴가 동안 제가 한 일이라고는 이 세계적인 유행병이 곧 종식되기를 바라면서 집에 머무르는 것뿐이었기 때문에, 제가 당신의 질문에 대답하는 것은 정말 쉽지 않아요. 저는 실내에만 머무르는 것과 마스크를 쓰지 않고는 외출할 수 없다는 것이 얼마나 힘들지 상상해 본 적이 없었어요. 최근 휴일에 대해 기억나는 것은 하루 종일 집에 있으면서 TV를 본 것뿐입니다.

Wrap-up

기억하는 전부
all I remember

That's all I remember about the last holiday.
이것이 지난 휴일을 기억하는 전부예요.

■ AL 패턴/표현

어휘 표현 to begin with 우선　including ~을 포함하여　practice 실행하다, 실천하다　social distancing 사회적 거리두기　be asked to do ~하도록 요청을 받다　pandemic 전 세계적인 유행병　come to an end 끝나다　imagine 상상하다　all day long 하루 종일

 🍎 친절한 송쌤 ♡

- 답변을 시작할 때, to begin with, 우선, 이라고 던져놓고 대답을 시작하는 것도 아주 좋은 방법이에요.
- a number of + [명사]는 많은 양의 ~를 뜻하는데, 이에 더하여 a limited number of + [명사]는 제한된 수의 ~ 라는 점에 유의하여 사용해 주세요.

Q11 롤플레이 | 이벤트 – 친구가 동네 이벤트에 초대하고 싶어하는 상황에 대해 질문하기 ★★★★☆

I'd like to give you a situation to act out. Imagine one of your friends wants to invite you to a celebration in his/her town. Call your friend and ask three or four questions about the celebration.

당신에게 주어진 상황에 대해 역할극을 해주세요. 당신의 친구 중 한 명이 도시에서 열리는 축하 행사에 당신을 초대하고 싶어한다고 상상해보세요. 친구에게 전화해서 기념 행사에 대해 서너 가지 질문을 해주세요.

답변 전략 INTRO 전략

MP3 2_22

Intro

초대 고마움
thanks for inviting

> Hi, this is Brian. First of all, I'd like to thank you for **inviting me to the event in your town.** And, I have some questions to ask you. Could you spare me some time to answer my questions?
>
> 안녕, 나 Brian이야. 우선, 너희 도시 행사에 초대해줘서 고마워. 그리고 너에게 물어볼 질문이 몇 개 있어. 내 질문들에 대답할 시간을 좀 내줄 수 있을까?

Body

드레스 코드
a dress code

행사 종류
what kind of celebration

알아 두어야 할 것들
things to remind myself

> First of all, I'd like to know if **there is a dress code for the celebration.** If so, please let me know so that I don't **stand out in the crowd.** **Second,** would you mind if I ask you what kind **of celebration it is?** It would be great if I could know in advance. Last but not least, is there **a list of things to remind myself before attending the event, such as specific etiquettes?** It would be nice to know beforehand so that I don't make any mistakes.
>
> 우선, 축하 행사에 내가 따라야 할 복장 규정이 있는지 알고 싶어. 만약 그렇다면, 내가 사람들 속에서 튀지 않을 수 있게 나에게 알려줘. 둘째로, 무슨 축하 행사인지 물어봐도 될까? 미리 알 수 있으면 좋을 것 같아. 마지막이지만 중요한 것으로, 특정한 에티켓처럼, 행사 참석 전에 구체적으로 내가 알아 두어야 할 것들이 있을까? 내가 실수하지 않도록 미리 알아 두면 좋을 것 같아.

Wrap-up

만나기를 고대함
look forward to meeting you

> Thank you. I am looking forward to **meeting** you at the event.
>
> 고마워. 나는 그 행사에서 너를 만나기를 정말 고대하고 있어.

■ AL 패턴/표현

어휘 표현 spare 할애하다 dress code 복장 규정 celebration 축하 행사 stand out in the crowd 군중 속에서 눈에 띄다 last but not least 마지막으로, 마지막이지만 중요한 것은 beforehand 미리 be looking forward to -ing ~하기를 고대하다

 친절한 송쌤

질문을 하는 형태는 아주 다양하지만, 그 중에서도 I'd like to know (I'm wondering) if 주어+동사의 패턴을 기억해주세요.
여기서 if는 ~인지로 사용되어 ~인지 궁금하다로 해석돼요.

Q12 **롤플레이** | 이벤트 – 이벤트에 참석하지 못할 것 같은 상황 해결책 제시하기 ★★★★☆

I'm sorry but you have a problem to resolve. On the day of the celebration, a water pipe in your bathroom broke, and you cannot go out until it's fixed. Call your friend, explain the situation, and suggest two to three alternatives.

유감스럽게도 당신이 해결해야 할 문제가 있습니다. 축하 행사 당일에 당신의 욕실의 수도관이 고장 나서 그것을 고치기 전에는 외출할 수 없어요. 친구에게 전화를 걸어 상황을 설명하고, 두세 가지 대안을 제시해주세요.

답변 전략 · INTRO 전략

Intro •

약속 지키지 못할 것 같아
don't think I can make it to
[ ]

Hi, this is Joe, and I hate to tell you this, but I don't think I can make it to the celebration that you invited me to.
안녕, 나 Joe야, 너에게 이런 말을 하긴 싫지만, 네가 나를 초대했던 축하 행사에 못 갈 것 같아.

Body •

수도관이 터짐
water pipe broke for some reason

→ Facetime으로 합류
join via Facetime

→ 늦게 참석
attend the celebration late

The reason why I won't be able to be there is because the water pipe in my bathroom broke for some reason, and I can't leave my house until a repair man comes and takes a look at it. The person who I talked to on the phone regarding this matter told me that they don't know how long it will take to get it fixed for now, and everything will be clear after they come and have a look at it. So, here are my suggestions. Do you mind if I join you guys via Facetime? That way, it feels like we're together and we can enjoy the celebration together. Or, if you are okay with me attending the celebration late, I will go. I mean, the celebration will last at least more than 1 hour, right? I have a ride, and I'm ready to go out. So, if you don't mind me getting there a bit late, I will try my best to be there!

내가 그곳에 참석하지 못하는 이유는 무슨일인지 욕실 수도관이 터져서 수리공이 와서 살펴보기 전까진 집을 나설 수 없기 때문이야. 이 문제와 관련해 통화한 사람이 말하길, 지금으로선 고치는 데 시간이 얼마나 걸릴지도 몰라서, 그들이 와서 살펴봐야 모든 게 확실해질 거라고 하네. 그래서, 내가 몇 가지 제안을 할게. 내가 Facetime을 통해 너희들과 함께해도 괜찮을까? 그렇게 하면, 우리가 함께 있는 것 같은 느낌이들고, 함께 행사를 즐길 수 있을 것 같아. 아니면, 내가 행사에 늦게 참석해도 괜찮다면 늦게라도 갈게. 행사가 적어도 1시간 이상 계속되겠지? 나 차도 있고, 나갈 준비도 돼 있어. 그러니, 내가 조금 늦게 가도 괜찮다면, 참석하기 위해 최선을 다해 볼게!

Wrap-up •

원하는 것 말해줘
let me know what you want

Please let me know what you want! Thanks.
네가 뭘 원하는지 알려줘! 고마워.

■ AL 패턴/표현

여휘 표현 not A until B B가 되어서야 A하다 take a look at ~을 살펴보다 regarding ~에 관하여 via ~을 통해 at least 최소한

Q13 롤플레이 | 이벤트 – 동네에서 있었던 기억에 남는 이벤트 경험 이야기하기 ★★★★☆

That's the end of the situation. Have you had any unforgettable events or memorable celebrations that were held in your town or community? What kind of event was it? When was it held? What made it so memorable to you? Tell me everything.

상황극이 종료되었습니다. 당신 마을이나 지역사회에서 열렸던, 잊지 못할 행사나 기억에 남는 축하 행사가 있었던 적이 있나요? 어떤 종류의 행사였나요? 언제 열렸나요? 무엇 때문에 그 행사가 그렇게 기억에 남나요? 전부 말해주세요.

답변 전략 WH 전략 🔊MP3 2_26

When
벼룩시장이 열렸을 때
a flea market

There have not been many memorable events in my neighborhood because it is a typical community with modest people. However, if I had to choose one, it would be the time when a flea market was held near my apartment.

제가 사는 동네는 평범한 사람들이 사는 전형적인 마을이라서, 기억에 남는 일은 별로 없었어요. 하지만 군이 하나를 선택해야 한다면, 아파트 근처에서 벼룩시장이 열렸던 때일 것 같네요.

WH
여러 물건들을 팔았음
selling various items

꽤 재밌었음
quite interesting

물건을 삼
purchased a few good items

I was walking home from work and I saw a huge crowd in front of my apartment entrance. At first, I thought something had happened because I'd never seen such a large group of people there. As I got closer, I realized that it was a flea market and people were selling various items there. I had never been to a flea market before that day and it was actually quite interesting. I purchased a few good items for great prices.

퇴근하고 집으로 걸어가고 있었는데, 아파트 입구 앞에 엄청난 인파가 몰려 있는 것을 보았어요. 처음에는 무슨 일이 생긴 줄 알았어요. 그렇게 많은 사람들이 모여 있는 것을 한 번도 본 적이 없었기 때문이죠. 가까이 다가가자, 벼룩시장이라는 것을 알게 되었고, 그곳에서는 사람들이 여러 가지 물건을 팔고 있었어요. 그날 이전에는 벼룩시장에 가 본 적이 없어서 사실 꽤 재미있었어요. 좋은 물건 몇 개를 좋은 가격에 샀죠.

So
좋은 경험
enjoyed the experience

And I really enjoyed the experience.
정말 즐거운 경험이었어요.

■ AL 패턴/표현

어휘 표현 modest 보통의 flea market 벼룩시장 huge 엄청난 purchase 구매하다

 친절한 송쌤

오픽 시험에서는 **시제를 잘 쓰는 것**이 중요해요. 과거 시점보다 더 이전에 일어난 일에 대해 이야기할 때는 **과거완료형(had+ p.p.)**을, 과거 시점부터 현재까지 쭉 지속되는 일에는 **현재완료형(have/has + p.p.)**을 사용해요.

Q14 기본 | 거주지 - 가장 좋아하는 방 ★★★☆☆

I'd like to know about your favorite place in your house. Why do you like it? Tell me in detail.
당신이 집에서 가장 좋아하는 곳에 대해 알고 싶습니다. 왜 그곳을 좋아하나요? 자세히 말해주세요.

답변 전략 · MI 전략

MP3 2_28

Main

내 방
my room

Before I tell you about my favorite place in my house, I want to talk about what my house looks like first. I live on the 9th floor of a 20-story apartment building, and I'm fully satisfied with where I live because it's well-maintained and clean. There are 3 rooms in my house, and my favorite place is, of course, my room.
우리 집에서 제가 가장 좋아하는 장소에 대해 말하기 전에, 저는 먼저 우리 집이 어떻게 생겼는지 이야기하고 싶어요. 저는 20층짜리 아파트의 9층에 살고 있는데, 잘 정비되어 있고 깨끗해서 제가 사는 곳에 충분히 만족하고 있죠. 우리 집에는 방이 3개 있는데, 제가 가장 좋아하는 곳은 당연히 제 방이에요.

Body

필요한 것들로 채워짐
be filled with things I need

누워서 책 읽음
read books while lying on my bed

컴퓨터 게임
playing computer games

That's because it's only filled with things that I need and like, such as a comfy bed and a computer. My favorite time of the day is when I read books while lying on my bed. Sometimes, I get rid of my stress by playing computer games.
그 이유는 편안한 침대나 컴퓨터와 같이 저한테 필요하고 제가 좋아하는 것으로만 가득하기 때문이죠. 하루 중 제가 가장 좋아하는 시간은 침대에 누워서 책을 읽을 때예요. 때때로 저는 컴퓨터 게임을 하면서 스트레스를 풀기도 해요.

Wrap-up

안정감을 느끼고 편안함
calming and relaxing

My room is calming and relaxing, and no one bothers me when I'm in my room.
제 방은 차분하고 편안하게 만들어주며, 제가 제 방에 있을 때면 아무도 저를 신경쓰이게 하지 않아요.

■ AL 패턴/표현

어휘 표현 what A look like A가 어떻게 생겼는지, A의 생김새 story 층 well-maintained 잘 정비된 be filled with ~로 차 있다 comfy 편안한 get rid of one's stress ~의 스트레스를 해소하다 calming 차분하게 하는 relaxing 편안하게 하는 bother 신경쓰이게 하다

◁)) MP3 2_29

Q15 | 기본 | 거주지 - Ava가 사는 곳에 대해 질문하기 ★★★☆☆

I'd like to talk about my place. Ask me three to four questions about where I live.
저의 집에 대해 이야기하고 싶습니다. 제가 사는 곳에 대해 서너 개의 질문을 해주세요.

답변 전략 | INTRO 전략

◁)) MP3 2_30

Intro

사는 곳 질문
questions about the place
you live in

> Hi, Ava. I have some questions for you about the place you live in.
> Could you please spare a little time for me?
> 안녕하세요, Ava. 당신이 사는 곳에 대한 몇 가지 질문이 있어요. 시간을 좀 내 주실 수 있나요?

Body

집 종류
which type of house

공원 유무
any parks

사는 곳에 만족하는지
be satisfied with where you
live

> First, I want to know which type of house you live in. For example,
> do you live in an apartment? Or a detached house? I've lived in an
> apartment all my life, so I want to know what it feels like to live in a
> detached house. Second, are there any parks around your house?
> That's because there's a great lake park called Central Park within
> walking distance from my apartment, and I love it so much that I
> wanted to brag about it. Lastly, are you satisfied with where you live?
> If not, what makes you think so?
> 첫째로, 저는 당신이 사는 집의 종류를 알고 싶어요. 예를 들어, 아파트에 사나요? 아니면 단독 주
> 택인가요? 저는 평생 동안 아파트에서 살았기 때문에 단독 주택에서 사는 기분이 어떤지 알고 싶거
> 든요. 둘째로, 집 주변에 공원이 있나요? 왜냐하면, 제가 사는 아파트에서 걸어갈 수 있는 거리에는
> Central Park라는 멋진 호수공원이 있는데, 너무 좋아서 자랑하고 싶었거든요. 마지막으로, 당신이
> 사는 곳에 만족하나요? 그렇지 않다면, 무엇 때문에 그렇게 생각하나요?

Wrap-up

시간 내줘서 고마워
thanks for your time

> Thanks for your time!
> 시간 내줘서 고마워요!

■ AL 패턴/표현

어휘 표현 detached house 단독 주택   all one's life ~의 평생 동안   within walking distance 걸어서 갈 수 있는 거리에, 도보 거리에
brag about ~에 대해 자랑하다

 친절한 송쌤 ♡

무언가를 요청할 때는 can you [동사원형]을 사용하는데, can you 보다는 could you가 조금 더 정중한 표현이며, please를 붙여 could you
please 혹은 would you please를 사용하여 질문하는 연습을 해보세요.

3 국내 출장, 공원 가기, 운동 수업 수강하기

▲ 송쌤 총평 듣기

문제 구성

자기소개	1 자기소개	선택 주제 공원 가기	8 자주 가는 공원
돌발 주제 모임/기념일	2 모임이나 파티를 하는 장소		9 최근 공원에 갔던 시기
	3 우리나라의 가장 큰 휴일이나 기념일 및 활동		10 공원에서 있었던 기억에 남는 일
	4 최근 있었던 모임이나 파티	롤플레이 기술/산업	11 기술에 대한 보고서를 써야 하는 상황에서 해당 분야의 친구에게 질문하기
선택 주제 국내 출장	5 주로 출장 가는 장소		12 정보를 주기 위해 만나기로 했지만 일이 생긴 상황 해결책 제시하기
	6 출장 가기 전 하는 일 (루틴)		13 내가 사용하는 최신 기술이나 제품에 대해 이야기하기
	7 마지막으로 갔던 출장	선택 주제 운동 수업 수강하기	14 내가 듣는 운동 수업
			15 최근 운동 수업을 듣기 시작한 Ava에게 질문하기

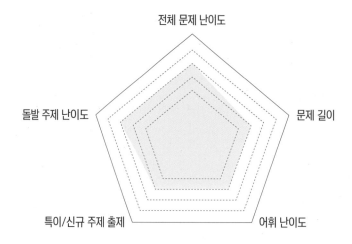

시험 난이도 ★★★☆☆

전체 문제 난이도

돌발 주제 난이도

문제 길이

특이/신규 주제 출제

어휘 난이도

Q1 기본 ㅣ 자기소개 - 학생 ☆☆☆☆☆

Let's start the interview. Tell me about yourself.
인터뷰를 시작합니다. 당신에 대해 말해주세요.

답변 전략 INTRO 전략

Intro

소개를 할게요
let me introduce myself

> Okay, let me introduce myself.
> 좋아요, 제 소개를 하죠.

Body

별명
all of my friends call me [   ]

대학교 4학년
in my 4th year at [   ]
University

영어 전공
majoring in English

혼자 살고 있음
live alone

약간 수줍어하는 성격
bit shy around people

> My name is Britney, but all of my friends call me Britt. I'm in my late 20s and I'm in my 4th year at Siwon University. I'm majoring in English because I want to become an English instructor after graduation. Currently, I live alone near my school, and there are some good and bad things when it comes to living alone. Now, I want to talk about my personality. I'm a bit shy around people, but I do like to hang out with people. Whenever I feel bored, I either go to the movies or go for a walk.
> 제 이름은 Britney이지만, 제 친구들은 모두 저를 Britt이라고 불러요. 나이는 20대 후반이고, 시원 대학교 4학년이에요. 저는 졸업 후 영어 강사가 되고 싶어서 영어를 전공하고 있죠. 현재 학교 근처에서 자취를 하고 있는데, 혼자 사는 것에 관해서는 좋은 점과 나쁜 점이 있는 것 같아요. 이제, 저는 제 성격에 대해 말하고 싶어요. 사람들 앞에서는 좀 수줍어하지만, 사람들과 어울리는 것을 좋아해요. 저는 심심할 때마다 영화를 보러 가거나 산책을 가요.

Wrap-up

이게 다예요
That's everything.

> That's pretty much everything about me.
> 그게 저에 대한 다예요.

■ AL 패턴/표현

어휘
표현
be in one's late 20s 20대 후반이다   major in ~을 전공하다   instructor 강사   when it comes to ~에 대해서는
personality 성격   hang out with ~와 어울려 시간을 보내다

 친절한 송쌤 ♡

본인의 신분이 대학생일 경우, 학년을 말할 때 쓰는 표현인 I'm in my 1st/2nd/3rd/4th year at [   ] university. 문장을 익혀두세요.
더불어, 1학년 freshman 2학년 sophomore 3학년 junior 4학년 senior의 표현도 같이 알아두면 좋아요.

MP3 3_3

Q2 돌발 | 모임/기념일 - 모임이나 파티를 하는 장소 ★★★★☆

Where do people in your country go to celebrate? Why do they like to go there? What do they do there? Tell me in as much detail as possible.
당신 나라 사람들은 축하하기 위해 어디로 가나요? 그들은 왜 그곳에 가는 것을 좋아하나요? 거기서 무엇을 하나요? 가능한 한 자세히 말해주세요.

답변 전략 - MI 전략

MP3 3_4

Main

식당
restaurants

There are many places where **people have a get-together or a party.** But the most common place for those types of events in Korea would be at restaurants.
사람들이 모임이나 파티를 가지는 장소는 많아요. 하지만, 한국에서 이러한 종류의 행사들을 위한 가장 흔한 장소는 식당일 거예요.

Body

맛있는 음식
a delicious meal

다양한 메뉴
menu can vary from [   ] to [   ]

프라이빗하게 즐김
in private

The reason why **people choose to go to restaurants** is that they can have a delicious meal along with alcohol/beverages at the same time. Depending on the occasion, the menu can vary from traditional to Western. In most Korean restaurants, people reserve an isolated room where they can enjoy the event in private because they can get a little too excited. On more or less formal events, people usually go to Western restaurants where it is a bit quieter. For younger generations, they usually have parties at bars or clubs where the consumption of a lot of alcohol is tolerated.
사람들이 식당에 가는 것을 선택하는 이유는, 그들이 맛있는 식사에 술/음료를 곁들여 이를 동시에 즐길 수 있기 때문이죠. 경우에 따라서, 메뉴는 전통적인 것부터 양식까지 다양할 수 있어요. 사람들이 꽤 흥분할 수 있기 때문에, 대부분의 한국 식당에서는 분리된 방을 예약하고 다른 사람이 없는 곳에서 행사를 즐길 수 있죠. 다소 격식을 차린 행사를 위해 사람들은 보통 조금 더 조용한 서양음식점으로 가기도 해요. 젊은 세대들은 대개 술의 소비가 용인되는 술집이나 클럽에서 파티를 열죠.

Wrap-up

너는 어때?
What about [   ]?

What about **people in your country, Ava?**
당신 나라 사람들은 어때요, Ava?

■ AL 패턴/표현

어휘 표현 have a get-together 모임을 갖다 along with ~와 함께 beverage 음료 at the same time 동시에 depending on the occasion 경우에 따라 vary from A to B A부터 B까지 다양하다 reserve 예약하다 isolated room 분리된 방 in private 다른 사람이 없는 곳에서 more or less 다소 generation 세대 consumption 소비, 섭취 be tolerated 용납되다

Q3 | **돌발** | 모임/기념일 - 우리나라의 가장 큰 휴일이나 기념일 및 활동 ★★★☆☆

Please talk about the biggest holidays in your country. What do people in your country do during the holiday? Explain in as much detail as possible.

당신 나라에서 가장 큰 휴일에 대해 말해주세요. 당신 나라 사람들은 휴일에 무엇을 하나요? 가능한 한 자세히 설명해주세요.

답변 전략 · MI 전략

Main

추석, 설날
one is Chuseok,
the other is Seolnal

As for the biggest national holidays, there are two representative holidays. One is Chuseok in late September or early October, which is similar to Thanksgiving in English, and the other is Seolnal in late January or early February, which is called Lunar New Year in English.

가장 큰 휴일에 대해 말하자면, 대표적인 휴일이 두 개 있어요. 하나는 영어로 추수감사절과 비슷한 9월 말이나 10월 초의 추석이고, 다른 하나는 1월 말이나 2월 초의 설날인데, 영어로는 구정이라고 해요.

Body

가장 크고 중요함
the largest and most
important

가족 방문, 함께 시간 보냄
visit family, spend time
together

조상님을 위한 제사/차례
hold memorial services for
ancestors

These two holidays last more than 3 days and they are known as the largest and most important holidays in Korea. What they normally do is visiting their family and spending time together. They also prepare some food to hold memorial services for their ancestors and visit their ancestor's cemeteries.

이 두 휴일은 3일 이상 지속되며, 한국에서 가장 크고 중요한 휴일로 알려져 있죠. 사람들이 보통 하는 일은 가족을 방문해서 함께 시간을 보내는 거예요. 그들의 조상들을 위한 차례를 지낼 음식을 준비하고, 조상들의 묘지를 방문하기도 해요.

Wrap-up

해외 여행을 가기도 함
travel abroad

Some other people take advantage of this opportunity to travel abroad or get rest because it's not common to have a minimum of 3 days or up to a week of holiday in Korea.

어떤 다른 사람들은, 이 기회를 이용하여 해외 여행을 하거나 휴식을 취하기도 해요. 왜냐하면 한국에서는 최소 3일 또는 최대 일주일의 휴가를 보내는 것이 흔하지 않기 때문이죠.

■ AL 패턴/표현

어휘 표현 representative 대표적인 hold memorial services 차례를 지내다 cemetery 묘지 take advantage of ~를 이용하다
be common to ~이 흔하다

MP3 3_7

Q4 돌발 | 모임/기념일 - 최근 있었던 모임이나 파티 ★★★☆☆

Please tell me about the last get-together or party you've had. Who were you with? When was it? What did you do? Did something memorable happen that day? Give me all the details.

최근에 했던 모임이나 파티가 어땠는지 말해주세요. 누구와 함께 있었나요? 언제였나요? 무엇을 했나요? 그날 기억에 남을 만한 일이 있었나요? 자세히 말해주세요.

답변 전략 -WH 전략

MP3 3_8

When

두세 달 전
a couple of months ago

Because I am so busy these days, I haven't had a get-together in a long time. But, I can tell you about the last time I met my friends a couple of months ago.

요즘 너무 바빠서 한동안 모임을 갖지 못했어요. 하지만, 제가 두세 달 전에 마지막으로 친구들을 만났을 때에 대해 이야기해줄게요.

WH

일상적인 모임
a casual gathering

한국 식당에 감
went to a Korean restaurant

[　]에 대해 이야기 함
talking about [　]

It was just a casual gathering that we have occasionally. Because we are all meat-lovers, we went to a Korean restaurant where they serve prime beef. As always, we had a little bit of alcohol to go along with the fine meat and it was just so fun. We were all talking about our lives, arguing over whose boss was the worst, and so on. At the end of the day, one of my friends who was promoted recently wanted to pay for the meal. But, since we all didn't want to put a burden on him, we decided to go Dutch and told him to pay next time.

그것은 우리가 가끔 가지는 가벼운 모임이었어요. 우리는 모두 고기를 사랑하는 사람들이기 때문에, 최상급 소고기를 파는 한식당에 갔죠. 언제나 그랬듯, 우리는 좋은 고기에 곁들일 술을 조금 마셨고, 그냥 너무 재미있었어요. 우리는 일상생활에 대해 내내 얘기했고, 누구의 상사가 최악인지에 대한 것 등을 얘기했어요. 그 시간이 끝나갈 무렵, 최근에 승진한 친구 한 명이 밥값을 내고 싶어 했어요. 하지만, 우리 모두 그에게 부담을 주고 싶지 않았기 때문에 더치페이하기로 했고, 그에게는 다음에 사라고 말했죠.

So

너무 재밌었음
had so much fun

We had so much fun!
너무 재밌었어요!

■ AL 패턴/표현

어휘 표현 in a long time 오랫동안, 한동안　occasionally 가끔　meat-lovers 고기 애호가　serve 제공하다　prime 최고의　as always 늘 그렇듯　go along with ~에 곁들이다, ~와 함께 하다　fine 질 높은, 좋은　argue over ~을 두고 논쟁하다, 다투다　be promoted 승진하다　put a burden on ~에 부담을 지우다　go Dutch 비용을 나눠 내다

 친절한 송쌤

즐거운 시간을 보내다의 뜻을 가진 표현 have (so much) fun을 반드시 알아두세요. 과거에 있었던 일에 대해 이야기 하라는 과거 시제 문제에 유용하게 사용할 수 있어요.

Q5 선택 | 국내 출장 - 주로 출장 가는 장소 ★★★☆☆

Where do you usually go for business trips? Are they domestic or international? Where do you stay when you go on business trips?

당신이 주로 출장을 가는 곳은 어디인가요? 국내인가요, 해외인가요? 출장을 갈 때 어디에 머무르나요?

답변 전략 INTRO 전략   🔊 MP3 3_10

Intro

일 년에 몇 번
a few times a year

I go on domestic business trips a few times a year.
저는 일 년에 몇 번 정도 국내 출장을 가요.

Body

전국 고객사 방문
visit customers all throughout the country

미팅 후 곧장 집으로 감
go straight home after the meeting

저렴한 모텔에서 숙박
spend a night at an inexpensive inn

When I do, I usually visit my customers' offices that are located all throughout the country. And, the distance could vary from close to far away. When I make my visit to a customer that is near my office, I always go straight home after the meeting ends because I sleep better at home. However, if I visit a customer that is far away, I usually spend a night there at an inexpensive inn. Although my company pays for my travel expenses, I don't like spending too much money on lodging.

출장을 가면, 저는 보통 전국의 고객사 사무실을 방문해요. 거리는 가까운 곳부터 먼 곳까지 다양하죠. 사무실 근처에 있는 고객사를 방문할 때면, 업무가 끝나는 대로 곧장 집으로 가요. 왜냐하면 집에서 더 잘 잘 수 있으니까요. 하지만 먼 곳에 있는 고객사를 방문할 때면, 저는 보통 그곳의 저렴한 여관에서 하룻밤을 묵어요. 회사가 출장비를 지원해주지만, 저는 숙박에 너무 많은 돈을 쓰는 것을 좋아하지 않아요.

Wrap-up

출장 가나요?
go on business trips

Ava, do you go on business trips often?
Ava, 당신도 출장을 자주 가나요?

■ AL 패턴/표현

어휘 표현 domestic business trips 국내 출장 be located ~에 위치하다 all throughout the country 전국에 걸쳐 vary (상황에 따라) 달라지다, 다르다 distance 거리 make a visit 방문하다 go straight 곧장 ~로 가다, 직행하다 inexpensive 저렴한 inn 숙소 travel expense 출장비 spend too much money on -ing ~에 너무 많은 돈을 쓰다 lodging 숙박, 숙소

 친절한 송쌤

- throughout과 through을 헷갈리지 마세요. throughout는 ~에 걸쳐, ~동안 쭉, ~내내 through는 ~을 통해라는 서로 다른 의미를 가지고 있어요.
- ~에 (시간/돈을) 쓰다라고 할 때에는 전치사 on과 함께 spend 시간/돈 on A로 쓰여요.

Q6 선택 | 국내 출장 – 출장 가기 전 하는 일 (루틴) ★★★☆☆

Tell me about your routine before you go on business trips. Do you tend to overpack or underpack? Is there something that you always take? Tell me everything.

출장 가기 전에 늘 하는 일에 대해 알려주세요. 당신은 짐을 많이 챙기는 편인가요, 아니면 적게 챙기는 편인가요? 항상 챙겨가는 것이 있나요? 다 말해주세요.

답변 전략 INTRO 전략

◁)) MP3 3_12

Intro

기간에 따라 다름
vary depending on how long

> The things I do before **I go on business trips** vary depending on how long the trip will take.
>
> 출장을 가기 전에 하는 일들은 그 출장이 얼마나 지속되는지에 따라 달라요.

Body

챙길 물건 리스트
make a list of things I need to take

리스트 물건 챙기기
pack the things on my list

문 앞에 가방 두기
leave the bag right in front of the door

> Let me tell you my routine before going on trips that take more than a day because short trips are relatively simple and easy. First, on the night before the trip, I make a list of things I need to take before I pack my belongings. I check the list over and over until I'm sure that it is perfect. Next, I pack the things that are on my list. I always pack things on the list from top to bottom so that I don't miss anything. Finally, I leave the bag right in front of the front door so I can just grab it and go the next morning.
>
> 하루 이상 걸리는 출장을 떠나기 전에 제가 늘 하는 일에 대해 말할게요. 왜냐하면, 짧은 출장은 비교적 간단하고 쉽기 때문이죠. 첫째로, 출장 전날 밤에, 짐을 싸기 전에 챙겨야 할 물건들의 목록을 작성해요. 저는 그 목록이 완벽하다고 확신할 때까지 반복해서 확인해요. 다음으로, 목록에 있는 대로 짐을 챙겨요. 저는 항상 목록에 있는 것들을 처음부터 끝까지 모두 챙겨요. 그래야 빠뜨리는 것이 없을 테니까요. 마지막으로, 다음날 아침에 바로 들고 나갈 수 있도록 가방을 현관문 바로 앞에 둬요.

Wrap-up

비교적 간단함
pretty simple

> Pretty simple, right?
>
> 비교적 간단해요, 그렇죠?

■ AL 패턴/표현

어휘 표현 routine 늘 하는 일, 루틴 overpack ~을 너무 많이 넣다 underpack 짐을 덜 싸다 relatively 상대적으로, 비교적 belongings 소지품 over and over 반복해서 until ~까지 from top to bottom 처음부터 끝까지 grab 부여잡다, 잡아채다

 친절한 송쌤

~까지의 뜻을 갖고 있는 두 단어, until 과 by의 사용법을 정확히 구분하여 사용합니다.

- until + 지속성을 나타내는 단어와 함께 쓰임 예) stay, live, sleep
- by + 일회성을 나타내는 단어와 함께 쓰임 예) finish, graduate, submit

Q7 선택 | 국내 출장 - 마지막으로 갔던 출장 ★★★☆☆

Tell me about your last business trip. Where did you go? Did you go with anyone? Did you have any free time? What did you do on that business trip? Tell me in detail.

지난번 출장에 대해 말해주세요. 어디로 갔나요? 누구와 함께 갔나요? 자유 시간이 있었나요? 당신은 그 출장에서 무엇을 했나요? 자세히 말해주세요.

답변 전략 WH 전략

When

한 달 전
a month ago

Let me tell you about the last business trip I took a month ago.
제가 마지막으로 갔던 한 달 전 출장에 대해 말해줄게요.

WH

처음, 피곤한 해외 출장
first, the most exhausting business trip abroad

미국
went to America

일주일 머물렀음
for about a week

It was special to me because it was the first and the most exhausting business trip I took abroad. The country I went to was America, and it was my second time visiting the country. Previously, I visited the country for my vacation, and it felt very different that time. When I was there for pure enjoyment, I could only see the good things about the country. However, when I was there for work, it was a totally different experience. As soon as I got out of the airport, a van picked me up and dropped me off at the hotel I would be staying at.

그 출장은 제게 특별했어요. 왜냐하면 그것이 처음이면서 가장 피곤했던 해외 출장이었기 때문이죠. 제가 갔던 나라는 미국이었고, 그 때가 두 번째 미국 방문이었어요. 예전에 저는 휴가로 그 나라를 방문했는데, 그때와는 매우 다르게 느껴졌어요. 순수한 즐거움을 목적으로 갔을 때는 그 나라의 좋은 점들만 볼 수 있었어요. 하지만 일을 목적으로 갔을 때는, 완전히 다른 경험이었죠. 공항에서 나오자마자 승합차가 저를 태우고, 제가 묵을 호텔에 내려주었어요.

So

시차 때문에 피곤함
because of jet lag, feeling tired

Because of jet lag, I was feeling tired already although it was daytime there. I was there for about a week and as soon as I recovered from jet lag, I had to return home.

시차 때문에 낮인데도 벌써 피곤했어요. 그곳에 일주일 정도 머물렀는데, 시차 적응이 되자마자 집으로 돌아와야 했어요.

■ AL 패턴/표현

어휘
표현 exhausting 기진맥진하게 만드는 pick someone up ~를 태우다 drop someone off ~을 내려주다, ~을 데려다주다 jet lag 시차(증), 비행기 여행의 시차로 인한 피로 recover from ~에서 회복하다

Q8 선택 | 공원 가기 - 자주 가는 공원 ★★★☆☆

You indicated in the survey that you like to go to parks. Tell me one of the parks that you often go to. Where is it located? Why do you like to go there? When and with whom do you go to the park? Tell me everything.

설문조사에서 당신은 공원에 가는 것을 좋아한다고 했습니다. 자주 가는 공원 중 하나를 말해주세요. 어디에 위치해 있나요? 그곳에 가는 것을 왜 좋아하나요? 언제, 그리고 누구와 공원에 가나요? 전부 말해주세요.

답변 전략 · MI 전략
MP3 3_16

Main

[ ] 공원
the one called [ ] park

One of the parks I enjoy going to is the one near my neighborhood, and it is called Central Park.
제가 즐겨 가는 공원 중 하나는 동네 근처에 있는 공원인 Central Park예요.

Body

집에서 5분 거리
a 5-minute walk from my house

경치 감상
enjoy the beautiful scenery as well

즐거운 활동 제공
provides people with fun activities

The biggest reason why I like to go there is because it is only a 5-minute walk from my house, and it's newly built so it's well-maintained. To describe how the park looks, the most noticeable feature is that... there's a lake along the park, so you can enjoy the beautiful scenery as well. Plus, what makes this park so special is that the walking path is separate from the biking trails, which makes it much safer and more comfortable for both joggers and riders to enjoy the park. Lastly, this park provides people with fun activities, such as an outdoor swimming pool, bikes for rent, and exercise equipment.
제가 그곳에 가는 것을 좋아하는 가장 큰 이유는, 집에서 도보로 5분밖에 걸리지 않고, 새로 지어서 잘 정비되어 있기 때문이에요. 공원이 어떻게 생겼는지 설명하자면, 가장 눈에 띄는 특징은... 공원을 따라 호수가 있어서 아름다운 풍경도 즐길 수 있다는 점이에요. 게다가, 이 공원을 더 특별하게 만드는 것은, 산책로가 자전거 도로와 분리되어 있어서 조깅하는 사람들과 자전거를 타는 사람들 모두가 공원을 훨씬 더 안전하고 편안하게 즐길 수 있다는 거죠. 마지막으로, 이 공원은 사람들에게 야외 수영장, 대여용 자전거, 운동 기구와 같은 재미있는 활동을 제공해요.

Wrap-up

이러한 이유들 때문임
these are the reasons why [주어+동사]

These are the reasons why I go to this park so often.
이것들이 제가 이 공원에 자주 가는 이유예요.

■ AL 패턴/표현

어휘 표현 newly built 새로 지어진 well-maintained 관리가 잘 되어 있는 noticeable feature 눈에 띄는 특징 along ~을 따라
walking path 산책로 biking trail 자전거 도로 separate from ~에서 떨어진

Q9 선택 | 공원 가기 - 최근 공원에 갔던 시기 ★★★☆☆

When was the last time you went to a park? Who did you go with? What did you do there? Did something special happen while you were there? Tell me everything about the last time you went to the park.

최근에 공원에 간 것은 언제인가요? 누구와 함께 갔었나요? 그곳에서 무엇을 했나요? 그곳에 있는 동안 뭔가 특별한 일이 있었나요? 최근에 공원에 갔을 때의 모든 것을 말해주세요.

답변 전략 WH 전략
MP3 3_18

When

며칠 전, 가족과 함께
a couple of days ago,
with my family

The last time I went to a park was a couple of days ago, and I went there with my family.
제가 최근에 공원에 간 것은 며칠 전이었고, 가족과 함께 갔어요.

WH

날씨 좋음
the weather was very nice

근처 공원에 가기로 함
head for a park nearby

특별하진 않음
nothing special

It was not long after we finished lunch on Sunday, and we were kind of looking for what to do for fun. On normal days, we prefer to go to the movies together, but since we were asked to try to limit indoor activities due to the pandemic, we needed to come up with new things to do which would not make the situation worse. We could've stayed at home, but we couldn't help but go out because the weather was very nice. So, we decided to head for a park nearby to take a walk. What we did in the park was actually nothing special. We just took a walk, had a conversation and enjoyed the weather. Nobody was injured and nothing big happened.

일요일에 점심을 먹은 지 얼마 되지 않았을 때, 우리는 재미로 할 것을 찾고 있었어요. 평소에는 함께 영화 보러 가는 걸 좋아하지만, 유행병 때문에 실내 활동을 제한하도록 권고 받았기 때문에, 이 상황을 악화시키지 않을 만한 새로운 활동을 생각해내야 했죠. 우리는 집에 있을 수도 있었지만, 날씨가 너무 좋아서 밖에 나가지 않을 수 없었어요. 그래서 우리는 산책을 하기 위해 가까운 공원으로 향하기로 했어요. 우리가 공원에서 한 일은 사실 특별하게 없었어요. 그냥 산책하고 이야기를 나누며 날씨를 즐겼죠. 아무도 다치지 않았고, 큰 일도 일어나지 않았어요.

So

감사함을 느낌
really appreciate the fact
that

However, I really appreciate the fact that I'm able to spend an enjoyable time with my family at no cost.
하지만, 저는 비용을 들이지 않고 가족과 함께 즐거운 시간을 보낼 수 있다는 사실에 정말 감사해요.

■ AL 패턴/표현

어휘 표현 not long after 오래지 않아　look for ~을 찾다　for fun 재미로　prefer to do ~하기를 선호하다　indoor activities 실내 활동　come up with ~을 찾아내다, 제시하다　can't help but 동사원형 동사하지 않을 수 없다　head for ~로 향하다　have a conversation 대화하다　be injured 다치다, 부상을 입다　at no cost 무료로

MP3 3_19

Q10 선택 | 공원 가기 - 공원에서 있었던 기억에 남는 일 ★★★☆☆

Have you ever experienced any memorable or unforgettable incident at a park? When was it? Who were you with at that moment? Why did it happen? How did you react to it? Tell me why it is so special to you.
공원에서 기억에 남거나 잊지 못할 일을 경험한 적이 있었나요? 언제였나요? 그 때 누구와 함께 있었나요? 왜 그런 일이 일어났나요? 어떻게 반응했나요? 그 일이 당신에게 왜 특별한지 말해주세요.

답변 전략 · WH 전략

MP3 3_20

When
잘 기억이 나지 않음
don't come to my mind at this moment

Frankly speaking, memorable events that happened in the park don't come to mind at this moment because I don't do things that are considered special at a park.
솔직히 말해서 공원에서 있었던 기억에 남는 사건들은 지금 이 순간에는 잘 기억나지 않아요. 왜냐하면, 저는 보통 공원에서 특별하게 여겨지는 일들을 하지 않기 때문이죠.

WH
맑은 날
on a sunny day
공원으로 소풍을 감
a nearby park for a picnic
연 날림
flew a kite
샌드위치 먹음
ate ham sandwiches

However, I will tell you what's in my memory related to the park. Actually, there was nothing special but I still have a clear memory about the day even though I was very little. It was on a sunny day and my whole family went to a nearby park for a picnic. My mom had woken up early that morning to make a lunchbox for us, and I remember waking up to the sound of her cooking in the kitchen. At the park, my dad and I flew a kite that day and my mom took pictures of us. After playing for about an hour or so, we ate ham sandwiches that mom had made that morning, which were incredibly tasty. We headed home when it got dark, and I remember falling asleep in my dad's car.
하지만, 공원과 관련된 추억에 대해 말할게요. 사실 특별한 것은 없었지만, 저는 아주 어렸음에도 불구하고 그날에 대한 기억이 선명해요. 화창한 날에 우리 가족 전체가 소풍을 하러 근처 공원에 갔어요. 엄마는 그날 아침 일찍부터 일어나 우리를 위해 점심 도시락을 만들어 주셨고, 저는 부엌에서 엄마가 요리하는 소리에 잠에서 깬 기억이 있어요. 그날 공원에서 아빠와 저는 연을 날렸고, 엄마는 우리의 사진을 찍었죠. 한 시간 정도 놀고 난 뒤, 그 날 아침 엄마가 만든 햄 샌드위치를 먹었는데, 그 샌드위치는 믿을 수 없을 정도로 맛있었어요. 날이 어두워졌을때 집으로 향했는데, 아빠 차 안에서 잠이 들었던 기억이 나요.

So
재밌는 시간 보냄
had a lot fun that day

My family had a lot of fun that day, and the pictures are still kept in my parents' album.
그날 우리 가족은 매우 재미있는 시간을 보냈고 그 사진들은 여전히 부모님 앨범에 보관되어 있어요.

■ AL 패턴/표현

어휘 표현 frankly speaking 솔직히 말하자면 come to mind 기억나다 at this moment 지금 related to ~와 관련된 fly a kite 연을 날리다 incredibly 믿을 수 없을 정도로

126 시원스쿨 오픽 실전 모의고사 10회

Q11 롤플레이 | 기술/산업 - 기술 관련 보고서에 대해 친구에게 질문하기 ★★★★☆

I'd like to give you a situation to act out. Imagine you are given an assignment to write about the technology sector. Luckily, one of your friends works in that field and knows a lot about it. Come up with three to four questions to ask your friend.

당신에게 주어진 상황에 대해 역할극을 해주세요. 당신에게 기술 분야에 대해 글을 써야 할 과제가 주어진다고 상상해보세요. 다행스럽게도, 당신의 친구 중 한 명이 그 분야에서 일하고 있고, 그것에 대해 많이 알고 있습니다. 그 친구에게 서너 가지의 질문을 해주세요.

답변 전략 · INTRO 전략

MP3 3_22

Intro

부탁이 있음
ask you a favor

> Hi, this is Heather. How are you today? I'm calling you to ask you a favor. I was recently given an assignment to write about the technology sector, and you immediately came to mind because you work in that field. Could you spare a couple of minutes for me to answer some of my questions?
>
> 안녕, 나 Heather이야. 오늘 잘 지내니? /잘 지내? 너에게 부탁을 좀 하려고 전화했어. 내가 최근에 기술 분야에 대해 글을 쓰라는 과제를 받았는데, 네가 그 분야에서 일을 하고 있어서 네가 가장 먼저 떠올랐어. 몇 분만 시간을 내서 내 질문에 대답해 줄 수 있을까?

Body

새로운 기술?
some new technologies

올해의 기술 트렌드?
this year's hottest
technology trend

기술 산업 가치?
how much the technology
industry is worth

> First, what are some new technologies that have been introduced recently, and how do you think they will benefit us? Next, what do you think will be this year's hottest technology trend? More and more people are becoming interested in technology. Lastly, how much is the technology industry worth? Do you think it will continue to increase?
>
> 첫째로, 최근에 도입된 신기술은 무엇이고, 신기술이 우리에게 주는 혜택에 대해 어떻게 생각하니? 다음으로는, 올해 가장 유망한 기술 트렌드는 무엇이라고 생각해? 점점 더 많은 사람들이 기술에 관심을 보이고 있어. 마지막으로, 기술산업의 가치는 얼마나 될까? 가치가 계속해서 오를 거라 생각하니?

Wrap-up

보답할게
reward you for answering

> These are my questions, and thanks for sharing your time in advance. I'll definitely reward you for answering my questions!
>
> 이것들이 나의 질문이고, 시간 내준 것에 대해 미리 고마워. 질문에 대답해 준 것에 대해 반드시 보답할게!

■ AL 패턴/표현

어휘 표현 technology sector 기술 분야 immediately 즉시, 곧바로 benefit 유익하다, 혜택을 주다 hot 유망한, 성공 가능성이 있는 continue to 계속 ~하나 increase 증가하다, 늘다 reward 보답하다

 친절한 송쌤 ⚬

- 부탁 하나 해도 될까요?라는 뜻의 Can I ask you a favor? 혹은 Could you do me a favor?의 문장을 기억해주세요. 롤플레이-문제 해결하기에서 활용도 높은 문장이에요.
- worth는 ~의 가치가 있는이라는 뜻을 가진 표현으로 오픽 뿐 아니라 영어회화에서도 아주 많이 사용돼요.

Q12 롤플레이 | 기술/산업 - 정보를 주기 위해 만나기로 했지만 일이 생긴 상황 해결책 제시하기 ★★★★☆

I'm sorry but there's a problem you need to resolve. Your friend has asked you to meet up to share some information, but you can't meet your friend. Call your friend, explain the situation, and provide your friend with alternatives on how to share the information.

유감스럽게도, 당신이 해결해야 할 문제가 있습니다. 친구가 정보를 공유하기 위해 당신에게 만나자고 했지만, 당신은 친구를 만날 수 없습니다. 친구에게 전화를 걸어 상황을 설명하고 정보를 어떻게 공유할지에 대한 대안을 제시해주세요.

답변 전략 INTRO 전략

Intro

약속 지키지 못할 것 같아
won't be able to make it

Hi, this is Rick calling. I'm terribly sorry to tell you that I won't be able to make it to **our meeting today.**
안녕, 나 Rick이야. 오늘 우리가 만나지 못할 것 같아서 정말 미안해.

Body

급한 일이 생김
something urgent has come up

Skype 사용
using Skype

이메일
send me an e-mail

Because something urgent has come up. I don't want to just postpone our meeting, so I've thought about some alternatives on how to share the information. First, we can try using Skype to hold a video conference. Skype is convenient because we can use the service whenever we want, and it's free at the same time. However, one downside to holding a video conference is that we need a microphone and a webcam. Or, if you don't have those devices, you can send me an email because I can check it at any time from anywhere. Also, you can organize your ideas more clearly if you write them down instead of talking.

왜냐하면 급한 일이 생겼거든. 우리의 만남을 그냥 미루고 싶진 않아서 정보를 공유할 방법에 대해 몇 가지 대안을 생각해 봤어. 첫째로, 우리는 화상회의를 하기 위해 스카이프를 사용해 볼 수 있을 것 같아. 스카이프는 우리가 원할 때 언제든지 서비스를 이용할 수 있고, 무료이기도 하니 편리하잖아. 하지만 화상회의의 한 가지 단점은 마이크와 웹캠이 필요하다는 거야. 만약, 네가 그런 장치가 없다면, 언제 어디서든 확인할 수 있으니까 이메일로 보내줘도 돼. 또, 생각을 말로 하지 않고 적으면 아이디어를 좀 더 명확하게 정리할 수 있잖아.

Wrap-up

선호하는 대안 말해줘
which alternative you prefer the most

Please tell me which alternative you prefer the most, and I really apologize for not being able to **meet you today.**
네가 어떤 대안을 가장 선호하는지 말해줘. 오늘 못 만나서 정말 미안해.

■ AL 패턴/표현

어휘 표현 terribly 너무, 대단히 urgent 긴급한 come up 발생하다, 생기다 postpone 미루다, 연기하다 video conference 화상회의 convenient 편리한 downside 단점 device 장치 at any time from anywhere 언제 어디서나 organize 정리하다, 체계화하다, 구조화하다 instead of ~대신에 apologize 사과하다

고난도

Q13 롤플레이 | 기술/산업 - 내가 사용하는 최신 기술이나 제품에 대해 이야기하기 ★★★★★

That's the end of the situation. Is there a product that you use daily? Why do you use the product? What is its main function? Please describe the product in as much detail as possible.

상황극이 종료되었습니다. 당신이 매일 사용하는 제품이 있나요? 왜 그 제품을 사용하나요? 그것의 주요 기능은 무엇인가요? 그 제품에 대해 가능한 한 자세히 설명해주세요.

답변 전략 · MI 전략

MP3 3_26

Main

스마트폰
my smartphone

The product that I use on a daily basis is definitely my smartphone.
제가 매일 사용하는 제품은 확실히 제 스마트폰이에요.

Body

소통
communicate with

영상 시청
watch videos on YouTube

웹 서핑
surf the web

My smartphone has become a major part of my life, and I cannot imagine living a day without it. First, I use my smartphone to communicate with my family and friends. There are many ways to contact them, and I use a messaging app the most to communicate with them. Second, I watch videos on YouTube when I commute. As long as I have an internet connection, I can watch a variety of fun videos at any time from anywhere. Lastly, I surf the web to read news and to catch up on current events. Most news articles are available for free on the Internet, so I don't have to pay for subscriptions anymore.

스마트폰은 제 인생의 중요한 부분을 차지하게 되어서, 스마트폰 없이 하루를 사는 것은 상상할 수조차 없어요. 첫째로, 저는 스마트폰을 사용하여 가족, 친구들과 연락을 주고받죠. 그들과 연락하는 방법은 여러 가지가 있는데, 저는 그들과 소통하기 위해 메신저 앱을 가장 많이 사용해요. 둘째로, 출퇴근할 때 저는 유튜브로 동영상을 봐요. 인터넷만 연결되면 언제 어디서든 여러 가지 재미있는 영상들을 볼 수 있죠. 마지막으로, 저는 뉴스를 읽고 현재 일어나고 있는 시사 문제를 파악하기 위해 인터넷 검색을 해요. 대부분의 뉴스 기사들은 인터넷에서 무료로 볼 수 있어서, 저는 더 이상 구독료를 낼 필요가 없죠.

Wrap-up

3가지 일들
these are the top 3 things

These are the top 3 things I do on my smartphone.
이것들이 제가 스마트폰으로 가장 많이 하는 3가지 일이에요.

■ AL 패턴/표현

어휘
표현
product 제품   on a daily basis 매일   commute 통근하다   as long as ~하는 한   a variety of 여러 가지의   catch up on ~을 알아내다   pay for subscriptions 구독료를 지불하다

 친절한 송쌤

• as long as [주어+동사]는 주어가 동사하는 한 이라는 뜻으로 if [주어+동사]와 비슷하게 사용되지만, 조금 더 제한적이고 절대적인 조건을 걸 때 쓸 수 있는 표현입니다.

• at any time from anywhere은 언제 어디서든지라는 뜻으로 활용도가 높은 표현이에요.

Q14 선택 | 운동 수업 수강하기 - 내가 듣는 운동 수업 ★★★☆☆

You mentioned that you take an exercise class. What kind of class is it? Where is the class held?
Why do you take the class?
당신은 운동 수업을 받는다고 언급했습니다. 어떤 종류의 수업인가요? 그 수업은 어디에서 열리나요? 그 수업을 왜 받나요?

답변 전략 MI 전략

Main •

[   ]라는 체육관에서 [수업 이름]
듣기 시작함
taking [   ] at the gym called
[   ]

I've recently started taking a yoga/Pilates/personal training course at the gym called Planet Fitness, which is located within walking distance from my house.
저는 최근에 집에서 걸어갈 수 있는 거리에 있는 Planet Fitness라는 체육관에서 요가/필라테스/개인 지도 수업을 받기 시작했어요.

Body •

집에서 가까움
close to my house

친절한 선생님
the instructor is talented
and skilled

합리적인 가격
at reasonable prices

The number one reason why I chose that gym is because it is very close to my house. It should be close to my house so that I don't have a long journey to the gym. Second, the instructor is very talented and skilled. She's very professional and qualified. She always motivates me to work out harder. Last, I can take classes at reasonable prices compared to other places near my house. I can get an early payment discount of 30% if I pay for 3 months in advance, which is a huge deal.
제가 그 체육관을 선택한 첫 번째 이유는 집에서 매우 가깝기 때문이에요. 집에서 가까워서 체육관까지 힘들게 오래 걸려서 가지 않아도 되니까요. 둘째로, 강사분이 매우 재능 있고 숙련된 분이에요. 그녀는 매우 전문적이고, 자질이 있는 것 같아요. 그녀는 항상 제가 운동을 더 열심히 하도록 동기를 부여해줘요. 마지막으로, 집 근처 다른 곳에 비해 합리적인 가격에 수업을 들을 수 있어요. 3개월분을 미리 결제하면 30% 할인을 받을 수 있는데, 그것은 정말 좋은 조건이에요.

Wrap-up •

이러한 이유임
for these reasons,

For these reasons, I go to this gym.
이러한 이유로, 저는 이 체육관에 다녀요.

■ AL 패턴/표현

어휘 표현 take a course 수업을 받다, 수강하다 close 가까운 talented 재능이 있는 skilled 숙련된 professional 전문적인
qualified 자격이 있는 motivate A to do A가 ~하도록 동기를 부여하다 work out 운동하다 compared to ~와 비교하여
payment 결제 discount 할인

 친절한 송쌤 ☺

- be located within walking distance (from A) (A로부터) 걸어서 갈 만한 거리 이내에 위치해 있다라는 표현은 반드시 암기하고 자연스럽게 나올 수 있도록 연습해 주세요. 오픽 문제의 단골 유형인 위치를 묻는 문제에서 사용될 수 있어요.

- 사람을 묘사할 때 사용될 수 있는 아래 형용사를 반드시 암기해주세요.
  talented 재능 있는 skilled 능력 있는 professional 전문적인 qualified 자격 있는

Q15 **선택** | 운동 수업 수강하기 - 최근 운동 수업을 듣기 시작한 Ava에게 질문하기 ★★★☆☆

I also recently started taking an exercise class. Ask me three to four questions about the class I'm taking.
저도 최근에 운동 수업을 받기 시작했어요. 제가 수강하는 수업에 대해 서너 가지의 질문을 해주세요.

답변 전략 INTRO 전략

◁》MP3 3_30

Intro

질문 있음
some questions

Hi, Ava. I heard that you've recently started taking an exercise course. That's really good news because working out is always good for our health, right? So, here are some questions that I'd like to ask you. Do you have some time for me?
안녕하세요, Ava. 당신이 최근에 운동 수업을 받기 시작했다고 들었어요. 정말 좋은 소식이에요, 왜냐하면 운동은 항상 건강에 좋잖아요, 그렇죠? 그래서, 당신에게 묻고 싶은 몇 가지 질문이 있어요. 시간 좀 내줄 수 있나요?

Body

장소?
where

수업 종류?
what kind of course

가격?
how much it costs

First, where do you take that course? I hope it is not far from your house so that you can go there on a regular basis. Second, what kind of course do you take? I mean there are various programs offered by gyms these days such as Pilates, yoga or personal training. I've been interested in taking a Pilates course, but I have no experience with it. Last question is... I'm wondering how much it costs a month.
첫째로, 그 수업은 어디서 듣나요? 저는 그곳이 당신 집에서 멀지 않아서 당신이 정기적으로 갈 수 있으면 좋겠어요. 둘째로, 어떤 종류의 수업을 받나요? 요즘은 체육관에서 필라테스, 요가 혹은 개인 지도와 같이 다양한 프로그램을 제공하잖아요. 저는 필라테스 강좌를 수강하는 것에 계속 관심이 있었지만, 강습을 받아 본 적은 없어요. 저의 마지막 질문은... 한 달에 얼마의 비용이 드는지 궁금해요.

Wrap-up

이것들이 질문들
these are my questions

These are my questions.
이것들이 제 질문들이에요.

■ AL 패턴/표현

어휘 표현 be far from ~에서 멀다   offered by ~가 제공하는

 친절한 송쌤 ♡

• 활용도 높은 문장을 연습해 보세요.
A is good(bad) for health: A는 건강에 좋다/나쁘다
I have (no) experience with A: A 에 경험이 있다/없다

4 애완동물 기르기, 공원 가기

▲ 송쌤 총평 듣기

문제 구성

자기소개	1 자기소개	선택 주제 애완동물 기르기	8 내가 기르고 있는 애완동물
돌발 주제 여가 시간	2 여가 시간을 보내는 장소		9 처음으로 애완동물을 길렀을 때
	3 여가 시간에 하는 일		10 애완동물을 기르면서 기억에 남는 경험
	4 과거와 현재 여가 시간 비교	롤플레이 공원 가기	11 친구가 공원에 가자고 하는 상황에서 질문하기
기본 주제 거주지	5 내가 사는 곳		12 가기로 했던 공원이 문을 닫은 상황에서 해결책 제시하기
	6 주중/주말에 집에서 하는 일 (루틴)		13 공원에서 있었던 기억에 남는 경험 이야기하기
	7 집에서 있었던 문제	돌발 주제 인터넷	14 인터넷을 사용하는 이유
			15 Ava에게 좋아하는 웹사이트에 대해 질문하기

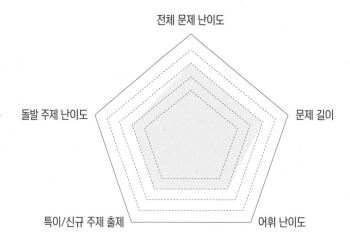

시험 난이도 ★★★★☆

전체 문제 난이도

돌발 주제 난이도

문제 길이

특이/신규 주제 출제

어휘 난이도

Q1 **기본** | 자기소개 - 직장인 (휴직) ☆☆☆☆☆

Let's start the interview. Tell me about yourself.
인터뷰를 시작합니다. 당신에 대해 말해주세요.

답변 전략 INTRO 전략

MP3 4_2

Intro

이름
my name is [　]

> Alright, my name is Paul.
> 네, 제 이름은 Paul이에요.

Body

쉬고 있는 중
between jobs

가족 구성원 4명
4 members in my family

긍정적 사고
think positive

YouTube 시청
watch YouTube

> I'm in my late 20s and I'm currently between jobs. Currently, I live in Seoul with my family. Speaking of my family, there are 4 members including myself. To talk about my personality, I always try to think positive and stay calm. What I do in my free time is watch YouTube.
> 저는 20대 후반이고, 현재 일을 쉬고 있어요. 현재 저는 서울에서 가족과 함께 살고 있어요. 우리 가족 얘기가 나와서 말인데, 저를 포함해서 총 4명이에요. 제 성격에 대해 이야기하자면, 저는 항상 긍정적으로 생각하고 침착함을 유지하려고 노력해요. 제가 여가 시간에 하는 일은 유튜브를 시청하는 것이에요.

Wrap-up

이게 다예요
That's everything.

> That's pretty much everything about me!
> 이게 저에 대한 다예요!

■ AL 패턴/표현

어휘 표현 be currently between jobs 현재 일을 쉬는 중이다, 현재 취업 준비중이다 speaking of ~에 대해서는 including ~을 포함하여 to talk about ~에 대해 이야기하자면 try to ~하려 노력하다 think positive 긍정적으로 생각하다 stay calm 차분함, 침착함을 유지하다

 친절한 송쌤 ⊙

- current/currently는 현재/요즘의 란 뜻을 가진 단어로 오픽 전반적으로 아주 많이 사용될 수 있는 단어인데요.
  발음은 current [커-뤈트] currently [커-뤈리] 입니다.
- speaking of A는 A 이야기가 나와서 말인데 라는 뜻으로 본인이 알고 있는 A에 대한 이야기를 할 때.
  앞서 A가 언급된 상황일 때 유용하게 사용할 수 있어요.

Q2 돌발 | 여가 시간 – 여가 시간을 보내는 장소 ★★★☆☆

Where do people in your country go to spend their free time? Why do you think people go there?
What do they usually do there?

당신 나라 사람들은 여가 시간을 보내기 위해 어디로 가나요? 왜 사람들이 그곳에 간다고 생각하나요? 그들은 주로 그곳에서 무엇을 하나요?

답변 전략 -MI 전략

 MP3 4_4

Main

공원
the park

People in my country go to various places to spend their free time, and one of the most commonly visited places is the park.

우리나라 사람들은 여가 시간을 보내러 다양한 곳으로 가는데, 가장 많이 방문하는 곳 중 하나는 바로 공원이에요.

Body

운동 기구 구비
be equipped with exercise equipment

무료로 이용
free to use

[　]와 좋은 시간을 보냄
spend some quality time with [　]

There are many reasons why Koreans love going to the park. First of all, most parks in Korea are equipped with exercise equipment nowadays, and people use the equipment to work out and stay fit. What's even better is that it is free for everyone to use, so I've seen many people using it. Next, people go on a picnic to the park with their family. It is a great way for them to spend some quality time together, and it will strengthen your family bond.

한국인들이 공원에 가는 것을 좋아하는 데는 많은 이유가 있어요. 우선, 요즘 한국의 공원 대부분에는 운동 기구가 구비되어 있어서 사람들은 그 운동 기구를 이용해서 운동을 하고 체력 관리를 해요. 더 좋은 것은, 누구나 무료로 이용할 수 있다는 거죠. 그래서 전 많은 사람들이 운동 기구를 이용하는 것을 본 적도 있어요. 다음으로, 사람들은 가족과 함께 공원으로 소풍을 가기도 해요. 그것은 그들이 함께 좋은 시간을 보내는 훌륭한 방법이고, 가족간 유대감을 강화할 거예요.

Wrap-up

이것들이 이유
these are the reasons why

These are the reasons why Koreans go to the park to spend their free time.

이것들이 바로 한국인들이 자유 시간을 보내기 위해 공원에 가는 이유예요.

■ AL 패턴/표현

어휘 표현 spend one's free time 여가 시간을 보내다　love -ing ~하는 것을 매우 좋아하다　be equipped with ~을 구비하고 있다　exercise equipment 운동 기구　work out 운동하다　stay fit 건강을 유지하다, 체력 관리를 하다　spend quality time together 함께 귀중한/소중한 시간을 보내다　strengthen 강화하다

 친절한 송쌤

• what's even better(worse) is that [주어+동사]: 더 좋은(나쁜) 점은 주어가 동사하다는 점이다
위 문장은 추가적인 정보를 줄 때 사용할 수 있어요.

• 지각 동사(see, look at, hear, listen to, feel)는 5형식 동사로 **주어 + 지각동사 + 목적어 + 동사원형/동사ing**의 형태를 따른다는 점 반드시 알아두세요.

Q3 돌발 | 여가시간 - 여가시간에 하는 일 ★★★☆☆

What is the most popular activity that people in your country do in order to spend their free time? Why do you think it's so popular? Give me detail.

당신 나라 사람들이 여가 시간을 보내기 위해 하는 가장 인기 있는 활동은 무엇인가요? 왜 그렇게 인기가 있다고 생각하나요? 자세히 말해주세요.

답변 전략 · MI 전략

Main

영화 보러 가기
going to the movies

What people in my country do to spend their spare time differs from going to cafes to traveling abroad. However, I guess the most popular activity that Koreans like to do in their free time is going to the movies.

우리나라 사람들이 여가 시간을 보내기 위해 하는 일은 카페에 가는 것부터 해외 여행을 가는 것까지 달라요. 하지만, 한국인들이 여가 시간에 하는 가장 인기 있는 활동은 영화를 보러 가는 것 같아요.

Body

돈이 많이 들지 않음
without having to spend much money

날씨 걱정이 없음
don't have to worry about bad weather

더 좋은 서비스 제공
better services

I've thought about the reason why, and I guess the main reason is that you can enjoy quality time without having to spend that much money. Also, you can easily find movie theaters here and there without difficulty, and people don't have to worry about bad weather since it's an indoor activity. Most movies are two hours long, and you can enjoy some snacks while watching them. Moreover, the movie theater is now providing customers with better services such as comfy chairs or even better food.

그 이유에 대해 생각해봤는데, 가장 주된 이유는 많은 돈을 쓰지 않고도 좋은 시간을 즐길 수 있다는 점인 것 같아요. 또한, 이곳저곳에서 영화관을 쉽게 찾을 수 있고, 실내 활동인 만큼 날씨 걱정을 할 필요가 없죠. 대부분의 영화는 2시간 길이이고, 영화를 보는 동안 맛있는 스낵까지 즐길 수 있어요. 게다가, 영화관은 이제 고객들에게 편안한 의자나 심지어 더 좋은 음식과 같은 더 나은 서비스를 제공하고 있어요.

Wrap-up

너희 나라는 어때?
what about [ ]?

What about people in your country, Ava?

당신 나라 사람들은 어때요, Ava?

■ AL 패턴/표현

어휘 표현 differ 다르다 without having to ~하지 않고도, ~할 필요 없이 that much 그렇게 많은 without difficulty 어렵지 않게 don't have to worry about ~에 대해 걱정할 필요가 없다 indoor 실내의 while -ing ~하는 동안에 moreover 게다가 provide A with B A에게 B를 제공하다 such as ~와 같은 comfy 편안한

Q4 **돌발 | 여가시간 – 과거와 현재 여가시간 비교 ★★★★☆**

Tell me about your free time. Do you have more free time now than you did in the past? Why or why not? Tell me in detail.

당신의 여가 시간에 대해 말해주세요. 당신은 과거보다 현재에 여가 시간이 더 많나요? 그 이유는 무엇인가요? 자세히 말해주세요.

답변 전략 **MI 전략**

◁)) MP3 4_8

Main

지금보다 과거에 더 많은 자유 시간
way more free time in the
past

> Now that I think of it, I used to **have** way more **free time in the past**
> **than** I do now.
> 지금 생각해보면 과거엔 여가 시간이 현재보다 훨씬 더 많았어요.

Body

더 많은 책임감
more responsibilities as
time went by

할 일이 많음
have so much on my plate

신경 써야 할 많은 일들
more things that I have to
deal with

> When I think about the reason, I realize that I got more responsibilities
> as time went by. What I mean is that I was a newbie/freshman a
> couple of years ago, which means I didn't have that many things to
> take care of. However, now, I have so much on my plate that I have
> to do to get promoted/graduate/get a job. As life goes on, there are
> more things that I have to deal with in order to be successful, and this
> has caused me to have less free time for myself. Now, I spend most
> of my time working/studying/preparing for a better life.
> 그 이유에 대해 생각해보면, 시간이 지날수록 책임감이 더 커진 것 같아요. 제 말은, 저는 2년 전에는
> 새내기였고, 그것은 제가 신경 써야 할 일이 그리 많지 않았다는 것을 의미하죠. 하지만, 현재 저는 승
> 진/졸업/취직을 위해서 해야 할 일이 너무 많아요. 삶이 거듭될수록, 성공하기 위해서는 처리해야 할
> 일들이 많아지고, 이로 인해 저 자신을 위한 자유 시간이 줄어들게 되었어요. 지금은 제 시간의 대부
> 분을 더 나은 삶을 위해 일/공부/준비하는 데 보내고 있어요.

Wrap-up

균형을 맞추려 노력
try to balance

> But I know how important it is to **have free time/leisure time for**
> **myself, so I'll try to balance my life with more free time.**
> 하지만 저 자신을 위해 여가 시간을 갖는 것이 얼마나 중요한지 잘 알고 있기 때문에, 더 많은 자유 시
> 간과 제 삶의 균형을 맞추도록 노력할 거예요.

■ AL 패턴/표현

어휘
표현 used to ~하곤 했다   way more than ~보다 훨씬 더 많이   as time goes by 시간이 지나면서   what I mean is 제 말은, 구
체적으로 말하자면   newbie/freshman 새내기, 신입   take care of 신경을 쓰다, 책임을 지다, 처리하다   have so much on
one's plate ~가 해야 할 일이 많다   deal with 처리하다   in order to ~하기 위해   cause A to B A로 하여금 B하게 하다
spend most of one's time -ing ~하는 데 대부분의 시간을 보내다   balance A with B A와 B의 균형을 맞추다

Q5 기본 ㅣ 거주지 - 내가 사는 곳 ★★★☆☆

MP3 4_9

Describe your neighborhood. Where do you live? How long have you been living there? Do you like your place? Why or why not? What does it look like? Tell me everything about the place you live in.

당신의 동네에 대해 설명해 주세요. 당신은 어디서 사나요? 그 곳에서 산 지 얼마나 됐나요? 당신의 집이 마음에 드나요? 그 이유는 무엇인가요? 당신의 집은 어떻게 생겼나요? 당신이 사는 곳의 모든 것을 말해주세요.

답변 전략 MI 전략

MP3 4_10

Main

[ ]시에 살고 있음
I live in a city called [ ]

> I live in a city called Seoul with my family, and I guess it's been 2 years since I moved to my current apartment.
>
> 저는 가족과 함께 서울이라는 도시에 살고 있는데, 지금 사는 아파트로 이사한 지 2년 정도 된 것 같아요.

Body

다른 것들과 비슷함
looks just like other [ ]

3개의 방
three bedrooms

깨끗하고 잘 정비됨
clean and well-maintained

> In my neighborhood, I see many high-rise apartment complexes. I live in an apartment as well and... what does it look like? Well, it looks just like other apartment buildings. To give you more detail, I live on the 9th floor of a 20-story apartment building and there are 3 bedrooms in my house. As soon as I enter my house, I see a spacious living room in the middle and a kitchen on the right. On the left, there are 2 other rooms and in the back, there is a master bedroom where I feel the coziest. There's also a large balcony with many big windows that let a lot of sunlight in.
>
> 우리 동네에는 고층 아파트 단지가 많아요. 저 또한 아파트에 살고 있죠. 어떻게 생겼냐고요? 글쎄요, 다른 아파트 건물들과 똑같이 생겼어요. 좀 더 자세히 말하자면, 저는 20층짜리 아파트의 9층에 살고 있고, 침실이 3개 있어요. 집에 들어서면, 가운데에는 널찍한 거실이 있고, 오른쪽에는 부엌이 보여요. 왼쪽에는 방이 2개 더 있고, 뒤쪽에는 제가 가장 안락하게 느끼는 침실이 있죠. 또한, 많은 햇빛이 들어오게 하는 큰 창문이 많은 커다란 발코니도 있어요.

Wrap-up

사는 곳에 만족
be satisfied with where I live

> Since our apartment building is newly built, it's very clean and well-maintained, so I'm very satisfied with where I live.
>
> 우리 아파트는 새로 지어졌기 때문에 아주 깨끗하며 관리가 잘 되어 있어서 저는 제가 사는 곳에 아주 만족해요.

■ AL 패턴/표현

어휘 표현 high-rise 고층의 complex 단지 as well ~ 또한 to give you more detail 더 자세히 말하자면 as soon as 하자마자 enter 들어가다 spacious 널찍한 well-maintained 관리가 잘 된 be satisfied with ~에 만족하다

 친절한 송쌤

· 층수를 이야기할 때는 전치사 on과 함께 서수로 표현됨을 기억해주세요.
· to give you more detail은 상세하고 자세한 설명이 추가적으로 필요할 때 쓸 수 있는 표현이에요.

Q6 기본 | 거주지 - 주중/주말에 집에서 하는 일 (루틴) ★★★☆☆

I'd like to know what you typically do on weekdays and weekends at home. Do you have any specific routine that you follow when you spend time at home? Tell me in detail.

당신이 평일과 주말에 주로 집에서 무엇을 하는지 알고 싶습니다. 집에서 시간을 보낼 때 특정 루틴이 있나요? 자세히 말해주세요.

답변 전략 · INTRO 전략

🔊 MP3 4_12

Intro

하는 일이 다름
what I do differs

> What I do at home during weekdays and on weekends differs.
> 집에서 제가 하는 일은 평일과 주말에 각각 달라요.

Body

평일: 집에서 많은 시간 보내지 않음
don't spend that much time at home

주말: 집에서 더 많은 것을 함
try to do more things at home

YouTube 시청
video tutorials on YouTube

> I mean, I don't spend that much time at home during weekdays because I'm very busy with my work. Most of the time, I spend my time working in the office, and I normally come home very late. So, on weekdays, I just take a shower and fall asleep while watching YouTube on the bed. I know it sounds boring, but that's what I do actually. On the other hand, I try to do more things at home by making the most of YouTube during weekends. What I mean is that... you can get access to tons of useful and beneficial video tutorials on YouTube such as making food or home training. Those tutorials are so detailed that the only thing I have to do is just to follow the instructions properly.
> 제 말은, 평일에는 제가 일 때문에 너무 바빠서 집에서 그렇게 많은 시간을 보내지 못해요. 대부분은 사무실에서 일하면서 시간을 보내고, 보통은 아주 늦게 집에 오죠. 그래서 평일에는 그냥 샤워를 하고 침대에서 유튜브를 보다가 잠이 들어요. 지루하게 들리겠지만, 그게 제가 실제로 하는 일이에요. 한편, 주말에는 유튜브를 최대한 활용함으로써 집에서 더 많은 일을 하려고 노력해요. 제 말은... 유튜브를 통해 음식 만들기나 홈 트레이닝 같은 유용하고 유익한 강좌 영상을 많이 접할 수 있다는 것이죠. 그러한 강좌들은 너무 상세해서 저는 설명만 제대로 따르면 돼요.

Wrap-up

충분한 대답이 되었는지?
would this be enough?

> Would this be enough to answer your question?
> 당신의 질문에 충분한 대답이 되었나요?

■ AL 패턴/표현

어휘 표현　differ 다르다　weekdays 평일　boring 지루한, 따분한　get access to ~에 접근하다　beneficial 유익한

 친절한 송쌤 🌐

- 부정문이나 의문문에서 that이 사용될 때는 **그렇게, 그 정도로** 라는 뜻을 가지고 있습니다. 강조하고 싶을 때 사용해주세요.
- **make the most of A**는 A를 최대한 활용하다, 이용하다의 뜻을 가진 표현으로 영어회화에서도 활용도가 높은 표현이니 꼭 알아두세요.

MP3 4_13

Q7 기본 | 거주지 - 집에서 있었던 문제 ★★★★☆

Have you ever had any incidents at home? What kind of incident was it? Who was involved in the incident? How did you resolve that problem? Tell me everything from the beginning to the end.

집에서 사건을 겪어본 적이 있나요? 어떤 사건이었나요? 누가 그 사건에 관련되었나요? 그 문제를 어떻게 해결했나요? 처음부터 끝까지 다 말해주세요.

답변 전략 WH 전략

MP3 4_14

When

두세 달 전
a couple of months ago

One of the incidents I've had **at home** happened **a couple of months ago.**
제가 집에서 겪은 사건들 중 하나는 두어 달 전에 일어났어요.

WH

샤워 중
taking a shower

온수 중단
hot water stopped working

관리실에 전화
called the management office

It was not long after I moved into my current apartment, and I was taking a shower to get ready for work in the morning. In the middle of the shower, the hot water stopped working all of a sudden. So, I had no other choice but to **shower with cold water**. The water was so cold that it made me furious. I quickly got out of the shower and called the management office to find out what was happening. The person in charge said that there was a minor problem with the water pipe and that it would take a day to fix it. I was angry at first, but the way he treated me was so nice that I became calm.
지금 살고 있는 아파트에 입주한 지 얼마 되지 않았을 때였고, 저는 아침에 출근 준비를 하기 위해 샤워를 하고 있었죠. 샤워를 하던 도중에 온수가 갑자기 나오지 않았어요. 그래서 찬물로 샤워를 할 수밖에 없었어요. 물이 너무 차가워서, 저는 몹시 화가 났어요. 저는 얼른 샤워를 끝내고, 무슨 일인지 알아보려고 관리실에 전화를 걸었죠. 담당자는 수도관에 경미한 문제가 있어서 수리하는 데 하루가 걸린다고 했어요. 처음에는 화가 많이 났지만, 그가 저를 대하는 태도가 너무 친절해서 저는 곧 진정됐어요.

So

가장 큰 문제
the biggest problem I've had

That was the biggest problem I've had with my house.
그것이 제가 우리 집에서 겪었던 가장 큰 문제였어요.

■ AL 패턴/표현

어휘 표현 incident 사건 happen 일어나다, 발생하다 move into 입주하다 get ready for ~을 준비하다 stop -ing ~하기를 멈추다 all of a sudden 갑자기 have no other choice but to ~하는 것 외에는 다른 방법이 없다 furious 매우 화가 난, 격분한 find out 알아내다 person in charge 담당자 minor problem 경미한 문제 at first 처음에는 treat 대하다

Q8 선택 | 애완동물 기르기 - 내가 기르고 있는 애완동물 ★★★☆☆

In the survey, you indicated that you have a pet. What kind of pet is it? How does it look? How long have you had the pet? Tell me everything about the pet you have.

설문조사에서 당신은 애완동물을 키운다고 했습니다. 어떤 종류의 애완동물인가요? 어떻게 생겼나요? 애완동물을 키운 지 얼마나 됐나요? 당신이 키우는 애완동물에 대한 모든 것을 말해주세요.

답변 전략 · MI 전략

MP3 4_16

Main

암컷 푸들
a female poodle

I have a female poodle that has been living with me for quite a while now.
저는 꽤 오랫동안 저와 함께 살고 있는 암컷 푸들을 키우고 있어요.

Body

예삐, 곱슬 갈색 털
Yeppi, curly, brown fur

낯선 사람을 무서워함
scared of strangers

덜 활동적, 차분함
less active, much calmer

Her name is Yeppi, and I named her when she first came home because of her cute looks. She has curly, brown fur and I love petting her because of her puffy hair. Like most other dogs, she is scared of strangers and always barks at them whenever I walk her. To talk about her health, thankfully, she is in good shape and I expect her to live much longer. However, since she is at her later stage in life, she is less active and much calmer than before. Also, she is so smart that whenever we play fetch, she can distinguish toys by their names.
그녀의 이름은 예삐이고, 귀여운 외모 때문에 그녀가 처음 집에 왔을 때 제가 그렇게 이름을 지어줬어요. 그녀는 곱슬곱슬한 갈색 털을 지니고 있고, 저는 그녀의 수북한 털 때문에 그녀를 쓰다듬는 것을 좋아하죠. 대부분의 다른 개들처럼, 그녀는 낯선 사람을 무서워해서, 산책할 때마다 항상 짖어요. 그녀의 건강에 대해 말하자면, 다행스럽게도 그녀는 몸의 상태가 좋은 편이어서 저는 그녀가 훨씬 더 오래 살기를 기대하죠. 하지만, 그녀는 인생의 후반기에 접어들었기 때문에, 전보다 덜 활동적이고 훨씬 차분해졌어요. 또한, 그녀는 매우 똑똑해서, 우리가 물건을 가져오기 게임을 할 때마다 이름으로 장난감을 구별할 수 있어요.

Wrap-up

오래 함께 하길
want her to stay with us forever

She is my family's lucky charm and I want her to stay with us forever.
그녀는 우리 가족의 행운의 마스코트이고, 저는 그녀가 영원히 우리와 함께 하면 좋겠어요.

■ AL 패턴/표현

어휘 표현　name 이름을 지어주다　pet 쓰다듬다　be scared of ~를 무서워하다　bark at ~에게 짖다, ~을 보고 짖다　whenever ~할 때마다　thankfully 다행스럽게도　be in good shape 상태가 좋은　play fetch 물건 가져오기 게임을 하다　distinguish A by B A를 B로 구별하다　lucky charm 행운의 마스코트　want A to B A가 B하기를 원하다

Q9 **선택** ㅣ 애완동물 기르기 - 처음으로 애완동물을 길렀을 때 ★★★☆☆

I'd like to hear about the first time you got your pet. Was there anyone in your family that wanted to raise a pet? What was your first reaction when you met your pet for the first time? Tell me in detail.

당신이 처음으로 애완동물을 길렀을 때에 대해 듣고 싶습니다. 당신의 가족 중 애완동물을 기르고 싶어 하던 사람이 있었나요? 당신의 애완동물과 처음 만났을 때, 당신의 첫 반응은 무엇이었나요? 자세히 말해주세요.

답변 전략 ·MI 전략·

🔊 MP3 4_18

Main

첫 애완견, 예쁘
first pet, Yeppi

My current dog, Yeppi, is my first pet and I still cannot forget the moment I met her for the first time.
제가 현재 키우고 있는 강아지 예쁘는 저의 첫 애완동물이고, 전 아직도 예쁘를 처음 만났던 순간을 잊을 수 없어요.

Body

작은 강아지
a tiny little puppy

밤새 공부
stayed up all night to study

행복했음
so happy

She was a tiny little puppy and I could barely hold her in fear of accidentally hurting her. When my family brought her home, I stayed up all night to study about how to raise a puppy. I was googling all sorts of information about dogs and it wasn't tiring at all because I was so happy that I finally had a dog. Since then, there have been quite a few moments when my dog got sick, and I was devastated each time.
그녀는 아주 작은 강아지였고, 실수로라도 그녀를 다치게 할까 봐 저는 그녀를 거의 안지도 못했죠. 우리 가족이 그녀를 집에 데려왔을 때, 저는 강아지를 기르는 방법에 대해 공부하기 위해 밤을 새웠어요. 저는 개에 대한 온갖 정보에 대해 구글로 검색했는데, 드디어 개를 키울 수 있게 됐다는 사실이 너무 행복해서 전혀 피곤하지 않았죠. 그 후에는 제 강아지가 아픈 순간도 꽤 있었는데, 그때마다 저는 너무 충격을 받았어요.

Wrap-up

신이 내린 선물
gifts from God

That is how much I care about my dog, and I personally think dogs are gifts from God.
그만큼 전 저의 강아지를 아끼고, 개인적으로 저는 강아지는 신이 내린 선물이라고 생각해요.

■ AL 패턴/표현.

어휘 표현 for the first time 처음으로   barely 거의 ~않다   in fear of ~할까 봐, ~을 무서워하여   accidentally 실수로   stay up all night 밤을 새다   how to ~하는 방법   google 구글로 검색하다   all sorts of 온갖 종류의   since then 그 이후로   be devastated 엄청난 충격을 주다, 비탄에 빠뜨리다   personally 개인적으로

 친절한 송쌤

처음 했던 기억이나 관심 갖게 된 계기 문제는 오픽에서 빈번하게 출제되는 빈출 유형 중 하나인데요. 이 때 활용도가 높은 I still cannot forget the moment [주어+과거동사] for the first time을 꼭 기억해주세요. cannot에서 not을 강조해서 발음하면 더욱 명확한 의미 전달이 가능해요.

Q10 **선택** ㅣ 애완동물 기르기 - 애완동물을 기르면서 기억에 남는 경험 ★★★☆☆

People who have pets have special memories with their pets. Tell me about yours. What happened? What makes the event so special? Explain from the beginning to the end.

애완동물을 기르는 사람들은 애완동물과의 특별한 추억을 가지고 있죠. 당신의 추억에 대해 말해주세요. 무슨 일이 있었나요? 무엇이 그토록 특별하게 만들었나요? 처음부터 끝까지 설명해주세요.

답변 전략 ·WH 전략

(◁» MP3 4_20

When

아팠을 때
my dog got sick

There have been numerous memorable events that have happened while I was raising my dog. Out of all, the most unforgettable moment was when my dog got sick for the first time.

강아지를 기르면서 기억에 남는 일이 많아요. 무엇보다도, 가장 잊지 못할 순간은 제 강아지가 처음으로 아팠을 때였어요.

WH

뭘 해야 할지 모름
had no idea what to [동사]

눈물이 남
made me break into tears

사람들이 먹는 음식을 많이 먹음
too much human food

Because it was my first time raising a dog, I had no idea what to do then. I first realized that my dog wasn't feeling well when she refused to eat. Initially, I thought she was just not hungry, but seeing her powerless made me break into tears. What was so sad about the moment was me realizing that it's impossible for my dog to speak to me even though she is not feeling well. Then, I took her to the vet to get a checkup. The doctor said it was caused by too much human food. Fortunately, it wasn't anything serious and I was reminded to not feed her human food.

강아지를 기르는 것은 처음이었기 때문에 그때는 뭘 해야 할지 몰랐어요. 강아지가 먹기를 거부했을 때 처음에는 몸 상태가 별로 좋지 않은 거라고 생각했죠. 처음에는 그저 배가 고프지 않은 줄 알았는데. 힘없는 모습을 보니 눈물이 났어요. 그 순간 너무 슬펐던 것은, 제 강아지는 아파도 저에게 말할 수 없다는 것을 깨달았을 때였어요. 그 후에, 저는 검진을 위해 그녀를 수의사에게 데려갔어요. 의사는 저의 강아지가 사람이 먹는 음식을 너무 많이 먹어서 아프게 됐다고 말했죠. 다행히 심각한 것은 아니었고, 저는 그녀에게 사람이 먹는 음식을 먹이지 말아야 한다는 것을 상기했어요.

So

사람들이 먹는 음식을 절대 주지 않음
never fed my dog human food

Since then, I have never fed my dog human food no matter how desperate she is.

그 이후로 저는 그녀가 아무리 간절히 원해도 그녀에게 사람이 먹는 음식을 먹여 본 적이 없어요.

■ AL 패턴/표현

어휘
표현 numerous 많은 memorable 기억에 남는 raise 키우다, 기르다 out of all 무엇보다도 have no idea what to do 어찌할 바를 모르다 be not feeling well 상태가 좋지 않다 refuse to do ~하기를 거부하다 initially 처음에 break into tears 눈물이 나다 it's impossible for A to do A가 ~하는 것은 불가능하다 vet 수의사 fortunately 다행히 remind ~할 것을 상기시키다, 기억하도록 알려주다 feed 먹이를 주다 desperate 간절히 원하는

Q11 롤플레이 | 공원 가기 - 친구가 공원에 가자고 하는 상황에서 질문하기 ★★★☆☆

I'd like to give you a situation and act it out. Your friend wants to go to the park with you. Call your friend and ask him three to four questions about the meeting.

당신에게 주어진 상황에 대해 역할극을 해주세요. 당신의 친구는 당신과 함께 공원에 가길 원합니다. 친구에게 전화해서 만남에 대해 서너 가지 질문을 해주세요.

답변 전략 INTRO 전략

Intro

공원 관련 질문
questions about the park

Hi, this is Justin and I'm calling you because I have some questions about the park where we're planning to visit this weekend.
안녕, 나 Justin이야. 이번 주말에 우리가 가기로 한 공원에 대해 궁금한 게 있어서 전화했어.

Body

가는 방법?
how to get there

근처에 괜찮은 식당?
great restaurant nearby

무엇을 할지?
what to do

First of all, how would you like to get there? I mean, I have my own vehicle available this weekend, so if you don't have a ride, feel free to tell me so that I can pick you up. Second, is there any great restaurant nearby? I mean, by the time we get there, it's going to be around lunch time, so we must be hungry. If there's no restaurant nearby, why don't we take some food like a picnic box so that we can enjoy that at the park? Lastly, what would you like to do when we get there? I'm so into playing badminton these days, and if you don't mind, I'd like to play with you! Don't worry about the equipment, I'll bring everything! Just wear comfy sneakers!

우선, 그곳에 어떻게 갈 생각이야? 내 말은, 이번 주말에 내 차를 쓸 수 있으니, 만약 네가 갈 방법이 마땅치 않다면, 내가 너를 데리러 갈 수 있으니 나에게 알려줘. 둘째로, 근처에 괜찮은 식당이 있니? 내 말은, 우리가 거기 도착할 쯤이면 점심시간이 될 테니까 배가 고플 거야. 근처에 식당이 없다면 도시락 같은 걸 가져가서 공원에서 먹는 건 어때? 마지막으로, 그곳에 도착하면 무엇을 하고 싶어? 나는 요즘 배드민턴에 푹 빠졌는데, 네가 괜찮다면 너랑 같이 하고 싶어! 장비는 신경쓰지마. 내가 다 가져갈게! 그냥 편한 운동화만 신어!

Wrap-up

이것들이 질문
these are my questions

These are my questions. Bye!
이것들이 내 질문이야. 안녕!

■ AL 패턴/표현

어휘 표현 plan to do ~하기로 계획하다 vehicle 차량 available 이용가능한 pick A up A를 데리러 가다 nearby 근처에 by the time ~힐 때쯤 be into ~에 관심이 많나 comfy sneakers 편한 운동화

친절한 송쌤

• vehicle [비-히클] 윗니와 아랫 입술이 만날 때 진동 소리를 내며 발음하세요.

• so that은 in order to와 같이 ~하기 위해/~할 수 있도록 이란 뜻을 가진 표현으로 영어회화에서도 자주 사용돼요.

Q12 **롤플레이** | 공원 가기 - 가기로 했던 공원이 문을 닫은 상황에서 해결책 제시하기 ★★★☆☆

There is a problem I need you to resolve. The park that you and your friend were going to visit will close on that day. Call your friend, explain the situation, and give him/her two to three alternatives.

당신이 해결해야 할 문제가 있습니다. 당신과 친구가 방문하려던 공원은 그 날 문을 닫을 예정입니다. 친구에게 전화를 걸어 상황을 설명한 후 두세 가지 대안을 제시해주세요.

답변 전략 · INTRO 전략

◁) MP3 4_24

Intro •

좋지 않은 소식
have bad news

> Hi, this is Justin again, and I have bad news.
> 안녕, 나 다시 Justin이야, 좋지 않은 소식이 있어.

Body •

공원이 문 닫을 예정
the park will be closed

다른 [ ] 공원
visit another park called [ ]

실내 활동
do other indoor activities

> I've just realized that the park that we're supposed to visit this weekend will be closed. The park is currently being renovated and it will re-open next month. I was so disappointed at first, but don't worry. I'll give you alternatives. Why don't we visit another park called Central Park? Though it's a bit farther than the one that we planned to visit, it's better in terms of facilities because it's newly built. Or we could do other indoor activities such as bowling or rock climbing. I've checked the weather forecast, and there is a possibility of rain.
> 이번 주말에 방문하기로 한 공원이 문을 닫을 거라는 걸 방금 알게 됐어. 이 공원은 현재 보수 중이고, 다음 달에 다시 개장할 예정이래. 처음에는 너무 실망했지만 걱정하지 마. 내가 너에게 대안을 제시할게. 우리 센트럴 파크라는 다른 공원에 가는 게 어때? 우리가 방문하려던 곳보다 조금 더 멀긴 하지만, 새로 지어져서 시설 면에서는 더 좋아. 아니면 볼링이나 암벽등반 같은 다른 실내 활동을 할 수도 있어. 일기예보를 확인해 봤는데, 비가 올 가능성이 있대.

Wrap-up •

원하는 것 알려줘
let me know what you want

> Let me know what you want to do!
> 무엇을 원하는지 알려줘!

■ AL 패턴/표현

어휘 표현 be supposed to do ~하기로 되어 있다 renovate 보수하다, 수리하다 be disappointed 실망하다 alternative 대안책 plan to ~할 계획을 세우다 in terms of ~면에서 indoor activities 실내 활동 weather forecast 일기예보 a possibility of ~의 가능성

 친절한 송쌤 🗨

• be supposed to는 원래 ~하기로 되어 있다라는 뜻을 가진 표현으로 스케줄상으로도 사용되지만, 암묵적으로 동의한 당연한 일에 대해 말할 때도 사용돼요.
• alternative [얼-털-너티브] 발음에 유의해주세요.

Q13 롤플레이 | 공원에서 있었던 기억에 남는 경험 이야기하기 ★★★☆☆

That's the end of the situation. Do you have special memories related to parks? What happened there? Why is it so memorable? Tell me everything.

상황극이 종료되었습니다. 공원과 관련된 특별한 추억이 있나요? 그곳에서 무슨 일이 있었나요? 왜 그것이 기억에 남나요? 전부 말해 주세요.

답변 전략 -WH 전략

MP3 4_26

When

몇 년 전
a few years ago

The most memorable event I've had **at a park** was when **I went to Han River Park with my friends a few years ago.**

공원에서 가장 기억에 남는 일은, 몇 년 전에 친구들과 한강 공원에 갔을 때였어요.

WH

좋은 시설, 경치
famous for great facilities, nice view

좋은 시간 보냄
have a really great time

프리스비, 치킨
played Frisbee, ordered fried chicken

Han River Park is famous among Koreans for its great facilities and nice view of the Han River, especially during sunset. What was so special about the time I visited there with my friends was that we had a really great time that day. We played Frisbee for a while, and ordered fried chicken when we got hungry. Watching the sunset lying on the mat is still clear in my memory. To others, it may seem like a typical picnic, but it was the most enjoyable time of my life.

한강 공원은 특히 한강의 멋진 시설과 일몰 때의 멋진 경치로 한국인들 사이에서 유명해요. 친구들과 그곳을 방문했을 때 특별했던 점은, 그 날 정말 즐거운 시간을 보냈다는 거예요. 저희는 잠시 프리스비를 하며 놀았고, 배가 고파졌을 때 치킨을 시켜 먹었어요. 돗자리에 누워서 석양을 봤던 것이 아직도 제 기억에 선명해요. 다른 사람들에게는 그저 일반적인 소풍처럼 보일지 모르지만, 제 인생에서 가장 즐거운 시간이었어요.

So

지금은 좋은 시간 보낼 기회 없음
haven't had the chance to get together

Now, because we are all **busy with** our work, we haven't had the chance to get together and have quality time like before.

지금은 모두 일이 바빠서 예전처럼 함께 모여 좋은 시간을 보낼 기회가 없어요.

■ AL 패턴/표현

어휘 표현 among ~사이에서 especially 특히 Frisbee 프리스비(던지기를 하고 놀 때 쓰는 플라스틱 원반) for a while 잠시 order 주문하다 it may seem like ~처럼 보일 수 있다 typical 전형적인, 일반적인

 친절한 송쌤

• what was so special about A 혹은 what made A so special이란 표현은 오픽 빈출 유형인 기억에 남는 경험에 대해 이야기하는 문제에서 아주 유용하게 쓰일 수 있는 표현이에요. 꼭 암기해주세요.

Q14 돌발 | 인터넷 - 인터넷을 사용하는 이유 ★★★★☆

People use the internet for various purposes. What do people in your country use the internet for? Are there any benefits to using the internet? What is the main purpose of using the internet?
사람들은 인터넷을 다양한 목적으로 사용합니다. 당신 나라 사람들은 인터넷을 어떤 일에 사용하나요? 인터넷을 사용하는 것에는 어떤 이점이 있나요? 인터넷을 사용하는 주된 목적은 무엇인가요?

답변 전략 · MI 전략

(◁) MP3 4_28

Main

다양한 목적
for various purposes

Yes, like you say, people use the internet for various purposes because the internet has become a major part of our lives. I can't even imagine my life without it.
맞아요, 당신 말처럼, 사람들은 인터넷을 다양한 목적으로 사용해요. 왜냐하면 인터넷이 우리 삶의 주요 부분이 되었기 때문이죠. 인터넷이 없는 제 삶은 상상조차 할 수 없어요.

Body

정보의 근원
the main source of information

실시간 소통
connect with others in real-time

First and foremost, it's the main source of information nowadays. Say goodbye to the old days when people used to subscribe to newspapers. People don't spend their money on newspapers to get information because getting information from the internet is much faster and more economical than newspapers. Second, we can connect with others via the internet in real-time at a lower cost. By using social media for free, we no longer have to pay a tremendous amount of money for international phone calls when we contact friends across the globe.
다른 무엇보다도, 인터넷은 오늘날 정보의 근원이죠. 사람들이 신문을 구독하던 옛날과 작별하세요. 인터넷에서 정보를 얻는 것이 신문보다 훨씬 빠르고 경제적이기 때문에, 사람들은 정보를 얻기 위해 더 이상 신문에 돈을 쓰지 않아요. 둘째로, 우리는 인터넷을 통해 더 저렴한 비용으로 실시간으로 다른 사람들과 연결될 수 있어요. 소셜 미디어를 무료로 사용함으로써, 우리는 전 세계의 친구들과 연락할 때 더 이상 국제 전화 통화에 엄청난 돈을 지불할 필요가 없게 되었죠.

Wrap-up

이것들이 이유
these are a few reasons why [주어 + 동사]

These are only a few reasons why people use the internet these days.
이것들이 바로 요즘 사람들이 인터넷을 사용하는 몇 가지 이유예요.

■ AL 패턴/표현

어휘 표현 like you say 당신 말처럼 various 다양한 first and foremost 다른 무엇보다도 main source 근원 nowadays 오늘날 subscribe to ~을 구독하다 spend money on ~에 돈을 쓰다 economical 경제적인, 실속 있는 via ~을 통해 in real-time 실시간으로 no longer 더 이상 ~아닌 tremendous 엄청난 across the globe 전 세계의

Q15 돌발 | 인터넷 - Ava에게 좋아하는 웹사이트에 대해 질문하기 ★★★☆☆

> I also like surfing the web. Ask me three to four questions about my favorite website.
> 저도 웹 서핑을 좋아해요. 제가 가장 좋아하는 웹사이트에 대해 서너 가지 질문을 해주세요.

답변 전략 INTRO 전략

◁)) MP3 4_30

Intro

몇 가지 질문 있음
ask a few questions about
[   ]

> **Hi, Ava.** As a heavy internet user, I would like to ask you a few questions about **your favorite website.**
> 안녕하세요, Ava. 인터넷을 많이 사용하는 사람으로서, 저는 당신이 가장 좋아하는 웹사이트에 대해 몇 가지 질문을 하고 싶어요.

Body

어떤 종류?
what kind of website

이유?
why

무엇을 하는지?
what you do

> **First,** can you tell me what **kind of website it is?** I mean, is it an online shopping mall, or a web portal where you can search for information? **For me,** my favorite website is NAVER and it's a search engine where I can look up and get information. My second question is, why is that website your favorite? I personally like NAVER the most because it's Korea's number one search engine and I can get a lot of useful information there. Lastly, can you describe what you do on that website and how often you visit the website?
> 첫째로, 어떤 종류의 웹사이트인지 말해줄 수 있나요? 그러니까 제 말은, 그것이 온라인 쇼핑몰인가요, 아니면 정보를 검색할 수 있는 포털 사이트인가요? 제게 있어 가장 좋아하는 웹사이트는 네이버인데요, 그것은 제가 정보를 찾고 얻을 수 있는 검색 엔진이에요. 두 번째 질문은, 왜 그 웹사이트를 가장 좋아하나요? 저는 개인적으로 네이버를 가장 좋아하는데요, 왜냐하면 네이버는 한국의 1위 검색 엔진이고, 유용한 정보를 많이 얻을 수 있기 때문이죠. 마지막으로, 당신은 그 웹사이트에서 무엇을 하고 얼마나 자주 방문하는지 설명해 줄 수 있나요?

Wrap-up

시간 내줘서 고마워
thanks for your time

> Thanks for your time!
> 시간 내줘서 고마워요!

■ AL 패턴/표현

어휘 표현 favorite 가장 좋아하는 look up ~을 찾다

 친절한 송쌤 ⊙

- a heavy internet user는 인터넷을 많이 사용하는 사람을 뜻하는 단어예요.
- 나의 경우에는 이라고 말할 때에는 for me라는 표현을 붙여 나의 이야기를 하고 있음을 더욱 살려 말해보세요.
- portal [포-럴] 발음에 유의하세요.

독서, 집에서 보내는 휴가, 헬스

▲ 송쌤 총평 듣기

문제 구성

자기소개	1 자기소개	선택 주제 집에서 보내는 휴가	8 만나고 싶은 사람과 하고 싶은 일들
선택 주제 독서	2 좋아하는 e-book 작가/책, 관심을 갖게 된 계기		9 최근 휴가에서 했던 일들
	3 요즘 사람들이 독서하는 방법/책을 구매하는 방법		10 기억에 남는 집에서 보낸 휴가
	4 과거와 현재의 독서 변화	롤플레이 스마트폰	11 친구가 스마트폰을 구매하는 상황에서 새로운 기능에 대해 질문하기
돌발 주제 호텔	5 우리나라의 호텔		12 친구가 문서를 나의 폰으로 보냈는데 읽을 수 없는 상황 해결책 제시하기
	6 호텔에서 주로 하는 일		13 스마트폰 사용 시 문제를 겪었던 경험 이야기하기
	7 기억에 남는 호텔 관련 경험	선택 주제 헬스	14 자주 가는 헬스장
			15 Ava에게 헬스장 관련 질문하기

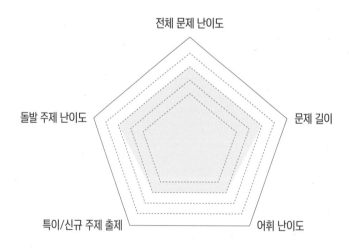

시험 난이도 ★★★★☆

전체 문제 난이도

문제 길이

어휘 난이도

특이/신규 주제 출제

돌발 주제 난이도

Q1 | 기본 | 자기소개 - 직장인 (학생) ☆☆☆☆☆

Let's start the interview. Tell me about yourself.
인터뷰를 시작합니다. 당신에 대해 말해주세요.

답변 전략 INTRO 전략

⟐》 MP3 5_2

Intro

기회를 줘서 고마워
thanks for giving me a chance

> Hi, Ava. Thanks for giving me a chance to talk about myself.
> 안녕하세요, Ava. 저에 대해 말할 기회를 줘서 고마워요.

Body

별명
nickname was [ ]

이름이 [ ]로 끝남
my name ends with [ ]

믿음직스럽고 의리 있음
trustworthy and loyal

AL 받아야 함
need to get an AL level

> My name is Jiwon, and my nickname when I was little among my friends was Wonny, because my name ends with Won. How funny is that, right? According to my friends, they say I'm trustworthy and loyal. The reason why I'm here is because I need to get an AL level on this OPIc test in order to qualify for the job I want.
> 제 이름은 지원인데, 제 이름이 원으로 끝나기 때문에 어렸을 때 친구들 사이에서 저의 별명은 워니였어요. 정말 웃기지 않아요? 친구들에 따르면, 제가 믿음직스럽고 의리가 있대요. 제가 여기 온 이유는 원하는 직장의 자격 요건을 갖추기 위해서 이번 OPIc 시험에서 AL 등급을 받아야 하기 때문이에요.

Wrap-up

고마워
thank you

> Thank you!
> 고마워요!

■ AL 패턴/표현

어휘
표현
nickname 별명 among ~사이에서 end with ~으로 끝나다 according to ~에 따르면 trustworthy 믿을 수 있는, 믿음직스러운 in order to ~하기 위해 qualify for ~의 자격을 얻다

 친절한 송쌤 🖐

- 어렸을 적 이야기를 하는 것은 오픽에서 빈번하게 출제되는 빈출 유형 중 하나인데요. 이 때, when I was young도 좋지만 when I was little 이라는 표현도 사용해 보세요.
- trustworthy [츄러스트월디], loyal [로열] 발음에 유의해주세요.

Q2 선택 | 독서 - 좋아하는 e-book 작가/책, 관심을 갖게 된 계기 ★★★★☆

You indicated in the survey that you like to read books. Who is your favorite e-book author and what is your favorite piece by him or her? Why do you like it? How did you first find out about the piece? What made you become interested in it? Tell me everything.

설문 조사에서 당신은 독서를 좋아한다고 했습니다. 당신이 가장 좋아하는 전자책 작가는 누구이며, 그 혹은 그녀의 작품 중 가장 좋아하는 것은 무엇인가요? 왜 좋아하나요? 그 작품에 대해 어떻게 처음 알게 됐나요? 어떻게 그것에 대한 관심을 갖게 됐나요? 전부 말해 주세요.

답변 전략 MI 전략

MP3 5_4

Main

좋아하는 책: [ ]
my favorite [책 종류] of all is [ ]

I read a lot of e-books these days and my favorite novel series of all is the Harry Potter series by J. K. Rowling.

전 요즘 전자책을 많이 읽어요. 제가 가장 좋아하는 소설 시리즈는 J. K. 롤링의 해리포터 시리즈예요.

Body

나이에 관계없이 인기 많음
popular regardless of age

영화를 보고 알게 됨
know by watching the movie

판타지 소설
a fantasy fiction

It's very popular among people regardless of their age and it was turned into a movie series after receiving an unprecedented amount of love. How I first got to know about the book was by watching the first movie, 'Harry Potter and the Philosopher's Stone'. The movie was so out of this world and I was even more excited when I found out that it was a movie based on a novel. It is a fantasy fiction and has gained success worldwide, selling hundreds of millions of copies. I still read the series to this day using my e-book reader when I have the time because it helps me maintain my creativity.

그 책은 연령에 상관없이 사람들에게 큰 인기를 끌고 있으며, 전례 없는 사랑을 받아 영화 시리즈로 만들어졌어요. 저는 첫 번째 영화인 '해리포터와 마법사의 돌'을 보면서 이 책에 대해 처음 알게 됐어요. 그 영화는 너무나 기상천외했고, 소설을 원작으로 한 영화라는 것을 알고 나서는 더욱 흥분했죠. 이 책은 판타지 소설로, 수억 부가 팔리며 전 세계적으로 성공을 거두었어요. 저는 지금도 시간이 날 때 전자책 리더기를 사용하여 이 시리즈를 읽는데, 왜냐하면 그것은 제 창의력을 유지하는 데 도움이 되기 때문이에요.

Wrap-up

독서 좋아하니?
like reading books?

Ava, do you like to read books as well?

Ava, 당신도 독서를 좋아하나요?

■ AL 패턴/표현

어휘 표현 novel 소설 regardless of ~에 상관없이 be turned into a movie 영화화되다 receive 받다 unprecedented 전례 없는 get to know about ~에 대해 알게 되다 out of this world 기상천외한, 너무 훌륭한 find out ~을 알게 되다 based on ~을 기초로 fantasy fiction 공상 소설 hundreds of millions 수억 copy 한 부 maintain 유지하다 creativity 창의력

MP3 5_5

Q3 선택 | 독서 - 요즘 사람들이 책을 읽는 방법/책을 구매하는 방법 ★★★☆☆

I'd like to know how people in your country read books these days. Do they read printed books or e-books? Where do they go to buy books? Tell me in detail.

요즘 당신 나라 사람들이 독서하는 방식을 알고 싶습니다. 그들은 인쇄된 책을 읽나요, 아니면 전자책을 읽나요? 그들은 책을 구입하기 위해 어디로 가나요? 자세히 말해주세요.

답변 전략 · INTRO 전략

MP3 5_6

Intro

크게 달라짐
has changed significantly

The way **people read books** has changed significantly over the past few years **and it** depends on **which age group people belong to.**

사람들이 책을 읽는 방식은 지난 몇 년 동안 크게 달라졌으며, 이는 사람들이 속하는 연령대에 따라 달라요.

Body

젊은 층: e-book
young people prefer reading e-books

기성세대: 인쇄물
older generations favor hard copies

e-book 리더기
e-book reader

I mean... it seems to me that young people prefer reading e-books to hard copies. I think the reason is that e-books are portable, meaning that they are easy to carry, and they cost less than printed books. On the other hand, older generations still favor hard copies because they are still unfamiliar with the new technology. In terms of purchasing books, it's much easier with an e-book reader because you can search and buy whatever books you want to read with just a few clicks. For hard copies, people still need to go to bookstores or libraries, which requires more time and energy.

제 말은... 제가 보기에 젊은 사람들은 인쇄물보다 전자책을 읽는 것을 더 좋아하는 것 같아요. 전자책은 휴대가 간편하고, 종이책보다 가격도 저렴하기 때문이라고 생각해요. 반면에 기성 세대는 아직 새로운 기술에 익숙하지 않기 때문에 인쇄물을 선호해요. 도서 구입에 관해서는 전자책 리더기가 훨씬 용이한데, 몇 번의 클릭만으로 원하는 책을 검색하고 구매할 수 있기 때문이에요. 인쇄물은 사람들이 여전히 서점이나 도서관에 가야 하는데, 이는 더 많은 시간과 에너지를 필요로 하죠.

Wrap-up

충분한 답변인지
enough to answer your question

Would this be enough to **answer your question?**

당신의 질문에 충분한 답변이 되었나요?

■ AL 패턴/표현

어휘 표현 significantly 상당히 depend on ~나름이다 belong to ~에 속하다 prefer A to B A를 B보다 선호하다 hard copy 인쇄물 portable 휴대가 쉬운 carry 휴대하다, 가지고 다니다 on the other hand 반면에 favor 선호하다 be unfamiliar with ~에 익숙하지 않다 in terms of ~에 대해서는, ~에 관해서는 purchase 구입하다 with just a few clicks 몇 번의 클릭만으로 require 필요로 하다

 친절한 송쌤 💬

· the way [주어+동사]는 주어가 동사하는 방식/방법으로 how [주어+동사]로도 바꿔쓸 수 있어요.

· with just a few clicks는 클릭 몇 번 만으로라는 뜻으로 인터넷이나 온라인 관련 문제가 나왔을 때 아주 유용하게 쓰일 수 있으므로 반드시 알아두세요.

Q4 **선택 I** 독서 - 과거와 현재의 독서 변화 ★★★☆☆

What kind of books do you read these days? Is it a novel? Or self-development books? What kind of books did you like to read in your youth? Are there any changes in your taste in books from the past? If so, how has it changed? Give me all the details.

당신은 요즘 어떤 책을 읽나요? 소설인가요? 아니면 자기계발서인가요? 어린 시절에는 어떤 종류의 책을 읽는 것을 좋아했나요? 과거와 비교해 봤을 때, 독서 취향에 변화가 있나요? 만약 그렇다면, 어떻게 달라졌나요? 자세히 말해주세요.

답변 전략 ·MI 전략

Main

취향 변화
my taste has dramatically changed

Well... my taste in books has dramatically changed compared to when I was little.
글쎄요... 저의 독서 취향은 어렸을 때와 비교하면 완전히 변했어요.

Body

소설책 읽곤 했음
used to read fiction books

자기계발서, 투자 관련 서적
prefer reading self-development or investment books

현명한 투자 중요함
important to invest and think wisely

When I was young, I used to read fiction books because they were the only books that interested me. Nowadays, however, I prefer reading self-development or investment books to other genres because I can get more practical advice which can be applied to real life situations. I mean... as I age, I've realized how important it is to invest and think wisely. For instance, when I first started trading stocks, I had no idea what I was doing and I eventually lost a big portion of my savings. However, after reading many books about self-development and investment, I was able to set a more realistic investment strategy which has played a significant role in protecting my portfolio. I still read novels from time to time, but I read investment books, especially the ones about stocks, the most.

제가 어렸을 땐 소설책을 읽곤 했는데, 저에게 흥미를 주는 유일한 책이었기 때문이죠. 하지만 요즘은 다른 장르보다 자기계발서나 투자 관련 서적을 읽는 것을 더 선호하는데, 실생활에 적용할 수 있는 현실적인 조언을 얻을 수 있기 때문이에요. 제 말은... 나이가 들면서 현명하게 투자하고 생각하는 것이 얼마나 중요한지 깨닫게 되었어요. 예를 들어, 제가 처음 주식 거래를 시작했을 때, 제가 무엇을 하고 있는지 전혀 몰랐고 결국 저축한 돈의 많은 부분을 잃었죠. 그러나 자기계발과 투자에 관한 책을 많이 읽고 나서 현실적인 투자 전략을 세울 수 있었고, 이는 포트폴리오를 지켜내는 데 큰 역할을 하였죠. 지금도 가끔씩 소설을 읽지만 투자 관련 책, 특히 주식에 관한 책을 가장 많이 읽어요.

Wrap-up

이렇게 달라짐
this is how [주어+동사]

This is how my taste in books has changed.
이렇게 제 독서 취향이 달라졌습니다.

■ AL 패턴/표현

어휘 표현 taste in ~에 대한 취향　dramatically 극적으로, 완전히　compared to ~와 비교하여　used to ~하곤 했다　practical 현실적인　apply to ~에 적용되다　real life situation 실생활, 실제 상황　invest 투자하다　for instance 예를 들어　trade stock(s) 주식 거래하다　a big portion of ~의 많은 부분　realistic 현실적인　strategy 전략　play a significant role in ~에 중요한 역할을 하다　portfolio 유가 증권 보유 일람표　from time to time 가끔씩, 때때로　especially 특히

🔊 MP3 5_9

Q5 | 돌발 | 호텔 - 우리나라의 호텔 ★★★★☆

Describe hotels in your country. What do they look like? How are they different from hotels in other countries? Where are they mostly located? Tell me everything about hotels in your country.
당신 나라의 호텔에 대해 묘사해주세요. 어떻게 생겼나요? 다른 나라의 호텔과 어떻게 다른가요? 그것들은 주로 어디에 위치하나요? 당신 나라의 호텔에 대한 모든 것을 말해주세요.

답변 전략 ‹ INTRO 전략

🔊 MP3 5_10

Intro

수많은 호텔
numerous hotels

There are numerous hotels in my country, and most of them follow the styles from the west.
우리나라에는 수많은 호텔이 있는데, 대부분이 서양의 스타일을 따라요.

Body

위치: 도시나 관광지 주변
located in cities or near tourist attractions

전망과 시설 좋음
better facilities with great views

비슷하게 생김
share similar looks

To talk about the location of hotels, they are either located in cities or near tourist attractions. Let me tell you about the characteristics of each. First, hotels in cities are mostly located near bus stops or subway stations, which is a more practical option for tourists without cars. Therefore, the better access to public transportation a hotel has, the more expensive the price is. On the other hand, hotels that are located near tourist attractions have better facilities with great views. In terms of their design, there aren't many points to discuss because most of the major hotel brands share similar looks without any distinguishing characteristics.
호텔의 위치에 대해 이야기하자면, 도시나 관광 명소 근처에 위치해 있어요. 각각의 특징에 대해 말할게요. 첫째로, 도시에 있는 호텔들은 대부분 버스 정류장이나 지하철역 근처에 위치해 있어서 차가 없는 관광객들에게는 더욱 실용적인 선택이죠. 따라서, 호텔의 대중교통 접근성이 좋을수록 가격은 비싸져요. 반면에 관광지 인근에 위치한 호텔은 전망과 시설이 더 좋아요. 디자인 면에서는 주요 호텔 브랜드 대부분이 뚜렷한 특징 없이 비슷한 외형을 공유하기 때문에 논의의 여지가 많지 않죠.

Wrap-up

너희 나라는 어때?
What about [　]?

What about hotels in your country, Ava?
당신 나라의 호텔은 어때요 Ava?

■ AL 패턴/표현

어휘
표현 numerous 많은 to talk about ~에 대해 말하자면 location 위치 be located in ~에 위치하다 tourist attractions 관광 명소, 관광지 characteristic 특징 practical option 실용적인 선택 access to ~로의 접근성 public transportation 대중교통 share 공유하다 distinguishing 뚜렷한, 구별되는

 친절한 송쌤 💬

~에 있어서는, ~에 관해서는이라고 말할 때, in terms of A 라는 표현을 사용해요. 영어회화에서도 자주 사용되는 표현이니 반드시 알아두세요.

Q6 돌발 ㅣ 호텔 - 호텔에서 주로 하는 일 ★★★☆☆

I believe people go to hotels for various purposes. Some people relax, while others are there for business. What do you do? What kind of activities are available? Give me all the details.
저는 사람들이 다양한 목적으로 호텔에 간다고 생각해요. 어떤 사람들은 휴식을 취하는 반면 어떤 사람들은 업무때문에 그곳에 가죠. 당신은 무엇을 하나요? 호텔에서 어떤 종류의 활동이 가능한가요? 자세히 말해주세요.

답변 전략 INTRO 전략

◁)) MP3 5_12

Intro

호텔마다 다름
depending on which type of hotel

Well, I guess what kind of activities I do at a hotel varies depending on which type of hotel I am staying in.
글쎄요, 제가 호텔에서 어떤 활동을 하는지는 제가 투숙하는 호텔의 종류에 따라 다를 것 같아요.

Body

편의시설 즐김
enjoy all the amenities

식사 즐김
have a wonderful meal

인터넷 사용, 잠깐 눈을 붙임
use the internet, some brief shut-eye

What I mean is that... if I stay at a luxurious hotel for vacation, I'd definitely enjoy all the amenities available, such as the gym and swimming pool. Also, as a food lover, I would have a wonderful meal at its restaurant or order room service. On the other hand, if I'm on a business trip and staying at a business hotel without many features, I would definitely use the room for the internet and some brief shut-eye.
무슨 말인가 하면... 만약 휴가를 보내기 위해 고급 호텔에 묵는다면 저는 분명 체육관이나 수영장과 같이 이용가능한 모든 편의시설을 즐길 거예요. 또한, 음식 애호가로서, 저는 호텔 레스토랑에서 훌륭한 식사를 하거나 룸서비스를 주문할 거예요. 반면에, 제가 만약 출장 중이어서 다양한 특징이 없는 비즈니스 호텔에 묵는다면, 분명히 인터넷을 이용하는 것과 잠깐 눈을 붙이는 데 사용할 거예요.

Wrap-up

이게 다예요
these are what [주어+동사]

These are what I do at a hotel.
이것들이 제가 호텔에서 하는 일이에요.

■ AL 패턴/표현

어휘
표현
vary depending on ~에 따라 다르다   type 유형, 종류   stay in ~에 머무르다, 투숙하다   luxurious 호화로운, 고급스러운
definitely 분명히   amenity 편의 시설   lover ~을 좋아하는 사람, 애호가   order 주문하다   brief 잠시 동안의   shut-eye 잠

 친절한 송쌤 🅥

- what [주어+동사] varies depending on A 주어가 동사하는 것은 A에 따라 다르다라는 의미로 오픽 전반적으로 많이 쓰일 수 있으니 여러 번 소리 내 말하면서 익혀주세요.
- vary [베뤼] 윗니가 아랫입술을 만날 때 진동 소리가 나오도록 연습해 주세요.
- what I mean is that… 혹은 I mean…과 같은 filler(필러)들을 문장 중간중간에 잘 사용해 주세요.

◀) MP3 5_13

Q7 돌발 | 호텔 - 기억에 남는 호텔 관련 경험 ★★★☆☆

Have you ever had any memorable experiences while staying at a hotel? What happened? When was it? Who were you with? What made the experience so memorable? Tell me everything from the beginning to the end.
호텔에 묵는 동안 기억에 남는 경험을 해본 적이 있나요? 무슨 일이 일어났나요? 언제였나요? 누구와 함께 있었나요? 무엇이 그 경험을 그렇게 기억에 남도록 만들었나요? 처음부터 끝까지 다 말해주세요.

답변 전략 · MI 전략
◀) MP3 5_14

Main

[ ] 호텔
stayed at [ ] hotel

> The most memorable event happened when I stayed at Plaza Hotel in Guam a few years back.
> 가장 기억에 남는 일은 몇 년 전 괌에 있는 Plaza 호텔에 묵었을 때 일어났어요.

Body

호텔 자체가 멋짐
the hotel itself was amazing

따뜻한 환영
a warmer welcome

가장 기분이 좋음
the best feeling I could get

> Actually, it wasn't a specific event that had made the trip unforgettable, but a series of them. There wasn't a period in my life where I'd felt happier, and I really miss the time when I visited Guam. First, the hotel itself was amazing. It was an oceanfront hotel with an incredible beach view. It was so beautiful that I immediately fell in love with the place. Second, I've never received a warmer welcome before. The workers there were so kindhearted that it made me feel like I belonged there. Next was when I had a meal at its restaurant. Because of the restaurant's location on the top floor, the view of the sea was even more astounding. Having a meal while overlooking the ocean was the best feeling I could get in the world.
> 사실 그 여행을 잊지 못하게 만든 것은 특정한 사건이 아니라 일련의 일들이었어요. 제 인생에서 그보다 더 행복했던 시기는 없었고, 괌을 방문했던 때가 정말 그리워요. 첫째로, 호텔 자체가 놀라웠죠. 그곳은 해변 경치가 믿을 수 없을 정도로 좋은 해안가 호텔이었어요. 너무 아름다워서 곧바로 그곳과 사랑에 빠져버렸죠. 둘째로, 저는 그렇게 따뜻한 환영을 받아 본 적이 없었어요. 직원들이 정말 친절해서 마치 제가 그곳에 속해 있는 것처럼 느껴졌죠. 다음은 제가 그 호텔 레스토랑에서 식사를 했을 때였어요. 꼭대기 층에 있는 레스토랑의 위치 때문에, 바다의 경치는 더욱 놀라웠죠. 바다가 내려다보면서 식사를 하는 것은 세상에서 가장 좋은 기분이었어요.

Wrap-up

다시 가고 싶음
would love to go back soon

> I would love to go back sometime soon.
> 조만간 꼭 다시 가고 싶어요.

■ AL 패턴/표현

어휘 표현 a few years back 몇 년 전에 specific 특정한 unforgettable 잊을 수 없는 a series of 일련의 miss the time when 주어+동사 주어가 동사했던 때를 그리워하다 oceanfront 바다 가까이 있는, 바다가 내려다보이는, 해안가의 incredible 믿을 수 없을 정도로 좋은 immediately 곧바로, 즉시 fall in love with ~와 사랑에 빠지다 receive 받다 kindhearted 친절한 astounding 믿기 어려운, 놀라운 overlook 내려다보다 in the world 이 세상에서

Q8 선택 | 집에서 보내는 휴가 - 만나고 싶은 사람과 하고 싶은 일들 ★★★☆☆

You indicated in the survey that you like to stay at home for vacation. Are there people who you would like to spend time with? What would you like to do with them? Why would you like to have them over for your vacation?

설문조사에서 당신은 휴가 동안 집에 있는 것을 좋아한다고 했습니다. 같이 시간을 보내고 싶은 사람들이 있나요? 그들과 무엇을 하고 싶나요? 당신의 휴가 동안 왜 그들과 함께 하고 싶나요?

답변 전략 · MI 전략

MP3 5_16

Main

혼자 시간 보내기를 선호
prefer to spend time alone

Well, I normally prefer to spend time alone on my vacation. So, this question is especially difficult for me to answer. You know, I work with many people all the time, and that sometimes tires me. Well, don't get me wrong. It doesn't necessarily mean that I don't like to hang out with people, but I just like to have time only for myself at least during my vacation. Although my answer may not satisfy you, I don't want to lie to you.

글쎄요, 저는 보통 휴가 때 혼자 시간을 보내는 것을 더 좋아해요. 그래서 이 질문은 특히 제가 대답하기 어렵네요. 있잖아요, 전 항상 많은 사람들과 일을 해요. 그리고 그것이 가끔 절 지치게 하죠. 제 말을 오해하진 마세요. 꼭 사람들과 어울리는 것을 좋아하지 않는다는 뜻은 아니지만, 적어도 휴가 동안만큼은 저만의 시간을 갖는 것을 좋아할 뿐이에요. 비록 제 대답이 당신을 만족시키지 못하더라도, 저는 당신에게 거짓말을 하고 싶진 않아요.

Body

가족과 함께 하고 싶음
choose my family members

시간이 많지 않음
don't have much time to spend with

이야기하고 음식을 나눔
catch up and share delicious food

However... if I have to choose specific kind of people who I'd like to see, I'd choose my family members. I mean, since I'm always tied up with work, I usually don't have much time to spend with my family. What I'd like to do is catch up with each of them and share delicious food together.

하지만... 제가 만나고 싶은 특정한 사람들을 선택해야 한다면, 저는 제 가족을 선택할 거예요. 제 말은, 저는 항상 일로 바쁘기 때문에, 보통 가족과 함께 보낼 시간이 많지 않다는 것이죠. 제가 하고 싶은 것은 그들 각각과 밀린 이야기를 하고 맛있는 음식을 함께 나누는 거예요.

Wrap-up

너는 어때?
What about you?

What about you, Ava?
당신은 어떤가요, Ava?

■ AL 패턴/표현

어휘 표현 normally 보통, 일반적으로 prefer to ~하기를 선호하다 spend time 시간을 보내다 especially 특히 all the time 항상 tire 지치게 만들다 don't get me wrong 제 말을 오해하지 마세요, 기분 나쁘게 듣지 마세요 not necessarily 반드시 ~한 것은 아니다 hang out ~와 어울리다 at least 적어도, 최소한 be tied up with ~으로 바쁘다 catch up with ~와 밀린 이야기를 나누다

Q9 선택 | 집에서 보내는 휴가 - 최근 휴가에서 했던 일들 ★★★☆☆

What did you do on your last vacation that you spent at home? Did you do anything special?
When was it? Who were you with? Tell me everything in detail.
마지막으로 집에서 보낸 휴가에는 무엇을 했나요? 특별한 일을 했나요? 언제였나요? 누구와 함께 있었나요? 모든 것을 자세히 말해주세요.

답변 전략 WH 전략   🔊 MP3 5_18

When

두세 달 전
a couple of months ago

Alright, you asked me to explain what I did from the beginning to the end of my last vacation which I spent at home. Okay, I'll try to go over it again from my memory. It was a couple of months ago.
좋아요, 제가 마지막으로 집에서 보낸 휴가 기간 동안에 무엇을 했는지 처음부터 끝까지 설명하라고 했죠. 알겠어요, 기억을 더듬어볼게요. 두세 달 전이었어요.

WH

집에 머물렀음
stay at home

휴대폰 무음 모드
put my phone on silent mode

드라마와 영화를 봄
catch up with movies and dramas

I got five days off including the weekend, and I had made detailed plans to go on a tour but I had to cancel them all due to the outbreak of COVID-19. There was nothing else I could do except for staying at home. I was very disappointed at first, but I decided to make the most out of it to get enough rest at home. In order to not be disturbed, I put my phone on silent mode, and slept in until noon. I spent the afternoon catching up with all the movies and dramas that I had wanted to watch.
주말을 포함해 5일 휴가를 얻었고, 구체적인 여행 계획을 세웠지만 COVID-19의 발생으로 모두 취소해야 했어요. 집에 있는 것 말고는 달리 할 수 있는 일이 없었죠. 처음에는 매우 실망했지만, 집에서 충분한 휴식을 취하는 데 최대한 활용하기로 했어요. 저는 방해받지 않기 위해 휴대폰을 무음 모드로 설정해두고 정오까지 잤어요. 보고 싶었던 밀린 영화와 드라마를 모두 보며 오후를 보냈죠.

So

최고의 휴가
one of the best vacations ever

This might sound boring, but this was one of the best vacations ever.
지루하게 들릴지도 모르지만, 이번 휴가는 최고의 휴가 중 하나였어요.

■ AL 패턴/표현

어휘 표현 go over again one's memory 기억을 더듬다 plan to ~할 계획 cancel 취소하다 due to ~때문에 outbreak 발생 there was nothing else I could do 달리 할 수 있는 일이 없었다 except for ~을 제외하고 be disappointed 실망하다 decide to ~하기로 (결정)하다 make the most out of ~을 최대한 활용하다 disturb 방해하다

Q10 선택 | 집에서 보내는 휴가 - 기억에 남는 집에서 보낸 휴가 ★★★☆☆

Tell me one of the most memorable or unforgettable events you've had while spending a vacation at home. What happened? When did it happen? Who were you with? How did you react to it? Why is it so memorable? Tell me everything.

집에서 휴가를 보내는 동안 가장 기억에 남거나 잊을 수 없는 사건들 중 하나를 제게 말해주세요. 무슨 일이 일어났나요? 언제 그런 일이 일어났나요? 누구와 함께 있었나요? 그것에 대해 어떻게 반응했나요? 그 일이 왜 그렇게 기억에 남나요? 다 말해주세요.

답변 전략 · WH 전략

MP3 5_20

When

마지막 휴가 때
during my last vacation

Let me think... Okay, I'll tell you what happened during my last vacation that I spent at home. You know, I actually did want to go out somewhere for my vacation, but since we've been asked to practice social distancing due to the pandemic, I had no choice but to stay at home.

생각해 볼게요... 그래요, 지난번에 집에서 휴가를 보냈던 일을 말해줄게요. 사실, 저는 휴가로 어디론가 떠나고 싶었지만, 유행병으로 인한 사회적 거리두기를 실천하라는 요구를 받았기 때문에 집에 있을 수밖에 없었어요.

WH

드라마를 봄
ended up watching a drama

갑자기 정전됨
a blackout all of a sudden

관리실에 전화함
called the management office

I tried to come up with fun things to do at home, but I ended up watching a drama that I've wanted to watch for a long time. As the show was reaching its climax, there was a blackout all of a sudden. I was stunned, and I called the management office. The person who I talked to on the phone kept telling me that he had no idea how long the power outage would last. I was devastated because my plan to finish all the episodes of the drama went down the drain.

집에서 재미있게 할 수 있는 일을 생각해내려고 노력했지만, 결국 오랫동안 보고 싶었던 드라마나 보게 되었어요. 방송이 절정에 이를 때쯤 갑자기 정전이 일어났어요. 저는 너무 놀라서 관리실에 전화를 걸었죠. 저와 전화 통화를 한 분은 정전이 얼마나 오래 지속될지 모르겠다고만 말했어요. 전 드라마의 모든 에피소드를 보려던 계획이 물거품이 되어 버려서 망연자실했죠.

So

잠들어버림
fell asleep

I eventually fell asleep while waiting for the power to get restored, and that was how I spent my vacation at home.

저는 결국 전기가 복구되기를 기다리다가 잠이 들었고, 그렇게 집에서 휴가를 보냈어요.

■ AL 패턴/표현

어휘 표현 practice 실행하다, 실천하다 social distancing 사회적 거리두기 pandemic 유행병 come up with 생각해내다 end up -ing 결국 ~하게 되다 blackout 정전 all of a sudden 갑자기 have no idea 전혀 모르다 power outage 정전 be devastated 엄청난 충격을 받다, 망연자실하다 go down the drain 수포로 돌아가다, 물거품이 되다

 친절한 송쌤 ♡

• 보통 과거에 있었던 일에 대해 설명하라고 하면, **WH 전략**으로 풀어 나가지만, 상황에 따라서는 **MI 전략**으로 가도 좋아요. 묻는 질문에 정확한 답변을 콕 짚어 이야기할 수 있다면 서두에 Main Idea 문장을 주고, Body 부분에 wh-words 에 의거하여 세부 사항을 주는 것이죠. 문장과 문장 사이에 너무 길지 않은 호흡과 자연스럽게 사건이 연결되는 방향으로 이야기하는 것이 핵심이에요.

Q11 롤플레이 | 스마트폰 - 친구가 스마트폰을 구매하는 상황에서 새로운 기능에 대해 질문하기 ★★★☆☆

I'd like to give you a situation and ask you to act it out. Imagine a friend of yours has recently bought a newer version of your phone. You want to find out about its new features. Call your friend and ask three or four questions about the phone.

당신에게 주어진 상황에 대해 역할극을 해주세요. 당신의 친구가 최근에 당신의 전화기의 새로운 버전을 샀다고 상상해보세요. 당신은 그것의 새로운 특징에 대해 알아보기를 원합니다. 친구한테 전화해서 전화에 대해 서너 가지 질문을 해주세요.

답변 전략 INTRO 전략

🔊 MP3 5_22

Intro

휴대폰을 바꿀 계획
plan on changing my phone

Hi, I heard you **recently purchased a newer version of my smartphone.** I'm so jealous of you! Actually, I am planning on **changing my phone as well, so** would you please answer a few questions I have about **your new phone?**
안녕, 네가 최근에 내 스마트폰의 새로운 버전을 샀다고 들었어. 정말 부러워! 사실, 나도 휴대폰을 바꿀 예정인데, 너의 새 휴대폰에 대한 몇 가지 질문에 대답해주겠니?

Body

더 좋은 카메라
come with a better camera

5G 지원
support 5G

큰 화면
a larger screen

I would like to know specifically about **its features. First,** does it come with **a better camera?** As you may know already, I love posting pictures on my SNS and it would be wonderful if **the phone has a better camera with a higher resolution and video capability. Second, does the phone support 5G? I know that most phones** are equipped with **5G, but I just want to** make sure **because I** want to know if **the speed** lives up to everyone's expectations. **Lastly, since I love watching YouTube on my mobile device, I'd like to know if it has a larger screen.** My current phone has a relatively small screen compared to **other phones that are** out on the market **now, so I have an itch for a bigger screen.**
특징에 대해 구체적으로 알고 싶어. 첫째로, 그 스마트폰은 카메라가 더 좋니? 너도 알다시피, 나는 내 SNS에 사진을 올리는 것을 좋아하는데, 해상도와 영상 촬영 성능이 더 높다면 정말 좋을 것 같아. 둘째로, 그 휴대폰은 5G를 지원하니? 대부분의 휴대전화에 5G가 장착돼 있다는 건 알지만, 그 속도가 모두의 기대에 미치는지 확실히 알고 싶어. 마지막으로, 나는 내 휴대폰으로 유튜브를 보는 것을 좋아하니까, 더 큰 화면이 있는지 알고 싶어. 지금 내가 쓰는 휴대폰은 시중에 나와 있는 다른 폰에 비해 화면이 상대적으로 작아서 더 큰 화면을 너무 갖고 싶어.

Wrap-up

시간 내줘서 고마워
thanks for sharing your precious time

Thanks for sharing your precious time!
소중한 시간을 내줘서 고마워!

■ AL 패턴/표현

어휘 표현 recently 최근에 purchase 구입하다 be jealous of ~을 부러워하다 as well 또한 specifically 구체적으로 feature 특징 come with ~이 딸려 있다 high resolution 고해상도 capability 성능 be equipped with ~을 갖추다 make sure 확실하게 하다 live up to one's expectation ~의 기대에 부합하다 relatively 비교적, 상대적으로 compared to ~에 비해 on the market 시중에 나와 있는 have an itch for ~이 탐나서 못 견디다

Q12 롤플레이 | 스마트폰 - 친구가 보낸 문서가 열리지 않는 상황 해결책 제시하기 ★★★★☆

There is a problem I need you to resolve. Your friend has sent a document to your phone, but you cannot open it for some reason. Call your friend, explain the situation and provide two to three alternatives.

당신이 해결해야 할 문제가 있습니다. 친구가 당신의 휴대폰으로 문서를 보냈지만, 당신은 무슨 이유 때문인지 문서를 열 수 없습니다. 친구에게 전화를 걸어 상황을 설명하고 두세 가지 대안을 제시해주세요.

답변 전략 INTRO 전략

MP3 5_24

Intro

문제 있음
a problem with opening the document

Hi, thanks for sending me the document I've requested. Unfortunately, there is a problem with opening the document.

안녕, 내가 요청했던 서류를 보내줘서 고마워. 하지만 유감스럽게도, 문서를 여는 데 문제가 있어.

Body

다 해봤음
have done everything

이메일로 보내줘
send the document to my email

사진 찍어줘
take a picture of the document and send

I've done everything that I could possibly think of, but I couldn't figure out why the document is not opening. I'm sorry... I don't know beans about technical matters. So, here are some alternatives that I can give you. First, is it possible for you to send the document to my email? I think I have to try opening the document on my PC. If you can't send an email at this moment, could you possibly take a picture of the document and send it to me? As far as I know, there aren't many pages in the document, so it wouldn't be a hassle.

내가 생각해 낼 수 있는 모든 것을 다 해봤는데, 왜 문서가 열리지 않는지를 알아낼 수가 없었어. 미안해... 난 기술적인 문제에 대해서 조금도 모르거든. 그래서, 여기 내가 너에게 줄 수 있는 몇 가지 대안이 있어. 첫째로, 내 이메일로 서류를 보내줄 수 있니? 내 PC로 문서를 열어봐야 할 것 같아. 만약 네가 지금 이메일을 보낼 수 없다면, 혹시 그 문서를 사진 찍어서 나에게 보내줄 수 있을까? 내가 알기로는 서류가 몇 장 되지 않아서 번거롭진 않을 거야.

Wrap-up

선호 사항
which way you prefer

Let me know which way you prefer. Thank you in advance.
네가 어느 쪽을 선호하는지 내게 알려줘. 미리 고마워.

■ AL 패턴/표현

어휘 표현 request 요청하다　unfortunately 유감스럽게도, 안타깝게도　figure out ~을 알아내다　do not(=don't) know beans about ~에 대해 조금도 모르다, ~에 대한 지식이 없다　alternative 대안　send 보내다, 발송하다　as far as I know 내가 알기로는　hassle 번거로운 일, 귀찮은 일

 친절한 송쌤

해결책/대안 제시하기는 롤플레이 3단 콤보에서 **2번째 콤보**로 빈번하게 나오는 빈출 유형입니다. 이러한 문제가 주어졌을 때, I've done everything that I could possibly think of. 내가 생각해 낼 수 있는 가능한 모든 것을 해봤다 라는 문장은 정말 유용하게 쓰일 수 있으니 자연스럽게 소리 내 말할 수 있도록 연습하고 암기해주세요.

Q13 롤플레이 | 스마트폰 - 스마트폰 사용 시 문제를 겪었던 경험 이야기하기 ★★★★☆

That's the end of the situation. I'd like to know if you've had any problem with your smartphone. What happened? How did it happen? How did you resolve the problem? Give me all the details.

상황극이 종료되었습니다. 저는 당신이 스마트폰에 문제가 있었는지 알고 싶습니다. 무슨 일이었나요? 어떻게 해서 그런 일이 일어났나요? 그 문제를 어떻게 해결하셨나요? 자세히 말해주세요.

답변 전략 WH 전략

When

스마트폰 대중화
smartphones first became prevalent

> When smartphones first became prevalent, I actually faced numerous problems.
> 스마트폰이 처음 대중화 되었을 때, 저는 실제로 수많은 문제에 직면했어요.

WH

새로운 기술
a new technology

익숙해지는 데 어려움
have a hard time getting used to it

사로잡힘
became captivated

> I guess this is a common problem that early adopters face, but the issue was so annoying that I still cannot forget about it. The problem was that because it was a new technology, I had a hard time getting used to every function and feature. For instance, it wasn't natural for me to answer phone calls by swiping the screen. I was so used to picking up calls by flipping open my cellphone that it took me a while to get the hang of it. However, I soon became so captivated by the smartphone that every feature felt intuitive and easy to use.
> 제 생각에 이것은 얼리 어답터들이 흔히 겪는 문제인 것 같은데, 너무 짜증스러워서 아직도 잊을 수가 없어요. 문제는 바로, 그것이 새로운 기술이어서 모든 기능과 특징에 익숙해지는 데 어려움을 겪었다는 점이었죠. 예를 들어, 화면을 밀어서 전화를 받는 것은 제겐 자연스러운 일이 아니었어요. 저는 휴대폰을 젖혀서 전화를 받는 데 너무 익숙해져 있었기 때문에, 사용할 줄 알게 되는 데 시간이 좀 걸렸어요. 하지만 저는 곧 스마트폰에 사로잡혀 모든 기능이 직관적이고 사용하기 쉽다고 느꼈죠.

So

문제 해결됨
my problems could be solved

> Eventually, I realized that all of my problems could be solved by not giving up and trying again and again.
> 결국에 저는 포기하지 않고 계속 노력하면 모든 문제가 해결될 수 있다는 것을 깨달았어요.

■ AL 패턴/표현

어휘 표현 become prevalent 널리 퍼지다, 유행하다 face 직면하다 early adopter 얼리 어답터, (신제품 등을) 다른 사람들보다 먼저 구입해서 사용해보는 사람 annoy 짜증나게 하다 get used to ~에 익숙해지다 function and feature 기능과 특징 swipe the screen 화면을 손으로 쓸어넘기다 be used to -ing ~하는 데 익숙하다 flip 젖히다 take a while to ~하는 데 시간이 좀 걸리다 get the hang of ~을 사용할 줄 알게 되다 captivate ~의 마음을 사로잡다 intuitive 직관적인 give up 포기하다

Q14 선택 | 헬스 - 자주 가는 헬스장 ★★★☆☆

Please describe the gym that you go to often. Where is it located? What does it look like? What kind of equipment does it have?

당신이 자주 가는 헬스장 대해 설명해주세요. 어디에 위치해 있나요? 어떻게 생겼나요? 어떤 종류의 장비들이 있나요?

답변 전략 ·MI 전략

🔊 MP3 5_28

Main

헬스장, [ ]
called [ ]

Oh, you asked me to **describe the gym I go to**... well, I've actually never taken a close look at **the gym**... but I'll try my best to answer your question. First of all, **it's called Nimble Fitness**, and it's located on the top floor of a 10-story building.

오, 제가 다니는 헬스장에 대해 설명해 달라는 거죠... 글쎄요, 사실 저는 헬스장을 자세히 살펴본 적이 없지만, 당신의 질문에 대답하기 위해 최선을 다해볼게요. 우선, 그곳은 Nimble Fitness이고요, 10층짜리 건물 꼭대기 층에 있어요.

Body

운동 기구, 넓은 홀
a spacious hall with a lot of exercise equipment

도시 경관
enjoy the great city view

샤워룸 구비
be equipped with a shower rooms

It takes approximately **ten minutes** on foot to get there from my house. As soon as **I enter the gym, the first thing I see is a spacious hall with a lot of exercise equipment** such as **treadmills, sets of dumbbells**, ranging from **light to heavy**, et cetera. What makes this gym so special is that **it has window walls on every side**, which enable me to enjoy **the great city view while working out**. Also, it's equipped with **shower rooms**, so I don't have to **worry about sweating a lot**.

헬스장은 집에서 걸어서 10분 정도 걸려요. 들어가자마자 가장 먼저 보이는 것은 러닝머신, 가벼운 것부터 무거운 것까지의 아령 세트 등의 다양한 운동기구들이 즐비한 널찍한 홀이에요. 이 헬스장이 특별한 이유는 사방에 창문이 있어 운동을 하면서 멋진 도시 경관을 즐길 수 있다는 점이죠. 또한, 샤워실이 구비되어 있어 땀을 많이 흘려도 걱정할 필요가 없어요.

Wrap-up

이것들이 이유
this is one of the reasons why

Lastly, all the staff working there is very nice, and this is one of the reasons why I like to go there.

마지막으로, 그곳에서 일하는 모든 직원들은 매우 친절한데, 이것이 제가 그곳에 가는 이유 중 하나예요.

■ AL 패턴/표현

어휘 표현 take a close look at ~을 자세히 살펴보다   try one's best to ~하기 위해 최선을 다하다   be located on ~에 위치하다   approximately 대략   on foot 도보로   spacious 널찍한   ranging from A to B 범위가 A에서 B까지 이르는   enable A to B A가 B하는 것을 가능하게 하다   be equipped with ~을 갖추고 있다   don't have to ~할 필요가 없다

Q15 선택 | 헬스 – Ava에게 헬스장 관련 질문하기 ★★★☆☆

I've recently started going to the gym, too. Ask me three to four questions about the gym I go to.
저도 최근에 헬스장에 다니기 시작했어요. 제가 다니는 헬스장에 대해 서너 가지의 질문을 해주세요.

답변 전략 INTRO 전략

Intro

질문 있음
have some questions

> Hi, Ava. I heard that you've recently started going to the gym, and I have some questions for you. Do you have some time to answer my questions?
> 안녕하세요, Ava. 저는 당신이 최근 헬스장에 다니기 시작했다고 들었고, 몇 가지 질문이 있어요. 제 질문들에 대답할 시간 좀 내주시겠어요?

Body

왜?
why

어디서?
where

무슨 운동?
what kind of workout

> First of all, I'm wondering why you've started going to the gym. I mean, we can get access to numerous kinds of workout videos online which help you stay fit at no cost. Despite all the great resources available, what made you start going to the gym? Second, where is the gym located? The gym I've been going to is located pretty far from my house, which prevents me from going there often. When it comes to the gym, the closer it is located, the better. My last question is... what kind of workout do you do there? I mean, are you taking any exercise classes? Or do you work out on your own? If so, are there any specific steps you follow?
> 우선, 당신이 왜 헬스장에 다니기 시작했는지 궁금해요. 제 말은, 우리는 건강을 유지할 수 있는 수많은 종류의 운동 비디오를 온라인에서 무료로 접할 수 있잖아요. 이용 가능한 모든 훌륭한 수단에도 불구하고, 당신은 왜 헬스장에 다니기 시작했나요? 둘째로, 헬스장은 어디에 위치해 있나요? 제가 다니는 헬스장은 우리 집에서 꽤 멀어서 자주 가지 못해요. 헬스장에 있어서는, 가까이 있을수록 좋은 것 같아요. 제 마지막 질문은... 그곳에서 무슨 운동을 하나요? 제 말은, 운동 수업을 수강하나요? 아니면 혼자서 운동하나요? 만약 그렇다면, 당신이 따르는 구체적인 단계가 있나요?

Wrap-up

미리 고마워
thank you in advance for answering

> These are my questions, and thank you in advance for answering my questions!
> 이것들이 제 질문이고, 대답해줘서 미리 고마워요!

■ AL 패턴/표현

어휘 표현 wonder why 왜일까 궁금해 하다　get access to ~을 접하다　stay fit 건강을 유지하다, 체력 관리를 하다　at no cost 무료로　despite ~에도 불구하고　be located 위치해 있다　far from ~에서 멀리　prevent A from -ing A가 ~할 수 없게 만들다　when it comes to ~에 관해서는　on one's own 혼자 힘으로

 친절한 송쌤

• at no cost는 공짜로, 무료로 라는 뜻으로 for free와 함께 사용할 수 있습니다.

• when it comes to A는 A에 관해서라면, A에 관해서는 이라는 의미로 A에 관해 이야기를 꺼낼 때 사용될 수 있는 좋은 표현이니 반드시 알아두세요.

6 음악 감상하기, 해외 여행

▲ 송쌤 총평 듣기

문제 구성

자기소개	1 자기소개	돌발 주제 날씨	8 우리나라의 날씨
돌발 주제 약속	2 약속 장소		9 어렸을 때 이후로 날씨의 변화
	3 일반적인 약속		10 날씨로 인해 겪었던 문제
	4 어렸을 때 있었던 약속 중 기억에 남는 경험	롤플레이 여행/면허증 발급	11 뉴욕 방문 중 차를 렌트해야 하는 상황에서 질문하기
기본 주제 거주지 + 주거 개선	5 가장 좋아하는 방		12 미국 면허증이 아니라 운전을 못하는 상황 문제 해결하기
	6 과거와 현재의 집 비교		13 기억에 남는 여행 경험 이야기하기
	7 마지막으로 집을 꾸미기 위해 한 일	선택 주제 음악 감상	14 좋아하는 음악이나 작곡가를 두 가지(두 명)을 골라 공통점과 차이점 설명
			15 사람들이 음악을 듣는 데 사용하는 장치

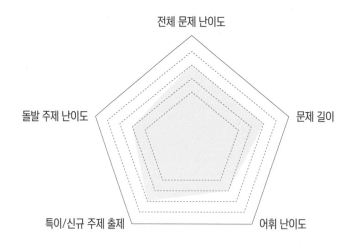

시험 난이도 ★★★★☆

전체 문제 난이도

돌발 주제 난이도

문제 길이

특이/신규 주제 출제

어휘 난이도

Q1 | **기본** | 자기소개 - 신분 없음 ☆☆☆☆☆

Let's start the interview. Tell me about yourself.
인터뷰를 시작합니다. 당신에 대해 말해주세요.

답변 전략 | INTRO 전략

◁» MP3 6_2

Intro

만나서 기뻐
be pleased to meet you

> Hello, I'm pleased to meet you, Ava.
> 안녕하세요, 당신을 만나게 돼서 기뻐요, Ava.

Body

27살
27 years old

사는 곳을 좋아함
love where I live

영화 보러 가는 것을 좋아함
like to go to the movies

> My name is Jiwon, and I'm 27 years old. I currently live in Seoul, and it's been 10 years since I started living in this area. I love where I live because it's very quiet and well-maintained. I honestly don't have many chances to meet my neighbors, but they seem nice. In my spare time, I like to go to the movies. I bet that is one of the best ways to kill time because it doesn't cost me that much money, and I can easily find movie theaters here and there.
> 제 이름은 지원이고, 나이는 27살이에요. 저는 현재 서울에 살고 있고, 이 지역에 살기 시작한 지는 10년이 되었네요. 저는 제가 사는 곳이 매우 조용하고 잘 정비되어 있어서 좋아요. 솔직히 이웃들을 만날 기회는 별로 없지만, 그들은 친절해 보여요. 저는 여가 시간에 영화 보러 가는 것을 좋아해요. 저는 그것이 시간을 보내는 가장 좋은 방법 중 하나라고 생각하는데, 그 이유는 그렇게 많은 돈이 들지 않고, 영화관도 곳곳에서 쉽게 찾을 수 있기 때문이죠.

Wrap-up

이게 전부
That's it.

> That's it!
> 이게 전부예요!

■ AL 패턴/표현

어휘 표현 be pleased to ~하게 되어 기쁘다 currently 현재 live in ~에 살다 it's been 10 years since 주어+과거 동사 주어가 ~한 지 10년이다 start -ing ~하기 시작하다 well-maintained 관리가 잘 된, 잘 정비된 honestly 솔직히 in one's spare time 여가 시간에 bet ~이 틀림없다, 분명하다 kill time 시간을 죽이다, 시간을 보내다, 시간을 때우다 cost 비용이 들다

 친절한 송쌤 ♡

- I'm pleased to 발음에 유의해주세요.
  pleased 는 발음이 [트] 로 끝나기 때문에 pleased to를 [플리-즈투] 로 이어서 발음하세요.
- **well-maintained** 는 잘 유지된 이라는 뜻으로 **건물이나 장소 묘사**에 아주 유용하게 사용할 수 있어요.
- **here and there** 은 여기저기에 라는 뜻으로 **곳곳에서**라는 의미로 많이 사용돼요.

🔊 MP3 6_3

Q2 돌발 | 약속 - 약속 장소 ★★★★☆

People go to various places for their appointments. Where do you usually go for appointments? Do you have any preferences on where to go? Tell me in detail.

사람들은 약속을 위해 다양한 곳에 갑니다. 당신은 약속을 위해 주로 어디로 가나요? 어디로 갈지 선호하는 장소가 있나요? 자세히 말해주세요.

답변 전략 · INTRO 전략

🔊 MP3 6_4

Intro

모임 종류에 따라 다름
depends on what kind of
meeting it is

The place I go for an appointment depends on what kind of meeting it is.

제가 약속을 위해 가는 장소는 모임의 종류에 따라 달라요.

Body

가벼운 만남
a casual meeting

식당: 음식, 대화
a restaurant: talk as well as
enjoy food

병원 진료 예약
a doctor's appointment

Actually, there are many different types of appointments I can have. For example, if I have a casual meeting with close friends, I would most likely go to a restaurant or a café because we can talk as well as enjoy food. My teammates and I have dinner together at least once a month to catch up with each other, so we usually go to restaurants where the price is reasonable. However, if I have a doctor's appointment, I would have to visit the doctor's office or the hospital. Obviously, it's impossible to get my health check-up at a restaurant, so the place must fit the situation.

사실, 제가 할 수 있는 약속의 종류는 매우 다양해요. 예를 들어, 친한 친구들과 가볍게 만난다면 대부분 식당이나 카페에 가는 편인데, 그 이유는 음식을 즐길 수 있을 뿐만 아니라 대화도 할 수 있기 때문이죠. 팀원들과 저는 적어도 한 달에 한 번은 같이 저녁을 먹으며 근황 이야기를 하기 때문에 보통 가격이 적당한 식당에 가요. 그러나, 병원 진료 예약이 되어 있으면 진료실이나 병원에 방문해야 해요. 식당에서 건강 검진을 받는 것은 분명 불가능하기 때문에, 장소는 상황에 꼭 맞아야 해요.

Wrap-up

적합한 장소
appropriate places

Therefore, just as we dress up for different occasions, there are appropriate places for different types of appointments.

따라서, 우리가 다양한 경우에 따라 옷을 차려입는 것처럼, 약속의 종류에 맞는 적합한 장소가 있어요.

■ AL 패턴/표현

어휘 표현 appointment 약속 depend on ~에 따라 다르다 close 친한 most likely 아마도 A as well as B B뿐만 아니라 A도 at least 적어도 catch up with ~와 밀린 이야기를 나누다 reasonable 비싸지 않은 visit 방문하다 obviously 분명히 be impossible to ~하는 것은 불가능하다 fit 맞다 just as 꼭 ~처럼 dress up 옷을 갖춰 입다 occasion 경우, 행사 appropriate 적합한

 친절한 송쌤 🎧

- 나와 A가 주체로 쓰일 때에는 A and I 로 I가 뒤에 오는 부분을 기억합니다. 🅔 my teammates and I
- 가격에 대해 이야기할 때 reasonable 은 합리적인, 적당한 가격을 뜻하는 말로 자주 사용되는 형용사이니 꼭 알아두세요. 발음은 [뤼-즈너블]로 z 발음으로 윗니 아랫니가 맞닿을 때 진동 소리를 내주세요.

Q3 돌발 | 약속 – 일반적인 약속 ★★★☆☆

I'd like to know about the appointments you typically have. What kind of appointments are they? With whom do you have appointments? How often do you attend this appointment? Give me details.

당신이 하는 일반적인 약속에 대해 알고 싶습니다. 어떤 종류의 약속인가요? 누구와 약속을 잡나요? 당신은 얼마나 자주 그 약속에 참석하나요? 자세히 말해주세요.

답변 전략 MI 전략

MP3 6_6

Main

가족과의 약속
with my family

A typical appointment I usually have is with my family.
저는 주로 가족과 일반적인 약속을 잡아요.

Body

한 달에 한 번
once a month

함께 소중한 시간 가지려 노력
try to have quality time together

기분 좋음
it really feels good

Since **every member of my family** is busy with **different matters**, it is very difficult to **have family time every day**. Therefore, everyone in my family has **agreed to spare a little bit of our time once a month for each other**. Actually, there is nothing special that **we do or eat, but we just try to have quality time** together. For example, we traveled **spontaneously to the beach last week**. The reason why everyone agreed to **go on the trip that day was that we all love the beach**. It really feels good to be able to **do the things that you love with people you care about**. It was one of the best trips I've ever taken **because we just had so much fun**. It's just so sad to think that **we don't have much free time**.

우리 가족은 각자 다른 일로 바쁘기 때문에, 매일 가족 시간을 갖는 것은 매우 어려워요. 따라서, 우리 가족 모두는 한 달에 한 번은 서로를 위해 시간을 조금씩 내기로 했죠. 사실, 우리는 특별한 것을 하거나 먹는 것은 아니지만, 그저 함께 소중한 시간을 갖기 위해 노력하죠. 예를 들어, 우리는 지난주에 즉흥적으로 해변으로 여행을 갔어요. 그날 모두가 여행을 가기로 동의한 이유는 우리가 해변을 좋아하기 때문이죠. 소중히 여기는 사람들과 좋아하는 일을 할 수 있다는 것은 정말 기분 좋은 일이에요. 그 여행은 최고의 여행 중 하나였는데, 우리가 정말 즐거웠기 때문이에요. 우리에게 자유 시간이 많이 없다는 걸 생각만 해도 슬프네요.

Wrap-up

할 수 있으면 좋을 텐데
I wish [주어] could [동사]

I wish we could **have this kind of time more often.**
우리가 이런 시간을 더 자주 가질 수 있으면 좋겠어요.

■ AL 패턴/표현

어휘 표현 typical 일반적으로, 전형적으로 since ~이기 때문에 be busy with ~로 바쁘다 agree to ~하기로 하다 spare 할애하다 try to ~하려고 노력하다 have quality time together 함께 소중한 시간을 보내다 spontaneously 즉흥적으로 be able to ~할 수 있다

Q4 돌발 | 약속 - 어렸을 때 있었던 약속 중 기억에 남는 경험 ★★★★☆

Tell me about an unforgettable appointment in your youth. Did anything special happen when you were at the appointment? What exactly happened? Why is it so special? Tell me everything from the beginning to the end.

어린 시절의 잊지 못할 약속에 대해 말해주세요. 그 약속에서 특별한 일이 있었나요? 정확히 무슨 일이 일어났나요? 그 일이 왜 그렇게 특별한가요? 처음부터 끝까지 다 말해주세요.

답변 전략 · WH 전략

MP3 6_8

When

어렸을 때
when I was young

I'm sure no one in the world enjoys going to the dentist, and I was no exception. Just like other kids, I couldn't stand a visit to the dentist. When I was young, I was known for having a sweet tooth and cavities were inevitable.

저는 이 세상 어느 누구도 치과에 가는 것을 좋아하는 사람은 없을 거라 확신하는데, 저 역시 예외는 아니었어요. 다른 아이들과 마찬가지로 저도 치과에 가는 걸 정말 싫어했죠. 전 어렸을 때 단 것을 너무 좋아해서 충치를 피할 수 없었어요.

WH

치통
toothache

치과에 끌고 감
dragged me to the dentist

첫인상이 끔찍했음
first impression was awful

One night, I had a hard time falling asleep because of a toothache. When my mom found out I had cavities, we argued for hours before she dragged me to the dentist. She finally got me to go there by promising to buy the toy I'd wanted for a long time. I plucked up the courage and went there, but the first thing I saw was children of my age crying in front of the entrance. My first impression of the dentist was awful, and still remains the same. I still have a fear of going to the dentist to this day, and I will never get used to going there.

어느 날 밤, 치통 때문에 잠들기가 힘들었어요. 제가 충치가 있다는 것을 엄마가 알게 되었을 때, 몇 시간 동안의 언쟁 끝에 저를 치과로 끌고 가셨죠. 그녀는 제가 오랫동안 원했던 장난감을 사주겠다고 약속함으로써 제가 결국 치과에 가게 하셨어요. 전 용기를 내어 그곳에 갔지만, 제일 먼저 제가 본 것은 제 나이 또래 아이들이 병원 입구 앞에서 울고 있는 것이었어요. 치과의사에 대한 저의 첫인상은 끔찍했고, 여전히 그대로죠. 저는 지금까지도 치과에 가는 것이 두려워요. 치과에 가는 것에 절대 익숙해지지 않을 것 같아요.

So

너는 어때?
What about you?

What about you Ava? Are you okay with going to the dentist?
당신은 어떤가요, Ava? 치과에 가는 것이 괜찮나요?

■ AL 패턴/표현

어휘 표현 be sure (that) ~임을 확신하다 be no exception 예외가 아니다 just like other 다른 ~처럼 cannot(=can't) stand ~을 못 견디다 have a sweet tooth 단 것을 좋아하다 cavity 충치 inevitable 불가피한 have a hard time -ing ~하는 데 힘든 시간을 보내다, ~하느라 고생하다 toothache 치통 find out 알아내다, 발견하다 argue 논쟁하다 for hours 몇 시간 동안 drag A to B A를 억지로 B에 데리고 가다 pluck up the courage 용기를 내다 entrance 출입구 first impression of ~의 첫인상 awful 끔찍한 to this day 오늘날까지도, 지금까지도 get used to -ing ~하는 데 익숙해지다

Q5 기본 | 거주지+주거 개선 – 가장 좋아하는 방 ★★★☆☆ ^{빈출}

Tell me about your favorite room in your house. What makes you like that room the most? What is in there? Tell me in as much detail as possible.

집에서 가장 좋아하는 방에 대해 말해주세요. 왜 그 방을 제일 좋아하나요? 방 안에는 무엇이 있나요? 가능한 한 자세히 말해주세요.

답변 전략 · MI 전략

Main

거실
the living room

There are three rooms in my house, and my favorite room is the living room.

우리 집에는 방이 3개 있고, 제가 가장 좋아하는 방은 거실이에요.

Body

가장 큰 곳
the largest place

가족 모두가 모임
all of my family members get together

좋아하는 가구
my favorite pieces of furniture

To talk about what it looks like, it is the largest place in my house, and it's equipped with a TV on the right, a comfy sofa for four people on the left, a table in the middle, and a carpet on the floor. It's connected to the balcony where I can enjoy the fresh air while looking out of the window. To tell you why it's my favorite, first of all, it is a place where all of my family members get together and enjoy quality time. Sometimes, we laugh watching TV or talk about issues that need to be discussed. Second, it has the TV and the sofa, which are my favorite pieces of furniture in my house. After work, watching TV while lying on the comfy sofa is my favorite moment of the day because I can loosen up.

그곳이 어떻게 생겼는지에 대해 이야기하자면, 일단 거실은 우리 집에서 가장 큰 곳이고, 오른쪽에는 TV, 왼쪽에는 4명이 앉을 수 있는 안락한 소파, 가운데에는 테이블, 그리고 바닥에는 카펫이 있어요. 창밖을 내다보며 신선한 공기를 마실 수 있는 발코니와도 연결되어 있죠. 제가 이곳을 가장 좋아하는 이유를 말하자면, 우선 가족 모두가 모여 소중한 시간을 보낼 수 있는 장소이기 때문이에요. 우리는 가끔 TV를 보면서 웃거나, 의논할 필요가 있는 일에 대해 이야기하죠. 둘째로, 제가 집에서 가장 좋아하는 가구인 TV와 소파가 있어요. 퇴근하고 편안한 소파에 누워서 TV를 보는 것은 하루 중 제가 가장 좋아하는 순간인데, 그 이유는 제가 긴장을 풀고 편히 쉴 수 있기 때문이에요.

Wrap-up

네가 좋아하는 방
your favorite room

What about you Ava? Please tell me about your favorite room in your house!

당신은 어떤가요, Ava? 집에서 가장 좋아하는 방에 대해 말해주세요!

■ AL 패턴/표현

어휘 표현 to talk about ~에 대해 이야기하자면 be equipped with ~이 비치되어 있다 be connected to ~와 연결되어 있다 while -ing ~하면서 to tell you why 주어+동사 주어가 동사하는 이유를 말하자면 get together 서로 모이다 enjoy quality time 소중한 시간을 보내다 comfy 편안한 loosen up 긴장을 풀다

 친절한 송쌤 ♥

생김새에 대해 말할 때에는 **what**으로 시작할 때와 **how**로 시작할 때를 구분해서 말해야 해요.
what A looks like = how A looks

Q6 기본 │ 거주지+주거 개선 - 과거와 현재의 집 비교 ★★★☆☆

Compare your homes now and in the past. How have they changed? What is the biggest difference? Is it the size? Is it the number of rooms? Please tell me all the differences you notice.

현재와 과거의 집을 비교해주세요. 어떻게 변했나요? 가장 큰 차이점은 무엇인가요? 크기인가요? 방의 개수인가요? 차이점을 모두 말해주세요.

답변 전략 INTRO 전략

Intro

급격한 변화 별로 없음
wouldn't be many dramatic changes

> Well, I've only lived in an apartment my entire life. So, there wouldn't be many dramatic changes among the houses I've lived in so far.
> 글쎄요, 전 평생 아파트에서만 살아왔어요. 그래서 지금까지 살았던 집들 사이에 급격한 변화는 별로 없는 것 같아요.

Body

집의 크기
the size of the house

훨씬 작았음
much smaller

방의 개수 증가
the number of rooms has increased

화장실 하나였음
one bathroom

> One of the changes I can think of is the size of the house. I mean, the previous house was a lot smaller than the current one, which was one of the reasons to move out. When it comes to the size of a house, the bigger the better I guess. Second, the number of rooms has increased. To give you more detail, there was only one bathroom in my previous house, which was very inconvenient for my family, especially in the morning. Now we have two bathrooms, so we don't have to worry about getting ready to go out at the same time.
> 제가 생각해 낼 수 있는 변화들 중 하나는 바로 집의 크기예요. 제 말은, 이전 집이 지금의 집보다 훨씬 작았는데, 그것은 우리가 이사해야 할 이유 중 하나였죠. 집의 크기에 관해서라면, 제 생각에 집 크기는 클수록 좋은 것 같아요. 둘째로, 방의 개수가 늘었어요. 더 자세히 말하자면, 예전 집에는 화장실이 하나밖에 없어서 특히 아침에 가족들이 많이 불편했어요. 지금은 화장실이 두 개 있어서, 동시에 외출할 준비를 하는 것에 대해 걱정할 필요가 없죠.

Wrap-up

이것들이 변화들
these are the changes

> These are the changes that I can think of for now!
> 이것들이 지금 생각나는 변화들이에요.

■ AL 패턴/표현

어휘표현 one's entire life ~의 일생 동안, 평생 동안 previous 이전의 current 현재의 when it comes to ~에 대해서는 the number of ~의 수 increase 증가하다, 늘다 inconvenient 불편한 don't have to worry about ~에 대해 걱정할 필요가 없다 get ready to go out 외출할 준비를 하다 at the same time 동시에

 친절한 송쌤 💬

- 비교급을 이용하여 답변을 할 때는 **비교급의 강조 표현**을 넣어서 이야기하면 고득점을 받을 수 있어요.
  비교급 강조표현은 **much, far, a lot** 등이 있습니다.
- a number of 와 the number of 의 차이점을 반드시 알아두세요.
  a number of 명사: 많은 양의 명사
  the number of 명사: 명사의 수

Q7 기본 ㅣ 거주지+주거 개선 - 마지막으로 집을 꾸미기 위해 한 일 ★★★★☆

Tell me about the last time you decorated your house. When was it? What did you do? Did you buy anything special to decorate your house? Tell me everything.

마지막으로 집을 장식했던 때에 대해 말해주세요. 언제였나요? 무엇을 했나요? 집을 꾸미기 위해 특별한 것을 샀나요? 전부 말해주세요.

답변 전략 WH 전략

MP3 6_14

When

지난 크리스마스
last Christmas

To be honest with you, I usually spend neither time nor money on making my house look better. But, there was a time I wanted to decorate my house, and it was last Christmas.

솔직히 말해서, 저는 일반적으로 집이 더 좋아 보이게 하는 데 시간도 돈도 쓰지 않아요. 하지만 집을 꾸미고 싶은 때가 있었는데, 그것은 작년 크리스마스였어요.

WH

인조 크리스마스 트리 삼
bought an artificial Christmas tree

즉흥적
on a whim

내 손으로 꾸밈
decorated it on my own

I bought this beautiful artificial Christmas tree with many kinds of decorations in different colors. It was not planned, actually. I just bought it on a whim. Maybe, I wanted to get the same feeling I got when I was little because my parents used to make me a big Christmas tree to celebrate the Christmas season. We were happy, and just looking at the tree made me feel so warm. So, I bought it and decorated it on my own.

저는 다양한 색깔의 장식이 있는 아름다운 인조 크리스마스 트리를 샀어요. 사실 계획한 것은 아니었어요. 그냥 즉흥적으로 구입했죠. 부모님은 제가 어렸을 때 크리스마스 시즌을 기념하려고 커다란 크리스마스 트리를 만들어 주시곤 했는데, 저는 아마도 그때의 기분을 내고 싶었던 것 같아요. 우리는 행복했고, 그 트리만 봐도 너무 따뜻했어요. 그래서 저는 트리를 사서 직접 꾸몄죠.

So

만족함
be satisfied doing it myself

Maybe, compared to other people who like to enjoy decorating their houses, what I did can seem trivial, but I was satisfied doing it myself and... that's all that matters, right?

아마도, 집을 장식하는 것을 좋아하는 다른 사람들과 비교하면 제가 한 것은 사소한 것처럼 보일 수 있지만, 저는 스스로 그것을 한 것에 만족했고... 그러면 된 거죠, 그렇죠?

■ AL 패턴/표현

어휘 표현 to be honest with you 솔직히 말해서 spend 소비하다 neither A nor B A도 B도 아닌 decorate 장식하다, 꾸미다 artificial 인조의 decoration 장식 different 다양한 on a whim 즉흥적으로 celebrate 기념하다 on one's own 스스로 compared to ~와 비교하면 trivial 사소한 be satisfied 만족하다

Q8 **돌발 ㅣ 날씨 - 우리나라의 날씨** ★★★★☆

Tell me about the weather in your country. How many seasons are there? How long does each season last? What is the weather like in each season? Please explain in detail.

당신 나라의 날씨에 대해 말해주세요. 몇 계절이 있나요? 각 계절은 얼마나 오래 지속되나요? 각 계절의 날씨는 어떤가요? 자세히 설명해주세요.

답변 전략 ·MI 전략

◁》 MP3 6_16

Main

4개의 뚜렷한 계절
four distinct seasons

Korea, my country, has four distinct seasons; Spring from late March to late May, summer from early June to late August, fall from early September to late October, and winter from early November to late February.

한국, 우리나라에는 4개의 뚜렷한 계절이 있어요. 3월 말부터 5월 말까지의 봄, 6월 초부터 8월 말까지의 여름, 9월 초부터 10월 말까지의 가을, 11월 초부터 2월 말까지의 겨울이죠.

Body

봄/가을: 비교적 기간 짧음
spring and fall are relatively shorter

여름: 습하고 끈적거리고 비가 옴
summer: humid, sticky, rainy

겨울: 건조하고 춥고 눈이 옴
winter: dry, cold, snowy

Spring and fall are relatively shorter than summer and winter in duration. To tell you what the weather is like in each season, it's really humid, sticky, and rainy in summer while it's very dry, cold and snowy in winter. Although people in my country sometimes suffer from natural disasters due to the extreme weather, the good thing is that we can wear various kinds of clothes and enjoy the beautiful scenery.

봄과 가을은 여름과 겨울보다 기간이 비교적 짧아요. 계절마다 날씨가 어떤지 말하자면, 여름에는 정말 습하며 끈적끈적하고 비가 오는 반면에 겨울에는 매우 건조하고 춥고 눈이 많이 오죠. 우리나라 사람들은 가끔 기상 이변으로 자연재해에 고통 받기도 하지만, 다양한 종류의 옷을 입고 아름다운 경치를 즐길 수 있다는 좋은 점도 있어요.

Wrap-up

너희 나라는 어때?
the weather in your country

I'd like to know about the weather in your country also, Ava!

당신 나라의 계절 또한 알고 싶어요, Ava!

■ AL 패턴/표현

어휘 표현 distinct 뚜렷한 relatively 비교적 duration 지속되는 기간 humid 습한 sticky 끈적거리는 although 주어+동사 주어+동사이긴 하지만 suffer from ~로 고통 받다 natural disaster 자연재해 extreme weather 기상 이변

 친절한 송쌤 ♡

아래 발음에 유의하며 답변 연습을 해보세요.
- distinct [디스팅-트]
- relatively [렐-러티블리]
- extreme [익스츄뤼-임]
- scenery [씨-너뤼]

Q9 | 돌발 | 날씨 - 어렸을 때 이후로 날씨의 변화 ★★★★☆

What was the weather like when you were young? How has it changed since then? Are there a lot of changes? What kind of changes are they? Give me all the details.

당신이 어렸을 때 날씨는 어땠나요? 그 이후로 어떻게 달라졌나요? 변화가 많나요? 어떤 종류의 변화인가요? 자세히 말해주세요.

답변 전략 -MI 전략

Main

점점 더워짐
getting hotter and hotter

> I guess the biggest change in the weather from the past is that it's getting hotter and hotter due to global warming.
> 과거에 비해 가장 큰 날씨 변화는 지구 온난화로 날씨가 점점 더워지고 있는 것이라고 생각해요.

Body

지구 온난화로 인한 것
be caused by global warming

인간의 무지
human's ignorance

과거에 눈싸움
playing snowball fights in the winter in the past

> Honestly, I don't know that much about our environment, but I've once read an article on climate change that said it's caused by global warming. According to the article, human's ignorance towards conserving the environment has a lot to do with global warming. Oh, I think I'm going off on a tangent. Anyways, when I was young, I remember playing snowball fights with my friends in the winter, but I find it harder to see children playing snowball fights outside due to climate change.
> 솔직히, 저는 환경에 대해서 잘 모르지만, 기후 변화에 관한 기사를 읽은 적이 있는데, 기후 변화는 지구 온난화로 인한 것이라고 하더라고요. 이 기사에 따르면, 환경을 보호하는 것에 대한 인간의 무지는 지구 온난화와 많은 관련이 있대요. 아, 얘기가 옆길로 새는 것 같네요. 아무튼, 제가 어렸을 때는 겨울에 친구들과 눈싸움을 했던 기억이 있는데, 이제는 기후 변화 때문에 밖에서 눈싸움을 하는 아이들의 모습을 보기 어려워졌어요.

Wrap-up

인식의 변화를 바람
hope people raise awareness

> I miss the old days and I hope people raise awareness on global warming.
> 저는 옛날이 그립고, 지구 온난화에 대한 사람들의 인식이 높아지길 바라요.

■ AL 패턴/표현

어휘 표현 due to ~때문에 global warming 지구 온난화 honestly 솔직히 be caused by ~이 원인이다 according to ~에 따르면 ignorance toward ~에 대한 무지 conserve 보호하다, 보존하다 have a lot to do with ~와 많은 관련이 있다 go off on a tangent (이야기 등이) 갑자기 옆길로 새다 remember -ing ~했던 것을 기억하다 raise awareness on ~에 대한 인식을 높이다

Q10 돌발 | 날씨 – 날씨로 인해 겪었던 문제 ★★★★☆

Extreme weather can cause major damage in our world. Have you ever experienced any problem caused by weather? It can be a flood, drought, typhoon, or earthquake. What was the problem? How severe was it? How did you react to it? Tell me everything from the beginning to the end.

기상 이변은 우리 세계에 큰 피해를 줄 수 있습니다. 날씨로 인한 문제를 경험해 본 적이 있나요? 홍수, 가뭄, 태풍, 지진과 같은 문제일 수 있겠죠. 무엇이 문제였나요? 정도가 얼마나 심각했나요? 당신은 그것에 어떻게 반응했나요? 처음부터 끝까지 모두 말해주세요.

답변 전략 · WH 전략

MP3 6_20

When
매미라는 태풍
a typhoon called Maemi

There was a time when a typhoon called Maemi hit my country.
매미라는 태풍이 우리나라를 덮쳤던 때가 있었어요.

WH
파괴적
devastating

젖은 신문을 창문에 붙임
putting wet newspapers on windows

전국적인 피해
causing nationwide damage

It happened in 2003 and I still cannot forget how frightening that day was because it was devastating. Before the impact, the media announced that it was going to be the strongest typhoon to strike and warned people to stay inside. Having never experienced such a disaster, I did not know what to do, but the tips given by the news were helpful. According to the news, putting wet newspapers on windows would help windows withstand strong winds. The typhoon Maemi lasted eleven days, causing nationwide damage and killing many people.

그 일은 2003년에 일어났는데, 정말 파괴적이었기 때문에 그날이 얼마나 무서웠는지를 아직도 잊을 수 없어요. 영향이 미치기 앞서, 언론은 가장 강력한 태풍이 상륙할 것이라고 방송에서 알리며, 실내에 머물 것을 경고했죠. 그런 재난을 경험해 본 적이 없어서 어떻게 해야 할지 몰랐지만, 뉴스에서 알려준 조언이 도움이 됐어요. 뉴스에 따르면, 젖은 신문을 창문에 붙이는 것은 창문이 강한 바람을 견디는 데 도움이 될 것이라고 했죠. 태풍 매미는 11일 동안 지속되어 전국적인 피해를 입혔고, 많은 사람들이 목숨을 잃었어요.

So
경각심을 일으켜 도움이 됨
helped raise awareness

Luckily, the biggest damage I received was a minor crack in my window, but this helped raise awareness on how dangerous typhoons can be.
다행히 제가 입은 가장 큰 피해라고는 창문에 작은 금이 간 것이 전부였지만, 이 일은 태풍이 얼마나 위험할 수 있는지에 대한 경각심을 높이는 데 도움이 되었어요.

■ AL 패턴/표현

어휘 표현 typhoon 태풍 hit 강타하다 frightening 무서운 devastating 파괴적인 strike 발생하다 helpful 도움이 되는 according to ~에 따르면 put A on B A를 B에 붙이다 withstand 견디다 last 지속되다 cause ~을 초래하다 nationwide 전국적인 receive 입다, 당하다

Q11 **롤플레이** | 여행/면허증 발급 - 뉴욕 방문 중 차를 렌트해야 하는 상황에서 질문하기 ★★★☆☆

I'd like to give you a situation and ask you to act it out. Imagine you are traveling in New York and you are in need of a rental car. Go find a car rental agency and ask three to four questions about how to rent a car.

주어진 상황에 대해 역할극을 해주세요. 당신은 뉴욕을 여행 중이고, 렌터카가 필요하다고 가정해보세요. 렌터카 대리점에 찾아가서 렌터카 이용 방법에 대해 서너 가지 질문을 해주세요.

답변 전략 · INTRO 전략

(◁) MP3 6_22

Intro •

몇 가지 질문
a few questions about [ ]

Hi, this is my first time visiting New York and I have a few questions about rental cars.
안녕하세요, 이것이 저의 첫 뉴욕 방문이라서, 렌터카에 대해 몇 가지 질문이 있어요.

Body •

가장 저렴한 렌터카?
the cheapest rental car

반납 시 주유?
refuel the vehicle

보험 적용?
the insurance coverage

First, can you show me the cheapest rental car you have? I am on a tight budget and I don't want to spend too much money on a rental car. As long as the car can drive, it should be fine. Second, do I have to refuel the vehicle before returning it? If so, I'd appreciate it if you could direct me to the nearest gas station. Lastly, what is the insurance coverage on rental cars? I hope I don't get into any car accidents, but if I do, I want to make sure that I am fully covered.
첫째로, 가장 저렴한 렌터카를 보여주실 수 있나요? 제가 예산이 빠듯해서 렌터카에 너무 많은 돈을 쓰고 싶지 않거든요. 주행만 할 수 있다면 괜찮다고 생각해요. 둘째로, 반납하기 전에 다시 주유해 두어야 하나요? 만약 그렇다면, 저를 가장 가까운 주유소로 안내해주시면 좋겠어요. 마지막으로, 렌터카 보험 범위는 어떻게 되나요? 교통사고를 당하지 않았으면 좋겠지만, 만약 그런 일이 생긴다면, 보험으로 충분히 보장 받을 수 있는지 확인하고 싶어요.

Wrap-up •

시간 내줘서 감사함
thanks for your time

Thanks for your time.
시간을 내주셔서 감사해요.

■ AL 패턴/표현

어휘 표현 be on a tight budget 예산이 빠듯하다   spend too much money on ~에 많은 돈을 소비하다   as long as ~하기만 하면   refuel 연료를 보충하다   appreciate 감사하다   direct A to B A에게 B로 가는 길을 알려주다   gas station 주유소 insurance coverage 보험에서 보장하는 금액이나 종류의 범위   get into ~에 처하다   make sure 확인하다   covered 보장하다

 친절한 송쌤 💬

• ~하는 것이 처음이다 라고 말할 때는 one's first time [동사ing] 혹은 the first time [주어] has(have) p.p를 사용해주세요.
• appreciate [어푸뤼-쉬에이트] 발음에 유의!

MP3 6_23

Q12 **롤플레이** | 여행/면허증 발급 - 미국 면허증이 아니라 운전을 못하는 상황 문제 해결하기 ★★★★★ 고난도

There is a problem I need you to resolve. The car rental agency has disqualified you from renting their car for not having an American driver's license. Explain to the agency why you should be allowed to drive, and what is written on your driver's license.

당신이 해결해야 할 문제가 있습니다. 렌터카 대리점에서 당신이 미국 운전 면허가 없다는 이유로 차를 렌트할 자격이 되지 않는다고 했습니다. 대리점에 왜 당신이 운전하는 것을 허용해야 하는지, 운전면허증에 뭐라고 적혀 있는지 설명해주세요.

답변 전략 · INTRO 전략

MP3 6_24

Intro

운전할 수 있어야 함
should be allowed to drive

Hi, I would like to tell you why I should be allowed to drive here in the United States.
안녕하세요, 저는 왜 미국에서 제 운전을 허용해야 하는지 알려주고 싶어요.

Body

국제 면허증
an international driver's license

문제 없는 운전 기록
a clean driving record

내 사진
a picture of me on my driver's license

First, as you can see, I have an international driver's license, which gives me the permission to drive in the United States. I've already received clearance from your state's department of motor vehicles. Second, I have a clean driving record. I have 0 violations so far, and I've never gotten into a major car accident. You can have a look at the proof that I brought. Lastly, please take a look at my driver's license. That is a picture of me on the left and my name at the top. The name on it matches the one on my international driver's license. Also, there is my address and expiration date beneath my name. It says I still have 5 more years before it expires.
첫째로, 보시다시피 저는 미국에서의 운전을 허가하는 국제 운전면허증을 가지고 있어요. 저는 이미 당신 주의 차량관리국으로부터 허가를 받았죠. 둘째로, 전 운전기록이 깨끗해요. 저는 지금까지 위반이 한 건도 없고, 큰 교통사고도 당한 적이 없죠. 제가 가져온 증명 자료를 보실 수 있어요. 마지막으로, 제 운전면허증을 자세히 살펴봐 주세요. 왼쪽에는 저의 사진이 있고, 위에는 제 이름이 있어요. 그 이름은 제 국제 운전면허증의 이름과 일치하죠. 또한, 제 이름 아래에 주소와 유효 기간이 있어요. 만료되기까지 아직 5년이 더 남았다고 적혀 있죠.

Wrap-up

이것들이 이유임
these are the reasons why
[주어+동사]

These are the reasons why I should be allowed to drive.
이것들이 바로 저의 운전이 허용되어야 하는 이유예요.

■ AL 패턴/표현

어휘 표현 be allowed to ~하는 것이 허용되다 as you can see 보시다시피 international driver's license 국제 운전면허증 permission 허가 receive A from B B로부터 A를 받다 clearance 승인 Department of Motor Vehicles(DMV) 차량관리국 violation 위반 so far 지금까지 get into ~에 처하다 proof 증거, 증명 match 일치하다 expiration date 유효 기간 beneath ~의 아래에

Q13 롤플레이 | 여행/면허증 발급 – 기억에 남는 여행 경험 이야기하기 ★★★☆☆

That's the end of the situation. Have you ever had any unforgettable events while you were traveling abroad? What happened? When was it? What made it so memorable? Tell me everything from the beginning to the end.

상황극이 종료되었습니다. 해외여행 중에 잊지 못할 일을 경험한 적이 있나요? 무슨 일이 일어났나요? 그것은 언제였나요? 무엇 때문에 그 경험이 그렇게 기억에 남았나요? 처음부터 끝까지 전부 말해주세요.

답변 전략 · WH 전략

MP3 6_26

When

몇 년 전, 홍콩
a few years ago, traveled to Hong Kong

> The most memorable experience I've had while **traveling abroad** was when I traveled to Hong Kong a few years ago.
> 해외여행을 하는 동안 가장 기억에 남는 경험은 몇 년 전 홍콩으로 여행을 갔을 때였어요.

WH

영어를 이해 못함
couldn't understand English

파파고 앱 사용
a translation app called Papago

안심이 됨
felt so reassured

> Before the trip, I was a bit worried about having trouble communicating with local people there. Unfortunately, it turned out I was right. I mean, almost everyone who I met in Hong Kong couldn't understand what I was saying in English. I was frustrated, and didn't know what to do. At that moment, I came up with a good idea. The idea was to use a translation app called 'Papago'! I quickly took out my phone and turned it on. The app perfectly translated English into Chinese and I was able to enjoy my trip without a single problem. Even when I got lost, I wasn't scared or anything because I felt so reassured. Thanks to 'Papago', I was able to make so many unforgettable memories.
> 여행을 가기 전에, 저는 현지인들과 의사소통을 하는 데 어려움을 겪을까 조금 걱정했어요. 안타깝게도, 제가 옳았죠. 제 말은, 홍콩에서 만난 거의 모든 사람들이 제가 영어로 말하는 것을 이해하지 못했어요. 저는 좌절했고, 어떻게 해야 할지 몰랐어요. 그 순간, 좋은 아이디어가 떠올랐어요. 그 아이디어는 파파고라는 번역 앱을 사용하는 것이었어요! 저는 얼른 휴대폰을 꺼내 켰죠. 그 앱은 영어를 중국어로 완벽하게 번역해 주었고, 저는 단 한 가지 문제도 없이 여행을 즐길 수 있었어요. 심지어 길을 잃었을 때도 너무 안심이 돼서 무섭지도 않았죠. 파파고 덕분에 잊지 못할 추억을 많이 만들 수 있었어요.

So

항상 챙기는 앱
became my go-to application

> Since then, 'Papago' has become my go-to application when I travel abroad.
> 그 이후로, 파파고는 제가 해외여행을 갈 때 항상 챙기는 애플리케이션이 되었어요.

■ AL 패턴/표현

어휘 표현 the most memorable 가장 기억에 남는 have trouble -ing ~하는 데 어려움을 겪다 come up with ~을 생각해 내다 feel reassured 안심하다 go-to 늘 찾는, 항상 선택하는

친절한 송쌤

turn out은 ~로 밝혀지다 라는 사전적 의미를 바탕으로, 알고 봤더니 ~였다라는 의미로 회화체로 많이 사용되는 표현입니다.
It turned(turns) out [주어+동사]로 사용하기도 하며, [주어] turned out to [동사]로 사용 되기도 합니다.

Q14 선택 | 음악 감상 - 좋아하는 음악이나 작곡가를 두 가지(두 명)을 골라 공통점과 차이점 설명 ★★★★☆

Choose two genres of music or composers you like and talk about similarities and differences between those two.
두 개의 좋아하는 음악 장르나 두 명의 작곡가를 선택하여, 그 둘의 공통점과 차이점에 대해 말해주세요.

답변 전략 MI 전략

Main

미국 음악, 한국 음악
American pop music,
Korean pop music

I'm not picky about music because different music gives me different feelings. But if you want me to pick just two genres of music I specially like, I'd choose American pop music and Korean pop music.
저는 음악에 대해 까다롭지 않은데, 다른 음악은 각기 다른 느낌을 주기 때문이죠. 하지만, 당신이 제가 특별히 좋아하는 음악 두 장르만 고르길 원한다면, 미국 대중음악과 한국 대중음악을 선택하겠어요.

Body

기분 좋게 함
put me in a good mood

재능 있는 뮤지션
many talented musicians

사용된 언어
what languages are used

영어 가사 이해
find myself understanding English lyrics

I'll first start off by explaining the similarities. The biggest one is that... both put me in a good mood. It doesn't matter how fast or slow the beat is. I've realized that there are so many talented musicians in both Korea and America, and their music just calms me down and makes me feel better. And... differences?... Well, the biggest difference would have to be what languages are used in the lyrics. Of course, the lyrics of Korean pop music are written in Korean while those of American songs are written in English. Since I've been studying English, I sometimes find myself being able to understand English lyrics, which makes listening to American pop music more enjoyable.
공통점을 먼저 설명할게요. 가장 큰 것은... 둘 다 저를 기분 좋게 만든다는 거예요. 박자가 얼마나 빠른지 느린지는 상관없어요. 저는 한국과 미국 두 나라 모두 재능 있는 음악가들이 정말 많다는 것을 알게 되었는데, 그들의 음악은 저를 진정시키고 기분을 좋게 만들어요. 그리고... 차이점이요?... 음, 가장 큰 차이점은 가사에 사용되는 언어일 거예요. 물론, 한국 대중음악의 가사는 한국어로, 미국 노래의 가사는 영어로 쓰여 있죠. 영어를 공부하다 보니 가끔 영어 가사를 이해할 수 있는 제 자신을 발견하는데, 이것이 미국 대중음악을 듣는 것을 더 즐겁게 만들어요.

Wrap-up

이 정도면 충분한지?
would this be enough?

Would this be enough to answer your question, Ava?
당신의 질문에 충분한 대답이 되었나요, Ava?

■ AL 패턴/표현

어휘 표현 be picky about ~에 대해 까다롭다 start off by ~부터 말하다 explain 설명하다 similarity 공통점, 유사점 put A in a good mood A를 기분 좋게 만들다 talented 재능 있는 difference 차이점 find oneself -ing ~하는 스스로를 발견하다 be able to ~할 수 있다 enough 충분한

Q15 선택 | 음악 감상 - 사람들이 음악을 듣는 데 사용하는 장치 ★★★★☆

There are many different gadgets people use to listen to music. Tell me what devices people in your country use to listen to music.
사람들이 음악을 들 때 사용하는 장치는 다양합니다. 당신 나라의 사람들이 음악을 들 때 사용하는 장치를 말해주세요.

답변 전략 INTRO 전략

MP3 6_30

Intro

많은 전자 장치
many electronic devices

There are many electronic devices people can use to listen to music.
사람들이 음악을 듣기 위해 사용할 수 있는 전자 장치는 많아요.

Body

MP3 기능 있는 폰
a smartphone
: MP3 functionality

스트리밍 서비스
music streaming services

주변 장치: 헤드셋
a peripheral device
: Bluetooth headsets

First, it's not too much to say that everyone has a smartphone nowadays. And, every smartphone comes with MP3 functionality, which allows people to have easier access to music. Also, there are numerous music streaming services available, such as apps like Melon and Genie. Although streaming services may cost some money, it's significantly cheaper than buying albums from stores. Next, I want to talk about a peripheral device that people use to listen to music. Nowadays, Bluetooth headsets, such as AirPods and Galaxy Buds, are commonly used by people to listen to music. All you have to do is pair them with your smartphone, and you are ready to go. They are very comfortable and perfect for exercise because they are wireless.
첫째로, 요즘은 모든 사람들이 스마트폰을 가지고 있다고 해도 과언이 아니에요. 그리고 모든 스마트폰에는 MP3 기능이 있는데, 이는 사람들이 음악을 쉽게 접할 수 있도록 해주죠. 또한, 멜론, 지니와 같은 앱과 같이 수많은 음악 스트리밍 서비스도 이용할 수 있어요. 비록 스트리밍 서비스가 약간의 비용이 들지만, 가게에서 앨범을 사는 것보다 훨씬 저렴하죠. 다음으로, 저는 사람들이 음악을 들 때 사용하는 주변 장치에 대해 이야기하려고 해요. 요즘은 사람들이 음악을 듣기 위해 에어팟이나 갤럭시 버즈와 같은 블루투스 헤드셋을 많이 사용해요. 스마트폰에 연결만 하면 바로 사용가능하죠. 그것들은 무선이기 때문에 매우 편안하고 운동하기에도 완벽해요.

Wrap-up

기술 발달
technological advances

Also, with technological advances, their sound quality has improved significantly.
또한, 기술의 발달로 음질이 크게 향상되었어요.

■ AL 패턴/표현

어휘 표현 it is not too much to say that 주어+동사 주어가 동사라고 해도 과언이 아니다 nowadays 요즘에는 A comes with B A에 B가 있다, A에 B가 딸려 있다 functionality 기능 allow A to B A가 B하도록 하다 have access to ~에 접근할 수 있다 numerous (수)많은 available 이용가능한 such as ~와 같은 significantly 상당히, 크게 peripheral device 주변 장치 pair 연결하다 wireless 무선(의) improve 개선되다

 친절한 송쌤

all [주어] have(has) to do is [동사]는 주어가 해야하는 것이라고는 동사일 뿐이다 라는 뜻으로 회화에서 아주 많이 사용되는 패턴이니 알아두도록 해요. What 과 all 이 주어의 역할을 할 때는 is 뒤에 to 나 동사ing 를 붙이지 않고 바로 **동사원형**이 와도 된다는 점도 함께 알아두세요.

7 카페/커피 전문점 가기, 헬스

▲ 송쌤 총평 듣기

문제 구성

자기소개	1 자기소개	돌발 주제 책임	8 집안에서 맡고 있는 책임
선택 주제 카페/커피 전문점 가기	2 자주 가는 카페		9 어렸을 때 맡았던 책임
	3 과거와 현재의 카페 변화		10 어렸을 때 책임을 다하지 않은 경험
	4 카페에서 있었던 기억에 남는 경험	롤플레이 약속	11 새로 오픈한 헬스장에 전화해 질문하기
돌발 주제 가구	5 가장 좋아하는 가구		12 친구와 헬스장에 가기로 했지만 취소해야 하는 상황 문제 해결하기
	6 집에 있는 가구의 과거와 현재 변화		13 친구와의 약속을 취소한 경험 이야기하기
	7 가구와 관련된 기억에 남는 경험	돌발 주제 휴대폰	14 5년 전과 현재의 휴대폰 사용 비교
			15 젊은 세대의 지나친 온라인 활동에 대한 의견

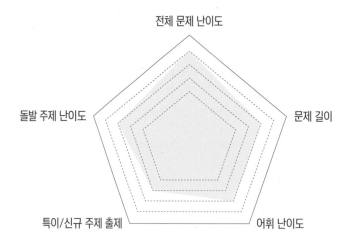

시험 난이도 ★★★★☆

전체 문제 난이도

문제 길이

어휘 난이도

특이/신규 주제 출제

돌발 주제 난이도

Q1 기본 | 자기소개 - 학생 ☆☆☆☆☆

Let's start the interview. Tell me about yourself.
인터뷰를 시작합니다. 당신에 대해 말해주세요.

답변 전략 · INTRO 전략

Intro

만나서 반가워
good to see you

> Hello, good to see you Ava. My name is Jane, and I'm a college student.
>
> 안녕하세요, 만나서 반가워요 Ava. 제 이름은 Jane이고, 대학생이에요.

Body

4학년
a senior

영어 전공
majoring in English

어떻게 하면 좋은 직장 얻을까
be into is how to get a good job

조금 수줍어 함
a bit shy around people

> I'm a senior at Seoul university and I'm graduating next year. I'm majoring in English, and I hope I can get a job related to my major after graduation. These days, all I'm into is how to get a good job, but I try not to get stressed out from that. My motto is slow and steady wins the race, and I try to remind myself of this whenever I feel impatient. Lastly, I am a bit shy around people, which I don't really like about myself.
>
> 서울대학교 4학년이고, 내년에 졸업해요. 영어를 전공하고 있는데, 졸업 후에는 전공과 관련된 직업을 얻었으면 좋겠어요. 요즘은 어떻게 하면 좋은 직장을 얻을 수 있을까 하는 생각뿐이지만, 그것 때문에 스트레스를 받지 않으려고 노력하고 있죠. 제 좌우명이 서두르면 일을 망친다라는 것인데, 조급해질 때마다 이걸 상기시키려고 노력해요. 마지막으로, 저는 사람들 앞에서는 좀 수줍어하는데, 이것은 제가 제 자신에 대해 별로 좋아하지 않는 부분이에요.

Wrap-up

바꾸려고 노력 중
try to change it

> But I'm trying to change it step by step.
>
> 하지만 차근차근 그것을 바꾸려고 노력하고 있어요.

■ AL 패턴/표현

어휘 표현 be major in ~을 전공하다   get a job 직장을 얻다, 구직하다   related to ~와 관련된   be into ~에 관심이 많다   try to ~하려고 노력하다   get stressed out from ~로(부터) 스트레스를 받다   motto 좌우명   Slow and steady wins the race. 느려도 착실하면 이긴다. (서두르면 일을 망친다.)   remind A of B A에게 B를 상기시키다   impatient 조급한   step by step 차근차근히, 꾸준히

친절한 송쌤 ♥

try to + [동사원형]은 ~하려고 노력하다 라는 뜻이지만 ~하려고 하다 라는 뜻으로 일반 회화체에서 아주 많이 사용돼요. ~하지 않으려고 노력하다 라고 할 때는 **try not to** 로 to 앞에 **not**을 붙여요. Don't try to + [동사원형]하면 ~하려고 노력하지 말아라 하는 뜻이 되므로, **not** 의 위치를 반드시 기억해주세요.

Q2 선택 | 카페/커피 전문점 가기 - 자주 가는 카페 ★★★☆☆

You indicated in the survey that you like to go to coffee shops. Tell me about the coffee shop that you go to often. Who do you go there with? When do you normally go there? What do you do there? Where is it located? Tell me everything.

설문조사에서 당신은 커피 전문점에 가는 것을 좋아한다고 했습니다. 당신이 자주 가는 커피 전문점에 대해 말해주세요. 누구와 함께 가나요? 보통 당신은 언제 그곳에 가나요? 그곳에서 당신은 무엇을 하나요? 그것은 어디에 위치해 있나요? 전부 말해주세요.

답변 전략 -MI 전략

MP3 7_4

Main

스타벅스
called Starbucks

The coffee shop that I go to often is the one called Starbucks.
제가 자주 가는 커피 전문점은 스타벅스라는 곳이에요.

Body

커피 마시고 싶을 때
feel like drinking coffee

혼자 가는 걸 선호
prefer to go alone

가장 맛있는 커피
make the best tasting coffee

거리
the distance

I go there whenever I feel like drinking coffee or having time for myself. Who do I go there with? Normally, I prefer to go to coffee shops alone because the one that I often go to is cozy, which allows me to have some time only for myself. To give you the reasons why this is my favorite... first, as a coffee enthusiast, I can honestly say that the coffee shop makes one of the best tasting coffees in my neighborhood. My favorite drink there is iced americano, and they serve the best iced americano I've ever had. Second, it's the distance. This one is only a few blocks away from my house, so I can go there even late at night. You know, the location should be one of the factors to be considered when choosing a coffee shop, right?

커피를 마시고 싶거나, 혼자만의 시간을 갖고 싶을 때마다 그곳에 가요. 누구와 함께 가나요요? 보통, 저는 커피 전문점에 혼자 가는 것을 선호하는데, 그 이유는 제가 자주 가는 커피 전문점이 아늑해서 혼자만의 시간을 가질 수 있기 때문이에요. 이 커피 전문점을 가장 좋아하는 이유를 말하자면... 첫째로, 커피 애호가로서, 그곳이 우리 동네에서 가장 맛있는 커피를 제공한다고 솔직하게 말할 수 있어요. 그곳에서 제가 가장 좋아하는 음료는 아이스 아메리카노인데, 이제까지 먹어본 것 중 최고의 아이스 아메리카노를 제공해요. 둘째로, 거리예요. 집에서 조금 떨어진 곳에 있어서 밤늦게 갈 수도 있어요. 커피 전문점을 선택할 때 위치가 고려되어야 하는 요소 중 하나라는거 알잖아요, 그렇죠?

Wrap-up

너도 좋아해?
you like as well?

Ava, do you like to go to coffee shops as well?
Ava, 당신도 커피 전문점에 가는 것을 좋아하나요?

■ AL 패턴/표현

어휘 표현
feel like -ing ~하고 싶(은 기분이)다   have time for oneself 스스로의 시간을 갖다   prefer to ~하기를 선호하다   cozy 아늑한   allow A to B A가 B하는 것을 가능하게 하다   enthusiast 애호가   honestly 솔직하게   distance 거리   location 위치   factor 요소   be considered 고려되다   as well 또한

Q3 **선택** Ⅰ 카페/커피 전문점 가기 – 과거와 현재의 카페 변화 ★★★★☆

There are many differences between coffee shops now and in the past. What has changed the most? Is it the menu? Is it the design? Give me as many details as possible.

현재의 커피전문점과 과거의 커피전문점은 다양한 차이점이 있습니다. 무엇이 가장 많이 변했나요? 메뉴인가요? 디자인인가요? 가능한 한 자세히 말해주세요.

답변 전략 | INTRO 전략

◁)) MP3 7_6

Intro

판매: 큰 차이 없음
not many differences
: what they sell

There aren't many differences between **coffee shops now and in the past** in terms of **what they sell.**
커피 전문점에서 판매하는 것에 있어서는 현재와 과거 사이에 큰 차이가 없어요.

Body

기술: 집에서 주문
the technology
: order drinks from home

하는 일: 공부
what people do
: study

However, there is one major difference and it's **the technology.** With the new technology, people can now **order their drinks from home and pick them up on the go.** This has helped customers save their time by not having to wait in a long line. Another difference is what **people do at coffee shops. In the past,** people only went to coffee shops to have a small talk or informal meetings. Nowadays, on the other hand, **people go to cafés to study and even have interviews.**
하지만 한 가지 큰 차이점이 있는데, 그것은 바로 기술이에요. 새로운 기술로, 사람들은 이제 집에서 음료를 주문해서 가져올 수 있어요. 이는 손님들이 긴 줄을 서서 기다리지 않아도 됨으로써 시간을 절약하는 데 도움을 주었죠. 또 다른 차이점은 커피 전문점에서 사람들이 무엇을 하는가예요. 과거에 사람들은 커피 전문점에서 그저 수다를 떨거나 편한 모임을 갖기 위해 갈 뿐이었어요. 반면에 요즘은 카페에 가서 공부도 하고 심지어 인터뷰도 하죠.

Wrap-up

카페:
공부 위해 찾는 새로운 장소가 됨
cafés
: new go-to places for studying

It hasn't been long since **coffee shops have** allowed people to **study there, but times have changed and cafés have become the new go-to places for studying.**
사람들이 커피 전문점에서 공부할 수 있게 된 것은 얼마 되지 않았지만, 시대가 바뀌고 카페는 공부하기 위해 찾는 곳으로 새롭게 자리매김했어요.

■ AL 패턴/표현

어휘 표현 in terms of ~에 있어서는 major 주요한 order 주문하다 in the past 과거에는 nowadays 요즘에는 go-to 늘 찾는, 항상 선택하는

 친절한 송쌤 ▣

go-to 표현은 단독적으로 쓰여도 좋지만, 형용사로 (도움, 충고, 정보를 얻기 위해) **자주 가는, 즐겨 찾는**의 뜻으로 사람 혹은 장소 등 다양한 명사와 함께 쓸 수 있는 표현이에요. 원어민들이 즐겨 쓰는 자연스러운 표현이니 반드시 익혀주세요!

Q4 선택 | 카페/커피 전문점 가기 - 카페에서 있었던 기억에 남는 경험 ★★★☆☆

Sometimes, unexpected things could happen at coffee shops. What was the most memorable event that you had at a coffee shop? When did it happen? What happened? Why is it memorable? Tell me everything from the beginning.

때때로 커피 전문점에서 예상치 못한 일이 일어날 수도 있습니다. 커피 전문점에서 있었던 가장 기억에 남는 일은 무엇이었나요? 그 일이 언제 일어났나요? 무슨 일이 일어났나요? 왜 기억에 남나요? 처음부터 모두 말해주세요.

답변 전략 · WH 전략

MP3 7_8

When

2~3년 전
a couple of years ago

> One of the unforgettable events that I had **at a coffee shop** happened a couple of years ago, **and** why it is unforgettable is that the way **the clerk handled the situation was very** disappointing.
>
> 커피 전문점에서 있었던 잊지 못할 일 중 하나는 2~3년 전에 일어났어요. 그것이 잊지 못할 일인 이유는 점원이 그 상황을 처리하는 방식이 매우 실망스러웠기 때문이에요.

WH

커피 전문점 방문
visited a coffee shop

음료수 위에 개털
dog hair on top of my drink

소란 떨지 말라고 함
told me not to make a fuss out of it

> One day, I visited a coffee shop where dogs were allowed inside. As a dog lover, I didn't have any problem until I found out that there was a clump of dog hair on top of my drink. I immediately took my cup, with dog hair still inside, to the clerk and asked her if I could get a new drink. As opposed to my expectation, the clerk gave me a weird look and treated me like it wasn't that big of a deal. I became furious and demanded the clerk's apology, which I haven't received yet. Surprisingly, the owner said it was not their fault and told me not to make a fuss out of it.
>
> 어느 날, 저는 애완견 출입이 허용되는 커피 전문점을 방문했어요. 제 음료수 위에 개털 한 줌이 있다는 것을 알기 전까지는 애견인인 저에겐 아무런 문제가 없었죠. 저는 즉시 제 컵을 개털이 안에 든 채로 점원에게 가져가서 새 음료로 얻을 수 있는지 물어봤어요. 제 예상과는 달리 점원은 저에게 이상한 표정을 지으며 대수롭지 않은 일처럼 대했어요. 저는 분노했고, 점원에게 사과를 요구했죠. 아직까지도 받지 못했지만요. 놀랍게도 주인은 본인 잘못이 아니라면서 별것 아닌 일에 소란 떨지 말라고 했죠.

So

다시 가지 않음
stopped going to cafés with dogs inside

> Since then, I stopped going to cafés with dogs inside.
>
> 그때부터 저는 개가 있는 카페에 가지 않아요.

■ AL 패턴/표현

**어휘
표현** unforgettable 잊지 못할 handle 처리하다 disappointing 실망스러운 find out 알아내다 a clump of 한 줌의, 덩어리
immediately 곧바로, 즉시 as opposed to one's expectation ~의 예상과는 다르게 give a weird look 이상한 표정을 짓다
be not that big of a deal 그렇게 큰 일도 아니다 furious 몹시 화가 난 demand 요구하다 make a fuss 소란을 피우다

Q5 | 돌발 | 가구 - 가장 좋아하는 가구 ★★★☆☆

Tell me about your favorite piece of furniture in your house. Why is it your favorite? How long have you been using it? What's so special about it? What can you do with it? Give me details.

집에서 가장 좋아하는 가구에 대해 말해주세요. 왜 그것을 가장 좋아하나요? 얼마나 오래 사용했나요? 왜 그렇게 특별한가요? 그것으로 무엇을 할 수 있나요? 자세히 말해주세요.

답변 전략 <MI 전략>

(MP3 7_10)

Main

나의 침대
my bed

> The piece of furniture I like the most would be my bed because it relaxes me and I feel the most comfortable when I lie on my bed.
>
> 제가 가장 좋아하는 가구는 제 침대인데, 그 이유는 침대가 저를 편안하게 해줘서 제가 침대에 누울 때 가장 편안함을 느끼기 때문이에요.

Body

가장 편안함
feel the most comfortable

약 5년간 만족하며 사용
used for approximately five years fully satisfied with it

> Actually, this sometimes stops me from working from home because I try to make myself comfortable lying on the bed every possible chance I get. I've used this bed for approximately five years, and I've been fully satisfied with it so far. I personally prefer soft beds to hard ones no matter what people say about the drawbacks I could get from using soft ones. Watching YouTube while lying on my bed after getting all my work done is my favorite time of the day.
>
> 사실, 이것은 가끔 제가 집에서 일하는 것을 방해하기도 하는데, 그 이유는 제가 기회가 있을 때마다 침대에 누워서 편안하게 있으려고만 하기 때문이죠. 저는 이 침대를 약 5년 동안 사용했고, 지금까지 충분히 만족하고 있어요. 부드러운 침대를 사용함으로써 얻을 수 있는 단점에 대해 사람들이 뭐라고 말하더라도, 저는 개인적으로 딱딱한 침대보다 부드러운 침대를 더 좋아해요. 일을 다 마치고 침대에 누워서 유튜브를 보는 것이 하루 중 가장 좋아하는 시간이죠.

Wrap-up

네 것은 어때?
What about yours?

> What about yours, Ava?
>
> 당신 것은 어떤가요, Ava?

■ AL 패턴/표현

어휘 표현 relax 안정을 주다, 편안하게 하다 every chance I get 기회가 있을 때마다, 틈만 나면 approximately 대략 be fully satisfied with ~에 충분히 만족하다 prefer A to B A를 B보다 선호하다 no matter what 주어+동사 비록 주어가 동사한다고 하더라도 drawback 단점, 문제점

 친절한 송쌤 ♥

- stop A from [동사+ing]은 A가 ~하는 것을 막다, 저지하다, 방해하다라는 뜻으로 stop 은 전치사 from 과 함께 쓰인다는 점 기억해주세요. stop 과 함께 prevent, keep도 from 과 같이 쓰일 수 있습니다.
- 단점, 문제점의 뜻을 가진 drawback이란 단어를 반드시 알아두세요. 발음은 [쥬로우-백] 이에요!

Q6 돌발 | 가구 - 집에 있는 가구의 과거와 현재 변화 ★★★★☆

In your house, which furniture has changed the most? Did you buy new furniture? Or did you fix it? How did that happen? Tell me in detail.
집에서 어떤 가구가 가장 많이 바뀌었나요? 새로운 가구를 샀나요? 아니면 고쳤나요? 그 일이 어떻게 일어났나요? 자세히 말해주세요.

답변 전략 ·MI 전략

MP3 7_12

Main

최근 낡은 소파 교체
replaced my old sofa with a new one

The biggest change with **the furniture in my house** would be **my sofa because I recently** replaced my old sofa with **a new one.**
우리 집 가구 중에 가장 크게 바뀐 것은 제 소파일 것인데, 그 이유는 제가 최근에 낡은 소파를 새것으로 교체했기 때문이죠.

Body

예전 소파 10년 사용
used the old one for about 10 years

사람들의 인식 변화
the change of people's awareness

새로운 것 구매
bought a new one

I'd used **the old one** for about **ten years, and** what made me change it to **a new one was the change of people's awareness toward furniture.** I mean, in the past, the main factor to be considered when **choosing what furniture to buy was its function.** However, things have changed. People want the design of the furniture to match their interior design. The previous sofa was very robust and comfy but didn't go well with my house. So, I bought a new one that looks good with **the other furniture in my house. You know what? We have to pay** a certain amount of money **to throw away** used furniture here in my country.
저는 예전 것을 10년 정도 사용했는데, 가구에 대한 사람들의 인식의 변화로 새것으로 바뀌게 되었어요. 과거에는 어떤 가구를 살 것인가를 선택할 때 고려해야 할 주요 요소는 그것의 기능이었죠. 하지만, 상황이 달라졌어요. 사람들은 가구 디자인이 그들의 인테리어 디자인과 어울리기를 원해요. 이전 소파는 매우 튼튼하고 편했지만 우리 집과는 잘 어울리지 않았어요. 그래서 저는 우리 집에 있는 다른 가구와 잘 어울리는 새 소파를 샀죠. 그거 아세요? 우리나라에서는 중고 가구를 버리려면 일정 금액을 지불해야 해요.

Wrap-up

꽤 만족함
pretty happy with [ ]

So, I spent **more** money unexpectedly on **replacing the furniture, but** I'm pretty happy with it.
그래서 가구를 교체하는 것에 예상외로 돈을 더 썼지만, 저는 꽤 만족해요.

■ AL 패턴/표현

어휘 표현 recently 최근에 replace A with B A를 B로 교체하다 function 기능 match 어울리다 previous 이전의 robust 튼튼한 comfy 편한 go well with ~와 잘 어울리다 throw away 버리다 used furniture 중고 가구 spend money on ~에 돈을 소비하다 unexpectedly 의도치 않게, 예상외로

 친절한 송쌤

• A go(goes) well with B는 A는 B와 잘 어울리다 라는 뜻으로 아주 많이 사용되는 표현입니다.

• ~에 만족하다 라는 뜻으로 be happy with를 사용한다는 것도 기억해주세요.

Q7 돌발 | 가구 - 가구와 관련된 기억에 남는 경험 ★★★★☆

Do you have any unforgettable experience with regards to furniture? What was it? And what happened? Did you get it fixed? Or did you have to change something? When did it happen? Tell me in as much detail as possible.

가구와 관련하여 잊지 못할 경험이 있나요? 무엇이었나요? 그리고 무슨 일이 일어났나요? 그것을 고쳤나요? 아니면 무엇이라도 바꿔야 했나요? 그 일은 언제 일어났나요? 가능한 한 자세히 말해주세요.

답변 전략 -WH 전략

🔊 MP3 7_14

When

2~3년 전
a couple of years ago

I have a few special experiences with regards to **furniture and** the most memorable one goes back to a couple of years ago.

가구와 관련하여 몇 가지 특별한 경험이 있는데, 가장 기억에 남는 것은 2~3년 전으로 거슬러 올라가요.

WH

즉흥적으로 이케아 방문
go to IKEA on a whim

조립 시작
began assembling the table and chairs

3시간 이상 소요
took me more than 3 hours to finish

It was right after I moved to a new apartment and I wanted to make a little change. Since I didn't have a great taste in **interior** design, I just decided to **go to IKEA** on a whim. At that time, I was pretty new to **ready-to-assemble furniture and** I had no idea what kind of trouble was lying ahead of me. When I got there, I saw a really nice dining table and chairs so I decided to buy them, thinking that it would take less than an hour to assemble them. When I got home, I brought out my tools and began assembling the table and chairs. At first, everything was going smooth until I noticed a mistake that I had made in the beginning. So, I had to **disassemble them and do everything** all over again. It took me more than three hours to **finish assembling everything.**

그 때는 제가 새 아파트로 이사한 직후여서, 약간의 변화를 주고 싶었어요. 저는 인테리어를 잘 알지 못하기 때문에, 그냥 즉흥적으로 이케아에 가기로 했어요. 그 당시 저는 조립 준비가 되어 있는 가구에 대한 경험이 없었기 때문에 어떤 문제가 생길지 전혀 몰랐죠. 그곳에 도착했을 때, 저는 정말 멋진 식탁과 의자를 보았고, 그것들을 조립하는 데 한 시간도 걸리지 않을 것이라고 생각하면서 그것들을 사기로 결정했어요. 집에 돌아와 연장을 꺼내 식탁과 의자를 조립하기 시작했죠. 처음에는 모든 것이 순조롭게 진행되고 있었어요. 실수를 저질렀다는 걸 눈치채기 전까지는요. 그래서 저는 그것들을 다 분해하고 처음부터 다시 해야 했어요. 모든 조립을 끝내는 데 3시간이 넘게 걸렸죠.

So

가장 무서운 경험
by far the most terrifying experience

And this is by far the most terrifying experience I have had with furniture.

이것은 제가 지금까지 가구에 대해 경험했던 것 중 단연코 가장 무서운 경험이에요.

■ AL 패턴/표현

어휘
표현 with regards to ~와 관련하여   go back to ~로 거슬러 올라가다   have a taste in ~에 대한 안목이 있다, ~에 감각이 있다
decide to ~하기로 (결정)하다   on a whim 즉흥적으로   new to ~에 대한 경험이 없는   ready-to-assemble furniture 조립
준비가 되어 있는   lie ahead of ~앞에 놓여 있다   assemble 조립하다   disassemble 분해하다, 해체하다

🔊 MP3 7_15

Q8 돌발 | 책임 – 집안에서 맡고 있는 책임 ★★★☆☆

Tell me about the responsibilities you currently have at home. What are they? Do other family members have responsibilities as well? Give me details.

현재 집에서 맡고 있는 책임에 대해 말해주세요. 무엇인가요? 다른 가족 구성원들도 책임을 맡고 있나요? 자세히 말해주세요.

답변 전략 INTRO 전략
🔊 MP3 7_16

Intro

다른 종류의 집안일
different types of chores

Each member of my family is in charge of **different types of chores in my house.**
우리 집 식구들은 각자 다른 종류의 집안일을 담당해요.

Body

쓰레기 버리기, 재활용
taking out the trash and recycling

절대 하고 싶지 않은 일
the last thing that I want to do

재정적인 책임
bear the financial responsibility

I am responsible for **taking out the trash and recycling.** This is one of the toughest tasks because you need to have a strong stomach to withstand the smell of **the garbage collection area.** This is the last thing that I want to do **at home because the smell is definitely at the top of my list of smelly things.** Also, I bear the financial responsibility as the breadwinner **of my family.** I didn't realize how difficult it is to **be the one who** brings home the bacon **when I was young.**
저는 쓰레기를 내다 버리고 재활용을 책임지고 있어요. 이것은 정말 고된 일 중 하나인데, 쓰레기 수거 구역의 냄새를 견딜 강한 비위가 필요하기 때문이죠. 이것은 제가 집에서 절대 하고 싶지 않은 일인데, 그 냄새는 분명 제가 생각하는 악취들 중 최악이거든요. 또한, 저는 우리 가족의 가장으로서 재정적인 책임도 지고 있어요. 어렸을 땐 생계를 꾸린다는 것이 얼마나 어려운 일인지 깨닫지 못했죠.

Wrap-up

부모님 존경
respect my parents

This has led me to **respect my parents** even more now.
이로 인해 저는 부모님을 더욱 존경하게 되었어요.

■ AL 패턴/표현

**어휘
표현** be in charge of ~을 담당하다 chore 집안일 be responsible for ~에 책임이 있다 take out the trash 쓰레기를 내다 버리다 tough 힘든 have a strong stomach 비위가 강하다 withstand 견디다 definitely 틀림없이, 확실히 at the top of one's list ~의 명단 최상단에 있다 smelly 악취가 나는 bear 감당하다 financial responsibility 경제적인 책임 breadwinner 가장 bring home the bacon 생활비를 벌다

MP3 7_17

Q9 돌발 | 책임 - 어렸을 때 맡았던 책임 ★★★★☆

I'd like to know about a responsibility you had when you were young. What was it? Do you still carry that responsibility? Tell me in as much detail as possible.

저는 당신이 어렸을 때 책임졌던 것에 대해 알고 싶습니다. 무엇이었나요? 당신은 여전히 그 책임을 지고 있나요? 가능한 한 자세히 말해주세요.

답변 전략 · INTRO 전략

MP3 7_18

Intro

많지 않은 변화
weren't much different

Other than having the financial responsibility at home now, my responsibilities weren't much different when I was young.

제가 현재 재정적인 책임을 지고 있는 것 외에, 어렸을 때의 저의 책임들은 크게 다르지 않았어요.

Body

쓰레기 버리기
took out the trash

엄마를 돕기
helping my mom set the dinner table

Since all of my family members have always had weak stomachs, I was always the one who took out the trash. Also, I remember helping my mom set the dinner table for our family. My mom would always call everyone to come to the dining table even before the meal was ready, and I was always the first one to be there so I could help my mother.

우리 가족 모두가 항상 비위가 약해서 쓰레기를 버리는 것은 늘 제 담당이었어요. 또한, 엄마가 우리 가족을 위해 저녁 차리는 것을 제가 도와드렸던 기억이 있어요. 엄마는 늘 식사가 준비되기도 전에 모두를 식탁으로 오게 하셨고, 전 엄마를 도우려고 항상 제일 먼저 나갔죠.

Wrap-up

기분이 좋음
felt great

Even though the task was simple and easy, it felt great knowing that I had a role to play in my family.

비록 간단하고 쉬운 일이었지만, 가족 안에서 제가 할 역할이 있어서 기분이 좋았어요.

■ AL 패턴/표현

어휘 표현 other than ~이외에 have weak stomachs 비위가 약하다 remember -ing ~한 것을 기억하다 set the table 상을 차리다 even though 비록 ~이긴 하지만 role 역할

 친절한 송쌤

remember이라는 동사는 forget과 함께 그 뒤에 오는 동사의 형태가 to + 동사원형이 올 수도 있고, 동사ing 형태가 올 수도 있습니다. 하지만, 뜻은 달라지니 반드시 그 차이를 알아 두셔야 해요.

remember/forget 동사ing ~한 것을 기억하다/잊다
remember/forget to 동사 ~할 것을 기억하다/잊다

보통 remember는 과거에 한 일을 기억하며 많이 사용되므로 remember [동사ing]로, forget은 미래에 할 일을 잊다로 forget to+ [동사원형]으로 주로 사용되니 기억해주세요.

MP3 7_19

Q10 돌발 | 책임 - 어렸을 때 책임을 다하지 않은 경험 ★★★★☆

Was there a time when you did not fulfill your duties? What responsibility were you supposed to fulfill? Why did you not carry out your responsibility? What stopped you from taking that responsibility? Give me lots of details.

당신이 의무를 다하지 않았던 때가 있었나요? 당신은 어떤 책임을 다해야 했나요? 왜 책임을 다하지 않았나요? 무엇이 책임을 다하지 않게 했나요? 자세히 말해주세요.

답변 전략 WH 전략

MP3 7_20

When

많은 경우
many times

> Truth be told, there were many times when I have not **fulfilled** my duties.
>
> 솔직히 말하면, 제 책임을 다하지 못한 경우가 많았어요.

WH

쓰레기 버리기
be supposed to take out the trash

해야 할 일을 잊음
forgot to do it

정말 당황함
feeling really embarrassed

> Every time I didn't do my job, I would always get scolded by my parents for lacking responsibility. When I look back, I think those moments have helped me become a more responsible person now. I don't exactly remember why I was so irresponsible, but I really regret those moments because it means somebody else had to do the job. For instance, there was a time when our family went on a trip for a few days. Prior to departure, I was supposed to take out the trash, but I forgot to do it that day. When we returned, the whole house smelled like a trash can and I remember feeling really embarrassed and sorry at the same time.
>
> 제가 맡은 일을 제대로 하지 않을 때마다, 책임감이 부족하다고 늘 부모님께 꾸지람을 듣곤 했어요. 돌이켜보면, 그 순간들은 지금의 제가 좀 더 책임감 있는 사람이 되도록 도왔다고 생각해요. 제가 왜 그렇게 무책임했는지 정확히 기억나진 않지만, 저는 그 순간들을 정말 후회하는데, 이는 다른 누군가가 그 일을 해야 했다는 것을 의미하기 때문이죠. 예를 들어, 우리 가족이 며칠 동안 여행을 간 적이 있었어요. 출발하기 전에, 전 쓰레기를 버리기로 되어 있었는데, 그날 깜빡 잊고 안 했지 뭐예요. 우리가 돌아왔을 때, 집 전체에서 쓰레기통 냄새가 났고, 저는 정말 당황스러움과 미안함을 동시에 느꼈던 기억이 있어요.

So

미루지 말아야 함
should never put off the things

> Since then, I learned a lesson that I should never put off **the things that I have to do right away**.
>
> 그 이후로, 당장 해야 할 일은 절대 미루어서는 안 된다는 교훈을 얻었어요.

■ AL 패턴/표현

어휘 표현 truth be told 솔직히 말하면 fulfill 이행하다, 수행하다 duty 임무 get scolded by ~에게 꾸지람을 듣다 look back 돌이켜보다 responsible person 책임감 있는 사람 exactly 정확히 irresponsible 무책임한 prior to ~하기 전에 departure 출발 be supposed to ~하기로 되어 있다 remember -ing ~한 것을 기억하다 embarrassed 당황스러운 at the same time 동시에 put off 미루다

Q11 롤플레이 | 약속 - 새로 오픈한 헬스장에 전화해 질문하기 ★★★☆☆

I'd like to give you a situation and ask you to act it out. In your neighborhood, a new gym has recently opened. Call the gym and ask three to four questions about the gym.

당신에게 주어진 상황에 대해 역할극을 해주세요. 최근 동네에 헬스장이 새로 생겼습니다. 체육관에 전화해서 체육관에 대해 서너 가지 질문을 해주세요.

답변 전략 INTRO 전략

🔊 MP3 7_22

Intro

헬스장 등록 예정
planned to join a gym

Hi, my name is Jiwon and I've noticed that you've recently **opened, right?** That's awesome because I've planned to **join a gym for a long time. So,** it would be great if you have some time to answer my questions.

안녕하세요, 제 이름은 지원이고, 최근에 열었다고 들었어요, 맞죠? 정말 좋네요, 왜냐하면 제가 헬스장에 등록하려고 오랫동안 계획해왔거든요. 그래서, 제 질문에 대답할 시간이 있으면 좋겠어요.

Body

영업 시간
what time open and close

한 달 비용
how much it costs a month

운동 수업
any exercise courses

First of all, what time do you open and close? I mean, the only available time for me to go there would be **early in the morning or late at night.** So, your business hours are very important to me. **Second,** how much does it cost to **use your gym a month? Is there any discount for an early payment for three months?** If so, please let me know so that I can take it into consideration. **Lastly, are there any exercises courses like Pilates or yoga?** I mean, I've heard that **those exercise are very helpful for staying fit.**

우선, 영업 시간은 몇 시부터 몇 시까지인가요? 제 말은, 제가 그곳에 갈 수 있는 유일한 시간이 이른 아침이나 늦은 밤일 거예요. 그래서, 당신의 영업 시간이 제겐 매우 중요하죠. 둘째로, 헬스장을 이용하는 데 한 달에 비용이 얼마나 드나요? 3개월 선결제에 대한 할인이 있나요? 만약 그렇다면, 제가 고려해 볼 수 있도록 알려주세요. 마지막으로, 필라테스나 요가와 같은 운동 수업이 있나요? 제 말은, 저는 그 운동들이 건강을 유지하는 데 큰 도움이 된다고 들었거든요.

Wrap-up

미리 감사
thank you in advance

Thank you in advance!
미리 감사해요!

■ AL 패턴/표현

어휘 표현 join 가입하다, 등록하다 recently 최근에 for a long time 오랫동안 available 이용할 수 있는 business hours 영업 시간 cost (비용이) 들다 discount 할인 early payment 선결제 take into consideration 고려하다, 생각해보다 helpful 도움이 되는 stay fit 건강을 유지하다 in advance 미리

 친절한 송쌤 💬

- plan to는 ~할 계획이다/생각이다 라는 뜻으로 plan on으로도 바꿔 사용할 수 있어요.
- helpful 발음에 유의하세요. help에서 프 발음을 짧게 내준 뒤 윗니가 아랫입술을 물며 [ful] 발음을 합니다.
  help에서 p 발음을 내지 않고 바로 ful로 넘어가지 않게 합니다.

Q12 롤플레이 | 약속 - 친구와 헬스장에 가기로 했지만 취소해야 하는 상황 문제 해결하기 ★★★☆☆

There is a problem I need you to resolve. You were supposed to go to the gym with your friend, but something came up at the last minute. Call your friend, explain the situation and provide two to three alternatives.

당신이 해결해야 할 문제가 있습니다. 당신은 친구와 헬스장에 가기로 했는데, 마지막 순간에 일이 생겼습니다. 친구에게 전화를 걸어 상황을 설명하고 두세 가지 대안을 제시해주세요.

답변 전략 · INTRO 전략

◁》 MP3 7_24

Intro

급한 일이 생김
something urgent came up

Hi, we were supposed to go to the gym together this afternoon, but something urgent came up just now.
안녕, 오늘 오후에 우리가 함께 헬스장에 가기로 했는데, 방금 막 급한 일이 생겼지 뭐야.

Body

시간이 다 돼서 말해 미안
sorry to tell you at the last minute

5시까지는 끝낼 수 있음
by no later than 5 PM

다른 친구 소개
introduce you to my other friend

I am so sorry to tell you at the last minute, but I have some alternatives for you. First, I think I can take care of the matter by no later than 5 PM, so it would be wonderful if we could go together then. Plus, wouldn't it be better for you to have a spotter when you lift weights? Or, if you can't make it at 5, I can introduce you to my other friend who can go with you. He is a gym rat just like me and I think you'll like him.
시간이 다 돼서 말해 정말 미안해. 하지만, 너를 위한 몇 가지 대안이 있어. 첫째로, 내가 늦어도 오후 5시까지는 그 일을 처리할 수 있을 것 같은데, 그때 같이 갈 수 있다면 정말 좋을 것 같아. 뿐만 아니라, 역기를 들 때 옆에서 보조할 사람이 있는게 더 좋지 않을까? 아니면, 만약 네가 5시에 못 간다면, 같이 갈 수 있는 내 다른 친구를 소개해 줄게. 그는 나처럼 운동광이어서 네 마음에 들 것 같아.

Wrap-up

네 생각을 알려줘
let me know what you think

Let me know what you think, and again, I am so sorry for letting you know on such short notice.
네 생각을 나에게 알려줘, 그리고 다시 말하지만, 촉박하게 말해서 정말 미안해.

■ AL 패턴/표현

어휘 표현 be supposed to ~하기로 되어 있다 urgent 긴급한 at the last minute 마지막 순간에, 막판에 alternative 대안 take care of the matter 문제를 처리하다 lift weights 역기를 들다 gym rat 운동광, 헬스장에 자주 가는 사람 short notice 촉박한 통보

 친절한 송쌤 ♥

something 과 같이 thing 으로 끝나는 anything, nothing 등은 형용사가 뒤에서 꾸며줍니다. 또한, something came up 이란 표현은 무슨 일이 생겼다 라는 표현으로, **something has come up**이라고도 쓰이며, 급한 무언가가 라고 something 을 수식하여 **something urgent came up**이라고 쓸 수 있습니다. **롤플레이 대안/해결책 제시하기** 부분에서 아주 유용하게 쓰일 수 있어요.

Q13 롤플레이 | 약속 – 친구와의 약속을 취소한 경험 이야기하기 ★★★☆☆

That's the end of the situation. Have you ever had an experience where you had to cancel on your friend? Why did it happen? How did you react to it? When did it happen? Tell me in detail from the beginning to the end.

상황극이 종료되었습니다. 친구와의 약속을 취소해야 하는 경험을 해본 적이 있나요? 그 일이 왜 일어났나요? 그것에 어떻게 반응했나요? 그 일은 언제 일어났나요? 처음부터 끝까지 자세히 말해주세요.

답변 전략 **WH 전략**

◁)) MP3 7_26

When

두세 달 전
a couple of months ago

> You know, I tend not to **put off or cancel appointments I make with people.** However, I remember a couple of occasions when I had no choice but to take a raincheck. The last one was **a couple of months ago.**
>
> 있잖아요, 전 사람들과의 약속을 미루거나 취소하지 않는 편이에요. 하지만 몇 번 정도 어쩔 수 없이 다음으로 미룰 수밖에 없었던 때가 기억나네요. 마지막으로 그랬던 때는 두어 달 전이었어요.

WH

친구와 한잔하기로 함
be supposed to meet up for a drink

모든 계획을 세움
made all the specific plans

급한 일이 생김
something urgent came up

> My friend and I were supposed to **meet up for a drink** for the first time in a long time. **We were very excited and** made all the specific plans on where to go **and** what to eat. **However,** something urgent came up at work on that day, and I couldn't get off from work **before the promised time. I did everything that I could think of, but** there was no possible way for me to **make it to the appointment. I immediately called my friend and explained the whole situation.**
>
> 제 친구와 저는 정말 오랜만에 만나서 술을 한잔하기로 했죠. 우리는 정말 신났고 어디로 갈 것인지와 무엇을 먹을 것인지에 대한 구체적인 계획을 모두 세웠어요. 그러나 그날 회사에서 급한 일이 생겨서 약속 시간 전에 퇴근할 수가 없었어요. 전 제가 생각해 낼 수 있는 모든 것을 다 했지만, 약속 시간에 맞출 방법이 전혀 없었죠. 저는 즉시 친구에게 전화를 걸어 모든 상황을 설명했어요.

So

다음으로 미룸
take a raincheck

> Thankfully, **my friend was** nice enough to allow me to take a raincheck.
>
> 고맙게도, 친구는 너무나 친절하게 제가 다음으로 미루는 것을 허락했어요.

■ AL 패턴/표현

어휘 표현 tend to ~하는 경향이 있다 put off 미루다 have no choice but to ~할 수밖에 없다 take a raincheck 다음으로 미루다, 다음을 기약하다 be supposed to ~하기로 되어 있다 urgent 긴급한 come up 생기다, 발생하다 get off from work 퇴근하다 immediately 곧바로, 즉시

 친절한 송쌤 ▣

~를 미루다 라는 표현으로는 put off와 함께 postpone 혹은 procrastinate을 사용할 수 있습니다. delay는 지연하다의 의미로 보통 수동태 be delayed until ~ 로 많이 사용되며, 이는 연기하다 와는 사뭇 다르게 쓰일 수 있음에 유의하세요

Q14 돌발 ┃ 휴대폰 - 5년 전과 현재의 휴대폰 사용 비교 ★★★★☆

Please compare smartphones to phones five years ago. How are they different? What is the biggest difference you can notice? How has the way people use their phones now changed from five years ago?

스마트폰과 5년 전 휴대폰을 비교해주세요. 어떻게 다른가요? 당신이 알아차릴 수 있는 가장 큰 차이점은 무엇인가요? 5년 전과 지금 사람들의 휴대폰 사용법은 어떻게 변했나요?

답변 전략 ·INTRO 전략

MP3 7_28

Intro
두세 가지 차이
a couple of differences

Okay... Let me go over my memory... Okay, I can see a couple of differences between **the phones five years ago and now.**

좋아요... 기억을 더듬어볼게요... 맞아요, 5년 전과 현재의 휴대폰 사이에는 몇 가지 차이점을 볼 수 있어요.

Body
배터리 크기/용량
the size of the battery

보조 배터리 사용
carry around an extra battery

인터넷 속도
the internet speed

와이파이에 덜 의존
rely less on Wi-Fi

The biggest difference can be found in **the size of the battery. Phones five years ago could not** last **an entire day without charging them** from time to time. So, people used to carry around an extra battery or a charger with them wherever they went, which was a hassle. However, phones these days can easily last **the whole day even with heavy usage,** such as **playing games or watching videos for a long time.** Another big difference is **the internet speed. Phones these days are** capable of **using 5G networks, which are said to be a hundred times** as fast as 4G. It used to take longer to download large files five years ago, so people relied heavily on Wi-Fi. Now, 5G enables people to download large files instantly and watch high quality videos without any delay, which allows them to rely less on Wi-Fi.

가장 큰 차이는 배터리 용량에서 찾을 수 있어요. 5년 전 휴대폰은 수시로 충전하지 않고는 배터리가 하루 종일 지속되지 않았죠. 그래서 사람들은 가는 곳마다 여분의 배터리나 충전기를 가지고 다니곤 했는데, 그것은 번거로운 일이었죠. 하지만 요즘 휴대폰은, 게임을 하거나 동영상을 오래 보는 것과 같이, 사용량이 많아도 하루 종일도 거뜬히 지속될 수 있어요. 또 다른 큰 차이점은 인터넷 속도예요. 요즘 휴대폰은 4G보다 무려 100배 이상 빠른 5G 네트워크를 사용할 수 있죠. 5년 전에는 대용량 파일을 다운로드하는 데 더 오랜 시간이 걸렸기 때문에, 사람들은 와이파이에 크게 의존했어요. 요즘은 대용량 파일을 즉시 다운로드하고 고화질 영상을 지체 없이 시청할 수 있기 때문에 와이파이에 덜 의존할 수 있게 됐죠.

Wrap-up
이게 전부임
that would be all

That would be all!
이게 전부인 것 같아요!

■ AL 패턴/표현

어휘 표현 last 지속하다 charge ~을 충전하다 from time to time 종종, 수시로 such as ~와 같은 for a long time 오랫동안 be capable of ~할 수 있다 be said to 동사원형 ~라고 한다

Q15 돌발 | 휴대폰 – 젊은 세대의 지나친 온라인 활동에 대한 의견 ★★★★★ 고난도

Young generations spend a lot of time communicating with peers online. It is considered a problem in some countries. Do people in your country see it the same way? What's your opinion on this?

젊은 세대는 온라인상에서 친구들과 너무 많은 시간을 보냅니다. 일부 국가에서는 이것이 문제로 여겨지기도 하죠. 당신 나라의 사람들도 그렇게 생각하나요? 이에 대한 당신의 의견은 무엇인가요?

답변 전략 MI 전략

MP3 7_30

Main

사실이라고 생각함
be true

> Yes, it is true that young people tend to communicate only online, and Korea is no exception.
>
> 그래요, 젊은 사람들이 온라인으로만 소통하는 경향이 있다는 것은 사실이고, 한국도 예외는 아니에요.

Body

다방면으로 이득
benefits them in many ways

전 세계 사람들과 소통
connect with other people worldwide

단점: 정서적 만족도 떨어짐
the drawbacks
: less emotionally satisfying

> I've thought about the reason why young generations are more likely to socialize online, and I guess that's because it benefits them in many ways. For example, social media enables them to connect with other people worldwide and create their communities, which I think are the positive aspects of SNS. However, we should never underestimate the drawbacks as well. I mean, heavy usage of social media can cause depression because connecting with people only through social media is less emotionally satisfying, leaving people feeling isolated. Also, staying on social media for a long time causes obesity, which leads to serious health problems.
>
> 젊은 세대들이 온라인에서 사회활동을 더 하고자 하는 이유에 대해 생각해봤는데, 제 생각엔 그것이 그들에게 다방면으로 이득이 있기 때문이 아닐까 싶어요. 예를 들어, 소셜 미디어는 그들로 하여금 전 세계 다른 사람들과 소통하고, 그들의 커뮤니티를 만드는 것을 가능하게 하는데, 이것이 SNS의 긍정적인 측면이라고 생각해요. 하지만 우리는 그것의 단점도 과소평가해서는 안 돼요. 소셜 미디어의 과도한 사용은 우울증을 유발할 수 있는데, 이는 소셜 미디어를 통해서만 사람들과 연결되는 것은 정서적으로 만족도가 떨어져 사람들로 하여금 고립감을 느끼게 하기 때문이죠. 또한 소셜 미디어를 오랫동안 계속 하는 것은 비만을 야기할 수 있는데, 이는 심각한 건강 문제로 이어질 수 있죠.

Wrap-up

양면성 인식
be well aware of both sides

> So, what I'm trying to say is... it's crystal clear that there are two sides to everything, and it would be no problem if we are well aware of both sides.
>
> 그래서, 제가 말하고자 하는 것은... 모든 일에는 양면성이 있다는 것은 분명한 사실이니, 우리가 그 양면성을 잘 인식하고 있으면 문제될 것이 없다는 거예요.

■ AL 패턴/표현

어휘 표현 be no exception 예외가 아니다   socialize 교제하다, 어울리다   benefit 이익이 되다   in many ways 여러모로, 여러 면에서   enable A to B A가 B하는 것을 가능하게 하다   aspect 측면   underestimate 과소평가하다   drawback 단점   cause ~을 유발하다   depression 우울증   emotionally satisfying 정서적인 만족을 주는   leave ~한 상태에 있게 만들다   feel isolated 고립감을 느끼다   stay on ~을 계속 하다   lead to ~로 이어지다, ~을 초래하다   be aware of ~을 의식하다

쇼핑하기, 해외 여행

▲ 송쌤 총평 듣기

문제 구성

자기소개	1 자기소개	돌발 주제 건강	8 건강한 사람들이 먹는 음식과 활동
선택 주제 쇼핑하기	2 쇼핑 습관 및 루틴		9 과거와 현재의 건강에 대한 인식 변화
	3 어렸을 때 한 쇼핑과 방문했던 상점		10 최근 건강식을 먹어 본 경험
	4 쇼핑 중에 겪은 예상치 못한 경험	롤플레이 모임	11 모임에 대해 친구에게 전화해서 질문하기
선택 주제 해외 여행	5 우리나라 관광객이 자주 가는 해외 여행지		12 모임에 참석하지 못하는 상황 해결책 제시하기
	6 처음 가 본 해외 국가나 도시		13 친구와의 약속을 취소한 경험 이야기하기
	7 해외 여행 중 겪은 기억에 남는 경험	돌발 주제 기술/산업	14 관심 산업의 현황과 3년 전과의 비교
			15 관심 산업에서 기대 이하였던 상품이나 서비스

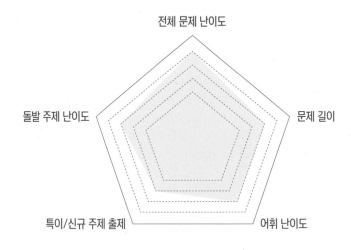

시험 난이도 ★★★★☆

전체 문제 난이도

돌발 주제 난이도

문제 길이

특이/신규 주제 출제

어휘 난이도

Q1 기본 | 자기소개 - 학생(취업 준비생) ☆☆☆☆☆

Let's start the interview. Tell me about yourself.
인터뷰를 시작합니다. 당신에 대해 말해주세요.

답변 전략 INTRO 전략

MP3 8_2

Intro

나에 대한 얘기 하고 싶어
would like to talk about
myself

Hi, I'm Justin, and I'd like to talk about myself.
안녕하세요, 저는 Justin이고, 저에 대한 얘기를 하고 싶어요.

Body

20대 중반
in my mid 20s

구직 중
looking for a job

취업이 어려워짐
getting harder to get a job

First of all, I'm in my mid 20s, and currently looking for a job. You know, it seems to me it's getting harder and harder to get a job these days due to the economic recession. It doesn't seem very easy to meet all the requirements and qualifications to get a job. Yes, I'm whining right now, and I'll stop here.
우선, 저는 20대 중반이고 현재 구직 중이에요. 아시다시피, 요즘 경기 침체로 취업이 점점 어려워지고 있는 것 같아요. 취업에 필요한 요건과 자격을 모두 갖추는 것은 그리 쉽지 않아 보이네요. 그래요, 징징거리고 있네요. 여기까지만 할게요.

Wrap-up

행운을 빌어줘
keep your fingers crossed
for me

Anyway, please keep your fingers crossed for me, Ava!
어쨌든, 절 위해 행운을 빌어줘요, Ava!

■ AL 패턴/표현

어휘
표현
mid 20s 20대 중반 currently 현재 look for ~을 찾다 get a job 취업하다 due to ~때문에 economic recession 경기 침체 meet 충족하다 requirements 요건 qualifications 자격 whine 푸념하다, 징징거리다 keep one's fingers crossed 행운을 빌다

 친절한 송쌤

- It seems to me [주어+동사]는 나에게 주어가 동사하는 것처럼 보인다(혹은 그러한 생각이 든다) 정도의 뜻으로 요피 뿐만 아니라 일반 회화에서도 자주 쓰이는 표현이에요.

- get 동사는 형용사 혹은 형용사의 비교급과 함께 자주 사용돼요. 의미는 ~하게 되다로 점진적인 변화를 말하고 싶을 때 자주 사용되고 현재 진행형 시제와 자주 쓰인다는 점도 기억해두세요.

- ~처럼 보이다라는 뜻으로 사용되는 표현은 seem과 look이 대표적인데요. 둘의 차이를 반드시 알아두세요.
  look: 한 눈에 보자마자 드는 느낌을 말할 때
  seem: 비교적 전체적인 상황을 고려하고 말할 때

Q2 선택 | 쇼핑하기 - 쇼핑 습관 및 루틴 ★★★☆☆

You indicated in the survey that you like shopping. Where do you go shopping? When do you usually shop? Is there any particular routine you follow when you shop? Tell me everything.

당신은 설문조사에서 쇼핑을 좋아한다고 했습니다. 어디로 쇼핑하러 가나요? 당신은 보통 언제 쇼핑을 하나요? 쇼핑할 때 하는 특정한 루틴이 있나요? 모두 다 말해주세요.

답변 전략 · MI 전략

🔊 MP3 8_4

Main

크게 두 가지 방법
two major ways

Honestly speaking, I love shopping. I love it so much that I sometimes buy things that I don't even need. Anyways, there are two major ways I shop.

솔직히 말하면, 저는 쇼핑하는 것을 좋아해요. 저는 쇼핑을 너무 좋아해서 필요조차 없는 물건을 사기도 하죠. 어쨌든, 제가 쇼핑하는 방법은 크게 두 가지예요.

Body

오프라인
집 앞 백화점, 자유롭게 착용해 봄
a department store near my house, freely try clothes on

온라인
여러 웹사이트, 편리함
a few websites, convenient

First is offline. There is a department store near my house, and I go there to look around whenever I have the chance. One of many benefits of shopping at a department store is that I can freely try clothes on. This is very important when choosing which outfits to purchase. Also, I don't have to feel embarrassed or ashamed about returning items at a department store. Another way I shop is online shopping. I know a few websites that I enjoy shopping on, and shopping there is very convenient because I can purchase items at the cheapest price by comparing prices among different websites. Also, before deciding on what to buy, I can always read reviews about the product written by other customers. This is especially useful when it's my first time buying a product.

첫 번째는 오프라인이에요. 집 근처에 백화점이 있어서 기회가 있을 때마다 구경하러 가요. 백화점 쇼핑의 많은 이점 중 하나는 옷을 자유롭게 입어볼 수 있다는 거예요. 이것은 어떤 옷을 살 것인지 선택할 때 매우 중요하죠. 또한, 백화점에서는 물건을 반품하는 것에 대해 당황하거나 부끄러워할 필요가 없어요. 제가 쇼핑하는 또 다른 방법은 온라인 쇼핑이에요. 제가 즐겨 쇼핑하는 웹사이트를 몇 개 알고 있어서 온라인 쇼핑이 매우 편리한데, 이는 여러 웹사이트의 가격을 비교해서 가장 저렴한 가격에 물건을 구입할 수 있기 때문이에요. 또한 무엇을 살 것인지 결정하기 전에, 항상 다른 고객들이 사용한 제품에 대한 후기를 읽을 수 있어요. 이것은 특히 제가 물건을 처음으로 살 때 유용하죠.

Wrap-up

이러한 것들이 내 습관과 루틴
these are my habits and routines

These are my habits and routines when I shop.

이러한 것들이 쇼핑할 때의 제 습관과 루틴이에요.

■ AL 패턴/표현

어휘 표현 honestly speaking 솔직히 말하자면, 사실대로 말하자면 look around 구경하다, 둘러보다 benefit 이점 outfit 옷 purchase 구입하다 feel embarrassed 당황하다, 어색해하다 feel ashamed 부끄러워하다 convenient 편리한 compare 비교하다 decide on ~을 결정하다

Q3 선택 | 쇼핑하기 - 어렸을 때 한 쇼핑과 방문했던 상점 ★★★★☆

Please tell me about your shopping experience when you were young. Where did you go to shop? Who did you go with? Did you buy anything? Did something happen while you were shopping? Tell me in as much detail as possible.

어렸을 때 쇼핑했던 경험에 대해 말해주세요. 쇼핑하러 어디로 갔나요? 누구와 함께 갔나요? 뭔가 구입한 것이 있었나요? 쇼핑하는 동안 무슨 일이 있었나요? 가능한 한 자세히 말해주세요.

답변 전략 -WH 전략

MP3 8_6

When

어렸을 때
when I was little

It was when I was little and I went to a newly opened supermarket with my mom.
제가 어렸을 때 엄마와 새로 개장한 슈퍼마켓에 갔었어요.

WH

사람들로 붐빔
was crowded with people

많은 행사, 수많은 사람들 줄서서 기다림
many events, countless people waiting in line

새롭고 즐거웠음
new, amazing and fun

I had never seen a bigger supermarket until then, and the place was crowded with people. It was their first day of business and they were holding many events such as discounts and giveaways. I saw countless people waiting in line to get products at a discounted price. It wasn't too much to say that everyone in my neighborhood came out that day. The market was filled with a wide variety of products from food to daily necessities. Everything was so new, amazing and fun to me. I also remember my mom telling me, "David, hang on to mommy's back pocket and never let go" just in case I went missing in the crowd.

그전까지 더 큰 슈퍼마켓을 본 적이 없었고, 그곳은 사람들로 붐볐어요. 그날은 그들의 영업 첫날이어서 할인이나 경품과 같은 많은 행사를 진행하고 있었죠. 저는 수많은 사람들이 할인된 가격으로 물건을 구입하기 위해 줄을 서서 기다리는 것을 보았어요. 그날은 동네 사람들이 다 나왔다고 해도 과언이 아니었죠. 가게에는 식품부터 생필품까지 다양한 상품들이 즐비했어요. 저는 모든 것이 너무 새롭고 신기하고 재미있었죠. 또한 엄마가 저를 많은 사람들 속에서 잃어버릴 경우에 대비해서 "David, 엄마 뒷주머니를 꼭 잡고 절대 놓지 마"라고 말했던 것을 기억해요.

So

엄마가 행복해 보임
how happy my mother looked

Luckily, nothing bad happened, and I still remember how happy my mother looked just because she got a great deal.
다행히 어떠한 나쁜 일도 일어나지 않았고, 단지 엄마가 저렴하게 잘 샀다고 하시면서 얼마나 행복해 보였는지 아직도 기억나네요.

■ AL 패턴/표현

어휘 표현 be crowded with 붐비다, 혼잡하다 hold event 행사를 열다 giveaway 경품 countless 셀 수 없이 많은 at a discounted price 할인된 가격에 be filled with ~로 가득차다 a variety of 여러 가지의 daily necessity 생활필수품 hang on ~을 꽉 붙잡다 just in case ~의 경우에 대비해서 get a great deal 저렴하게 구입하다

 친절한 송쌤

It isn't too much to say that [주어+동사]는 주어가 동사라고 해도 과언이 아니다 라는 뜻입니다. too에 강세를 주어 의미를 살려서 소리내 읽어보는 연습을 해보세요.

Q4 선택 | 쇼핑하기 - 쇼핑 중에 겪은 예상치 못한 경험 ★★★★☆

Have you experienced any unforgettable event while shopping? What exactly happened? Was there a problem? If so, how did you resolve it? Were you with someone at that moment? Tell me everything from the beginning till the end.

쇼핑하는 동안 잊지 못할 일을 경험해 본 적이 있나요? 정확히 무슨 일이 일어났나요? 문제라도 있었나요? 그렇다면, 어떻게 해결했나요? 그 때 누구와 함께 있었나요? 처음부터 끝까지 전부 말해주세요.

답변 전략 WH 전략

When

몇 년 전
a few years ago

A few years ago, something very embarrassing happened while I was shopping.
몇 년 전, 제가 쇼핑하는 동안 매우 난처한 일이 일어났어요.

WH

쇼핑 감
went shopping

완벽한 아이템을 찾음
found a perfect item

신용카드 한도 초과
reached my credit limit

My friend and I went shopping together to look for Christmas gifts. After looking around for about an hour, I found a perfect item that was within my budget. At that time, I was very conscious about money because I was a student. I went up to the checkout counter to pay for the item, but the employee kept on telling me that my credit card was declined. Because it was the Christmas season, the store was packed with people and there was a long line behind me. After trying a couple more times, I started to sweat and I could feel that people were staring at me behind my back. At that moment, I realized that I had reached my credit limit the day before. I felt really embarrassed and I politely asked the cashier if I could come back later.
제 친구와 저는 크리스마스 선물을 구하러 함께 쇼핑을 갔죠. 한 시간 정도 둘러본 끝에 제 예산 범위 안에 있는 완벽한 제품을 발견했어요. 그때 저는 학생이었기 때문에, 돈에 대해 매우 의식하고 있었죠. 고른 물건을 지불하기 위해 계산대로 갔는데 직원이 신용카드가 계속 승인 거절된다고 했어요. 크리스마스 시즌이었기 때문에 가게는 사람들로 꽉 차 있었고 제 뒤에는 줄을 길게 서 있었어요. 두어 번 더 시도하는데, 저는 땀이 나기 시작했고, 사람들이 제 등 뒤에서 저를 쳐다보고 있다는 것을 느낄 수 있습니다. 그 순간 저는 어제 신용카드 한도초과에 도달했었다는 것을 깨달았어요. 저는 정말 난처해서 계산원에게 나중에 다시 올 수 있는지 정중히 물어보았죠.

So

가장 당혹스러웠던 순간
the most embarrassing moment

I ran out of the store and that was the most embarrassing moment in my life.
가게를 뛰쳐나왔는데, 그때가 제 인생에서 가장 당혹스러운 순간이었어요.

■ AL 패턴/표현

어휘 표현 embarrassing 난처한, 당혹스러운 within one's budget ~의 예산 범위 내에서 be conscious about ~을 의식하다 go up to ~로 (가까이) 가다 be declined 거절되다 be packed with people 사람들로 붐비다 reach one's credit limit ~의 신용 한도(초과)에 도달하다 politely 정중하게

Q5 선택 | 해외 여행 - 우리나라 관광객이 자주 가는 해외 여행지 ★★★☆☆

You indicated in the survey that you enjoy going on overseas trips. Can you list some of the tourist destinations where people in your country like to go? Why do you think people like to go there? Give me details.

당신은 설문조사에서 해외여행 가는 것을 즐긴다고 했습니다. 당신의 나라 사람들이 가고 싶어 하는 관광지를 나열해 줄 수 있나요? 왜 사람들이 그곳에 가는 것을 좋아한다고 생각하나요? 자세히 말해주세요.

답변 전략 ·INTRO 전략

◀》 MP3 8_10

Intro

여행 목적에 따라 휴양지 선택
choose vacation spots by trip purpose

People in my country tend to choose their vacation spots by their trip purpose. I mean, some people go on a trip for a getaway, while others travel to celebrate special occasions. Out of many overseas destinations, a few of them have come to my mind.

우리나라 사람들은 여행 목적에 따라 휴양지를 선택하는 경향이 있어요. 제 말은, 어떤 사람들은 휴가를 가기 위해 여행을 가는 반면, 다른 사람들은 특별한 날을 기념하기 위해 여행을 떠난다는 거예요. 많은 해외 여행지 중에서 몇 군데가 생각나네요.

Body

다낭: 가격, 거리, 날씨
Da Nang: cheap cost, distance, weather

홍콩: 음식
Hong Kong: the food

괌: 휴양, 쇼핑
Guam: relax and shop

First one is Da Nang, Vietnam. Da Nang and other major cities in Vietnam are so popular among Koreans that most travel agencies offer packaged trips to those places. Some of the reasons behind Da Nang being the most favored travel destination are its cheap cost, relatively close distance, and the weather. Next up is Hong Kong. I personally visited the city a few years ago and I was pleased throughout the whole trip. What made it so pleasant was the food there. I am a huge food enthusiast and all the food I ate there was delicious. Lastly, Guam is another popular travel destination for Koreans. People usually go there with their family to relax and shop. There are nice hotels and resorts right in front of the beach where people can enjoy swimming and sun bathing. Moreover, Koreans love American brands and they can purchase the goods at a much cheaper price than in Korea.

첫 번째는 베트남 다낭이에요. 다낭을 비롯한 베트남 주요 도시들은 한국 사람들에게 인기가 많아 대부분의 여행사들이 패키지 여행을 제공하고 있죠. 다낭이 가장 선호하는 여행지가 된 몇 가지 이유로는 저렴한 비용과 비교적 가까운 거리, 날씨가 있어요. 다음은 홍콩이에요. 저는 몇 년 전에 그 도시를 직접 방문했는데, 여행 내내 기분이 좋았어요. 그렇게 저를 기분 좋게 만든 것은 그곳의 음식이었어요. 저는 엄청난 음식 애호가인데 그곳에서 먹은 모든 음식이 맛있었죠. 마지막으로, 괌은 한국 사람들에게 인기 있는 또 다른 여행지예요. 사람들은 보통 가족과 함께 휴식을 취하고 쇼핑을 하기 위해 그곳에 가요. 해수욕장 바로 앞에 수영과 일광욕을 즐길 수 있는 멋진 호텔과 리조트가 있어요. 게다가, 한국 사람들은 미국 브랜드를 좋아하는데, 한국보다 훨씬 더 저렴한 가격에 그 제품들을 구입할 수 있죠.

Wrap-up

이곳들임
these are the places

These are the places where people in my country love to go.

이곳들이 바로 우리나라 사람들이 가고 싶어 하는 곳이에요.

■ AL 패턴/표현

Q6 선택 | 해외 여행 - 처음 가본 해외 국가나 도시 ★★★☆☆

Can you please describe the overseas city or country where you traveled for the first time? Where was it? What did you do? Who did you go with? Tell me everything in detail.

처음으로 여행한 해외 도시나 나라에 대해 설명해 주시겠어요? 어디였나요? 무엇을 했나요? 누구와 함께 갔었나요? 모든 것을 자세히 말해주세요.

답변 전략 MI 전략

MP3 8_12

Main

하와이
Hawaii

My first trip abroad was to Hawaii with my family and I still cannot forget the moment I set foot in another country.

저의 첫 해외여행은 가족과 함께 하와이로 간 것이었고, 다른 나라에 발을 디딘 순간을 아직도 잊을 수 없어요.

Body

꽤 습함
quite humid

완벽한 경치
the perfect scenery

많은 활동
many activities

After landing, Hawaiian greeters welcomed us with flower leis just before we entered the baggage claim area. It was one of a few memories that stay in my mind to this day. When we got out of the airport, I remember it being quite humid. Also, there were a lot of palm trees here and there which were very impressive. Then, my family headed straight to Waikiki Beach, which only took about twenty minutes. When we arrived there, the beach together with the waves made the perfect scenery. After taking some photos, we headed to our hotel and unpacked our belongings.

착륙 후, 짐 찾는 곳에 들어가기 직전에 환영해주시는 분들이 화환으로 우리를 반겨주었어요. 그것은 오늘날까지도 제 마음속에 남아 있는 몇 안 되는 기억 중 하나이죠. 우리가 공항에서 나왔을 때, 저는 꽤 습했던 것으로 기억해요. 또한, 이곳저곳에 야자수들이 매우 인상 깊었죠. 그리고 나서, 우리 가족은 약 20분밖에 걸리지 않는 와이키키 해변으로 곧장 향했어요. 우리가 그곳에 도착했을 때, 해변이 파도와 함께 완벽한 경치를 만들어 주었죠. 사진을 찍은 후 우리는 호텔로 가서 짐을 풀었어요.

Wrap-up

내 인생 최고의 시간
the best time of my life

While we were there, we did many activities like snorkeling and hiking, and it was the best time of my life.

그곳에 있는 동안 우리는 스노클링과 하이킹 같은 많은 활동을 했고, 그것은 제 인생 최고의 시간이 었어요.

■ AL 패턴/표현

어휘 표현 abroad 해외에, 해외로 set foot in ~에 발을 들여놓다, ~에 들어서다 greeter 손님을 맞이하는 사람 flower leis 화환 baggage claim area 짐 찾는 곳 stay in mind 마음속에 남아 있다 humid 습한 palm tree 야자수 impressive 인상 깊은 head straight to ~로 직행하다, ~로 곧장 향하다 arrive 도착하다 unpack (짐을) 풀다

 친절한 송쌤

impressive는 인상 깊은이라는 뜻을 가진 형용사로, 누군가를 인상 깊게 만드는 역할을 하는 주체와 함께 쓰여 보통은 사물 주어로 많이 쓰입니다. **사람 주어일 경우에는** impressed를 사용하죠.
예) The show was very impressive. / I was impressed.

Q7 | 선택 | 해외 여행 - 해외 여행 중 겪은 기억에 남는 경험 ★★★☆☆

Unordinary things happen during overseas trips. Have you had any? What happened? Where and when did it happen? What makes it so memorable? Tell me everything.

해외여행 중에는 평범하지 않은 일도 생기죠. 당신도 경험한 적이 있나요? 무슨 일이었나요? 그런 일이 어디서, 그리고 언제 일어났나요? 무엇 때문에 그 일이 그렇게 기억에 남나요? 모두 말해주세요.

답변 전략 · WH 전략

When

몇 년 전, 괌
several years ago, Guam

It was several years ago when I went to Guam with my family.
그것은 몇 년 전이었고, 가족과 함께 괌에 갔을 때였어요.

WH

돌고래 유람선
a dolphin cruise

아주 높은 기대감
had such high expectation

예상치 못한 일
unexpected thing
happened

Guam is one of the most favored international tour destinations among Koreans because it's famous for a wide variety of activities we can enjoy. One of them is a dolphin cruise, which is an activity where people ride on a boat to see dolphins. Even though it was quite over my budget, I was okay because all the reviews were great, and I'd always dreamed of seeing dolphins with my own two eyes. All of my family members had such high expectations, and I couldn't even wait till that day! However, an unexpected thing happened. On the day of the activity, after sailing for a few minutes, we received a storm alert and our boat had to return to the port, which stopped us from seeing any dolphins that day. I cannot even express how disappointed I was. What's worse is I couldn't get a refund, but I had no choice but to accept it.

괌은 한국 사람들 사이에서 가장 인기 있는 해외 여행지 중 하나인데, 그 이유는 그곳이 우리가 즐길 수 있는 다양한 활동으로 유명하기 때문이에요. 활동 중 하나가 돌고래 유람선인데, 이것은 사람들이 돌고래들을 보기 위해 배에 타는 활동이에요. 예산을 꽤 초과했지만 모든 후기가 훌륭했기 때문에 괜찮았고, 저는 늘 돌고래를 직접 보는 것을 꿈꿔왔거든요. 우리 가족 모두가 그렇게 기대가 컸고, 전 그 날까지 기다릴 수조차 없었어요! 그런데 뜻하지 않은 일이 일어났어요. 그 활동 당일, 몇 분 동안 항해한 후 폭풍 경보를 받고 우리 배는 항구로 돌아가야 했고, 이로 인해 그날 돌고래는 한 마리도 볼 수 없었어요. 얼마나 실망했는지 말로 표현할 수조차 없었죠. 엎친 데 덮친 격으로 환불 받을 수 없었다는 것이지만, 어쩔 수 없이 받아들였어요.

So

최악의 경험
the worst trip experience

That was the worst trip experience I've ever had.
그것은 제 여행 경험 중 최악의 경험이었어요.

■ AL 패턴/표현

어휘 표현 favored 선호하는, 인기 있는 over one's budget ~의 예산을 초과하다 what's(=what is) worse 더 나쁜 것은, 엎친 데 덮친 격으로 get a refund 환불을 받다 have no choice but to 동사원형 ~할 수밖에 없다

Q8 돌발 | 건강 – 건강한 사람들이 먹는 음식과 활동 ★★★★☆

Everyone wants to stay healthy. Some people follow their specific routine for a healthier life while others take supplements like vitamins. What about people in your country? Is there any food that healthy people in your country specifically eat in order to stay fit? What about you? Do you do some special things to stay healthy? I'd like to know everything.

모든 사람들은 건강을 유지하기를 원하죠. 어떤 사람들은 더 건강한 삶을 위해 그들의 특정한 루틴을 따르는 반면 다른 사람들은 비타민과 같은 보충제를 먹습니다. 당신의 나라 사람들은 어떤가요? 당신 나라의 건강한 사람들이 건강을 유지하기 위해 특별히 먹는 음식이 있나요? 당신은 어떤가요? 건강을 유지하기 위해 특별한 일을 하나요? 모든 것을 알고 싶어요.

답변 전략 MI 전략

Main

건강에 좋은 한국 음식
most Korean dishes are
healthier

Most Korean dishes are known to be healthier than other Asian cuisines because they contain less fat. For example, bibimbap, which is basically rice mixed with assorted vegetables, is nutrient-rich and is loved by healthy people around the world.

대부분의 한국 음식은 지방이 적게 함유되어 있어서 다른 아시아 요리보다 건강에 좋은 것으로 알려져 있어요. 예를 들어, 밥을 기본으로 여러 가지 야채를 섞은 비빔밥은 영양소가 풍부하고, 전 세계 건강한 사람들의 사랑을 받고 있죠.

Body

음식이 큰 역할을 함
dishes play a huge role

균형 잡힌 식단
health enthusiasts have a
balanced diet

규칙적인 운동, 보충제 섭취
exercise regularly,
take supplements

Dishes like this play a huge role in helping Koreans maintain healthy diets and stay below the obesity range. Also, a lot of health enthusiasts have a balanced diet to stay in shape and live healthier lives. As a Korean national, I eat a lot of Korean food and this has led me to believe that my diet has helped me to stay disease-free. Other than my healthy eating lifestyle, I exercise regularly and take supplements to stay healthy. I try to work out at least three times a week, and this has helped me to lose a lot of excess fat. Also, I take supplements such as fish oil and vitamins because they contain a lot of nutrients that I cannot consume daily from my diet.

이와 같은 요리는 한국인들이 건강한 식단을 유지하고, 비만 범위의 이하로 유지하는 데 큰 역할을 해요. 또한, 많은 건강에 열심인 사람들은 건강을 유지하고 더 건강한 삶을 살기 위해 균형 잡힌 식사를 해요. 한국 국민으로서 저는 한국 음식을 많이 먹는데, 이것은 저로 하여금 제 식습관이 질병이 없는 상태를 유지하는 데 도움을 주었다는 것을 믿게 했죠. 저는 건강한 식생활 외에도 건강을 유지하기 위해 규칙적으로 운동을 하고 보충제도 먹어요. 일주일에 적어도 세 번은 운동을 하려고 하는데, 이것이 과도한 지방을 많이 빼는 데 도움이 되었어요. 또한, 저는 생선 기름이나 비타민과 같은 보충제도 먹는데, 그 이유는 저의 식단에서 매일 섭취할 수 없는 영양소를 많이 함유하고 있기 때문이죠.

Wrap-up

너는 어때?
What about you?

What about you, Ava?
당신은 어떤가요, Ava?

■ AL 패턴/표현

어휘 표현 contain 포함하다, 함유하다 assorted 여러 가지의 nutrient-rich 영양소가 풍부한 have a balanced diet 균형 잡힌 식사를 하다 stay in shape 건강을 유지하다 disease-free 질병이 없는 take supplements 보조제를 섭취하다

고난도

Q9 돌발 | 건강 - 과거와 현재의 건강에 대한 인식 변화 ★★★★★

Everyone's definition of healthy is different and their views toward staying healthy have changed over the past few years. Some people consider eating light the best way to stay healthy while others think eating as you want is the key to staying healthy. Tell me how the awareness of health has changed from the past.

건강에 대한 사람들의 정의는 모두 다르고, 건강을 유지하는 것에 대한 그들의 관점은 지난 몇 년 동안 바뀌었습니다. 어떤 사람들은 본인이 원하는 대로 먹는 것이 건강을 유지하는 비결이라고 생각하는 반면 어떤 사람들은 소식하는 것이 건강을 유지하는 가장 좋은 방법이라고 생각하죠. 건강에 대한 인식이 과거와 어떻게 달라졌는지 알려주세요.

답변 전략 · INTRO 전략

Intro

더 긴 기대 수명과 출산율 저하
longer life expectancies,
a decline in fertility

Korea has become one of the fastest aging countries in the world due to longer life expectancies and a decline in fertility.

한국은 더 길어진 기대 수명과 출산율이 감소하면서 세계에서 가장 빠른 고령화 국가 중 하나가 되었어요.

Body

과거
일하느라 바쁨
too busy working

질병으로 인한 사망률이 높았음
died of diseases

현재
건강에 신경쓰기 시작함
started caring for their bodies

운동, 보충제, 식사
exercising, taking supplements, and eating healthy

정신 건강의 중요함
mental health is important

Due to this, it was only until recently that people started becoming interested in their well-being. In the past, when Korea was still in its developing phase, people were too busy working and they didn't have the luxury to look after their health. Therefore, many people died of diseases that are preventable with early diagnosis. However, when the economy grew and people had some time on their hands, they started caring for their bodies. With great effort, Korea now ranks among the world's top 10 healthiest countries in the world. Also, more people are now spending their leisure time exercising, taking supplements, and eating healthy. Lastly, people started to realize that mental health is as important as physical health to stay healthy.

이 때문에 사람들은 최근에서야 자신의 건강과 행복에 관심을 갖기 시작했죠. 과거 한국이 아직 발전 단계에 있을 때, 사람들은 일하느라 너무 바빴고 그들의 건강을 돌볼 여유가 없었어요. 따라서 조기 진단으로 예방할 수 있는 질병으로 사망하는 사람이 많았죠. 하지만, 경제가 성장하고 사람들이 시간적인 여유가 좀 있을 때, 그들의 몸을 돌보기 시작했어요. 많은 노력으로, 한국은 현재 세계에서 가장 건강한 국가 10위 안에 들게 되었죠. 또한, 이제 더 많은 사람들이 운동, 보충제 복용, 그리고 건강에 좋은 식사를 하면서 여가를 보내고 있어요. 마지막으로, 사람들은 건강을 유지하기 위해서 정신 건강이 신체 건강만큼 중요하다는 것을 깨닫기 시작했죠.

Wrap-up

근로 시간과 조건 크게 개선
working hours,
conditions improved
significantly

Therefore, working hours and working conditions have improved significantly over the past few years.

따라서, 지난 몇 년간 근로 시간과 근로 조건이 크게 개선되었어요.

■ AL 패턴/표현

어휘 표현　aging country 고령화 국가　life expectancy 기대 수명　a decline in ~의 감소　fertility 출산율　have the luxury to ~할 여유가 있다　look after 돌보다　be preventable with ~로 예방 가능하다　early diagnosis 조기 진단

Q10 돌발 | 건강 - 최근 건강식을 먹어 본 경험 ★★★★☆

Tell me about your recent experience of having healthy food. What kind of food was it? What ingredients does it have? Do you normally eat this whenever you feel like you are out of energy? Where did you go? Who did you go with? Tell me everything in detail.

최근의 건강식을 먹은 경험에 대해 알려주세요. 어떤 종류의 음식이었나요? 어떤 재료가 들어있나요? 당신은 보통 힘이 빠진다고 느낄 때마다 이것을 먹나요? 어디로 갔나요? 누구와 함께 갔나요? 모든 것을 자세히 말해주세요.

답변 전략 -MI 전략

(◁)) MP3 8_20

Main

삼계탕
samgye-tang

Koreans love eating healthy food, and I am no exception. I eat healthy food at least once a week, and one of my favorite healthy foods is called samgye-tang.

한국인들은 건강에 좋은 음식을 먹는 것을 좋아하는데, 저 역시 예외는 아니에요. 저는 적어도 일주일에 한 번은 건강에 좋은 음식을 먹는데, 제가 가장 좋아하는 건강식 중 하나는 삼계탕이에요.

Body

지난주, 가족과 함께
last week with my family

식당에 감
go to a restaurant

바로 기운 나는 것 같은 느낌
felt like immediately gained energy

It can be directly translated into ginseng chicken soup, and it consists of a whole chicken filled with rice, jujube, garlic and ginseng inside. I had samgye-tang last week with my family because some of my family members were in desperate need of a second wind. For the best tasting samgye-tang, my family always goes to a restaurant that is about an hour away by car. When we arrived there, there was already a long line of people waiting to go inside. When our turn finally came, we hurried inside and immediately ordered samgye-tang. After finishing the dish, it almost felt like we'd immediately gained energy.

삼계탕은 인삼 치킨 수프로 직역되며, 한 마리 닭 안에 쌀, 대추, 마늘, 인삼이 가득 담겨 구성되어 있어요. 지난주에 가족과 삼계탕을 먹었는데, 가족 구성원 중 몇 명에게 기력 회복이 절실히 필요했기 때문이었죠. 삼계탕을 가장 맛있게 먹기 위해 우리 가족은 항상 차로 한 시간 정도 떨어진 식당에 가요. 그곳에 도착했을 때는 이미 안으로 들어가려는 사람들이 길게 줄을 서 있었죠. 드디어 저희 차례가 오자, 우리는 서둘러 안으로 들어가 즉시 삼계탕을 주문했어요. 요리를 다 먹고 나니 바로 기운이 나는 것 같았어요.

Wrap-up

강력 추천
strongly recommend

Although it's quite costly compared to other foods, it's definitely worth the time and money. I strongly recommend you try it someday, Ava.

다른 음식에 비해 상당히 비싸긴 하지만 시간과 돈을 들일 만한 가치가 분명히 있었죠. 언젠가 꼭 한 번 먹어볼 것을 강력히 추천해요, Ava.

■ AL 패턴/표현

어휘 표현 consist of ~로 구성되다 filled with ~으로 가득 찬 be in desperate need of ~이 절실히 필요한 상태다 a second wind 기력 회복 be worth the time and money 시간과 돈이 아깝지 않다, 시간과 돈을 들일 가치가 있다

 친절한 송쌤 ♡

- consist of A는 A로 구성되다라는 뜻으로 본래의 수동태의 뜻을 가지고 있기 때문에 수동형으로 바꾸어 사용하지 않는다는 점 반드시 기억해 주세요.
- recommend, suggest와 같은 요구, 주장, 명령, 제안과 같은 단어들은 recommend that [주어] (should) [동사]의 형태를 띄고 있기 때문에 주어 자리에 3인칭 단수가 와도 동사원형이 와야 한다는 점도 같이 기억해 주세요.

Q11 롤플레이 ㅣ 모임 - 모임에 대해 친구에게 전화해서 질문하기 ★★★☆☆

I'd like to give you a situation to act out. Imagine your friend invited you to a get-together this weekend. Call your friend and ask three to four questions about getting together.

당신에게 주어진 상황에 대해 역할극을 해주세요. 친구가 이번 주말에 당신을 모임에 초대했다고 상상해보세요. 친구에게 전화해서 모임에 대해 서너 가지 질문을 해주세요.

답변 전략 INTRO 전략

◁» MP3 8_22

Intro

모임 관련 질문
a few questions about the get-together

Hi, this is Jiwon and I'm **calling you to ask a few questions about the get-together** in which I'm supposed to **participate this weekend. Do you have a minute to answer my questions?**

안녕, 나 지원인데, 이번 주말에 참석하기로 한 모임에 대해 몇 가지 물어보려고 전화했어. 내 질문에 대답할 시간이 있을까?

Body

충분한 주차 공간 제공
provides enough parking spaces

도착해야 하는 시간
by what time

모임의 목적
the purpose of this get-together

The first thing I want to know is if **the place** where we'll meet provides **enough parking spaces.** I'm currently in two minds about whether I **should take my car there** or not. If I have no problem with **parking, driving there is** my first preferred option. Second, by what time did you say **I should be there?** I might have to **work that day,** and I'm not so sure of what **time I can get off. If you let me know one more time, I will** try my best not to **be late. Lastly,** what was the purpose of this **get-together again? I** apologize for **forgetting all the things that I think you've already told me, but I** need you to **let me know** once more. Plus, it would be wonderful if you could remind me of **the things I should know about this gathering** in advance.

내가 가장 먼저 알고 싶은 것은 우리가 만날 장소가 충분한 주차 공간을 제공하는지야. 나는 지금 차를 그곳으로 가져가야 할지 말아야 할지 고민하고 있거든. 주차하는 데 문제가 없다면, 운전해서 가는 것이 내가 가장 선호하는 선택이야. 둘째로, 내가 몇 시까지 그곳에 가야 한다고 했지? 내가 그날 일을 해야 할 수도 있어서, 몇 시에 출발할 수 있을지 모르겠어. 한 번만 더 알려주면, 늦지 않도록 최선을 다할게. 마지막으로, 이 모임의 목적이 무엇이었지? 이미 다 말해준 것 같은데 잊어버려서 미안하지만, 한 번 더 알려주면 좋겠어. 게다가, 이 모임에 대해 내가 알아야 할 것들을 미리 다시 한번 알려준다면 정말 좋을 것 같아.

Wrap-up

고마움
thanks

Thanks!
고마워!

■ AL 패턴/표현

어휘 표현 get-together 모임 be supposed to ~하기로 되어 있다 participate 참석하다 provide 제공하다 currently 현재 have no problem with ~에 문제가 없다 first preferred option 가장 선호하는 선택 might have to ~해야 할 수도 있다 be not so sure of ~에 그다지 확신이 없다 get off 출발하다 purpose 목적 apologize for ~에 대해 사과하다 remind A of B A에게 B에 대해 다시 한번 알려주다 gathering 모임 in advance 미리

Q12 롤플레이 | 모임 - 모임에 참석하지 못하는 상황 해결책 제시하기 ★★★☆☆

I'm sorry, but there is a problem that I need you to resolve. On the day of a gathering, you have an emergency you need to take care of and you cannot make it to the event. Call your friend, explain the situation, and provide two to three suggestions to your friend.

유감스럽게도 당신이 해결해야 할 문제가 있습니다. 모임 당일에 처리해야 할 급한 일이 발생하여 모임에 참석할 수 없게 됐습니다. 친구에게 전화해서 상황을 설명하고 친구에게 두세 가지 제안을 해주세요.

답변 전략 ·INTRO 전략

MP3 8_24

Intro

안 좋은 소식
have bad news

Hi, this is Jiwon again and I'm calling you because I have bad news. I really hate to tell you this but I don't think I can make it to the get-together that I was supposed to attend...

안녕, 나 또 지원인데, 안 좋은 소식이 있어서 전화 했어. 정말 이런 말을 하긴 싫지만 내가 참석하기로 했던 모임에 못 갈 것 같아...

Body

급한 일이 생김
an urgent matter came up

연기 혹은 재조정
postpone or reschedule

나 빼고 만나
get together without me

Life never goes as I planned... all of a sudden, an urgent matter came up unexpectedly. I really apologize for not being able to be present at the gathering, so I've thought about alternatives. First, I know this sounds a bit selfish, but is there any possible way to postpone or reschedule it? I'm free on any day next week, so I'll be there whatever it takes. If it's not possible, can't you guys just get together without me this time? We have this kind of event almost on a regular basis, so I'll make sure to attend the next one.

인생이 내가 계획한 대로 흘러가지 않네... 갑자기, 급한 일이 예상치 못하게 생겼어. 모임에 참석하지 못해서 정말 미안해, 그래서 대안을 생각해 봤어. 첫째로, 좀 이기적으로 들리겠지만, 모임을 연기하거나 재조정할 수 있는 방법이 없을까? 나는 다음 주 아무 날이나 한가하니까 무슨 일이 있어도 갈 거야. 안 된다면 이번에는 나 없이 모이면 안 될까? 우리는 이런 모임을 거의 정기적으로 가지니까 다음 번에는 꼭 참석하도록 할게.

Wrap-up

어떤 제안인지 알려줘
let me know which suggestion

Again, please accept my apology and let me know which suggestion you prefer. Thanks!

다시 한 번 정말 미안하고, 어떤 제안을 선호하는지 알려줘. 고마워!

■ AL 패턴/표현

어휘 표현 make it ~에 참석하다 be supposed to ~하기로 되어 있다 attend 참석하다 life never goes as I planned 인생은 계획한 대로 흘러가지 않는다 all of a sudden 갑자기 urgent matter 급한 일 come up 발생하다 unexpectedly 뜻밖에, 갑자기 apologize for ~에 대해 사과하다 present 참석하다 alternative 대안 sound ~처럼 들리다 selfish 이기적인 any possible way to 동사원형 ~할 수 있는 가능한 모든 방법 postpone 미루다, 연기하다 reschedule 일정을 변경하다 on a regular basis 정기적으로

Q13 롤플레이 | 모임 - 친구와의 약속을 취소한 경험 이야기하기 ★★★★☆

That's the end of the situation. Have you ever experienced a moment when your free time didn't go as you planned? What did you originally plan to do for your free time? How did it end up? Tell me everything from the beginning.

상황극이 종료되었습니다. 당신의 자유 시간이 계획대로 되지 않았던 순간을 경험해 본 적이 있나요? 원래 당신은 자유 시간에 무엇을 할 계획이었나요? 결국 어떻게 됐나요? 처음부터 전부 말해주세요.

답변 전략 · WH 전략

🔊 MP3 8_26

When

캠핑 가기로 했던 때
when I was supposed to go camping

> There was this time when I was supposed to go camping to a suburban area with my friends.
> 친구들과 함께 교외로 캠핑을 가기로 했던 때가 있었어요.

WH

모든 것을 준비함
prepared everything

예상치 못한 일
unexpected thing

취소해야만 했음
had no other choice but to cancel

> My friends and I were very excited because it was our first camping trip together. We'd bought all the equipment and prepared food for camping a week before the planned date. However, an unexpected thing happened. A day before that date, we found out that a huge typhoon that might cause tremendous damage would affect our country for the next couple of days. People were all asked to minimize the number of outdoor activities and stay inside. We had no other choice but to cancel our camping trip and stay home. We were all frustrated but there was nothing that we could do about it.
> 친구들과 저의 첫 캠핑 여행이라서 매우 신이 났었죠. 우리는 모든 장비와 캠핑을 위한 음식을 여행 예정일 일주일 전에 샀어요. 그런데 예상치 못한 일이 벌어졌죠. 여행 하루 전날 엄청난 피해를 줄 수 있는 거대한 태풍이 앞으로 며칠 동안 우리나라에 영향을 줄 것이라는 사실을 알게 되었어요. 사람들은 모두 야외 활동을 피하고 실내에 머물러 달라는 요청을 받았죠. 우리는 캠핑 여행을 취소하고 집에 있을 수밖에 없었어요. 우리는 모두 좌절했지만, 어쩔 수 없었죠.

So

가장 실망스러웠던 순간
the most disappointing moment

> I'm well aware that life doesn't always go as planned, but it was one of the most disappointing moments in my life.
> 인생이 항상 계획대로 되는 것만은 아니라는 것을 잘 알고 있지만, 제 인생에서 가장 실망스러웠던 순간 중 하나였어요.

■ AL 패턴/표현

어휘 표현 suburban area 교외 equipment 장비 prepare 준비하다 unexpected 뜻밖의, 예상치 못한 cause tremendous damage 엄청난 피해를 발생시키다 affect 영향을 주다 be asked to ~하도록 요청을 받다 have no choice but to 동사원형 ~할 수밖에 없다 frustrated 좌절감을 느끼는

 친절한 송쌤 💬

- find out은 ~의 사실이나 정보 등을 알아내다의 뜻으로 find 와는 다르게 쓰인다는 점 반드시 기억해주세요.
- have no (other) choice but to [동사원형]은 ~할 수밖에 없다의 뜻을 가진 표현으로 회화체에서 아주 많이 사용해요.

Q14 돌발 | 기술/산업 – 관심 산업의 현황과 3년 전과의 비교 ★★★★★ 고난도

Tell me about the recent state of the industry you are most interested in. How has it changed over the past three years? Please list some of the biggest changes in the industry.

당신이 가장 관심 있는 산업의 근황에 대해 알려주세요. 지난 3년 동안 어떻게 변했나요? 그 업계에서의 가장 큰 변화 몇 가지를 나열해 주세요.

답변 전략 · MI 전략　　MP3 8_28

Main

기술
technology

I have always found technology appealing, and I try to stay up-to-date by reading news that is related to the industry. An interesting thing about the technology industry is that it changes so rapidly that most people find it difficult to follow. So, let me tell you about the changes that have taken place over the past three years.

저는 항상 기술이 매력적이라고 생각해서, 산업과 관련된 뉴스를 읽으며 변화에 발맞추려 노력해요. 기술 산업의 흥미로운 점은 기술 산업이 너무 빠르게 변화해서 대부분의 사람들이 그것을 따라가기 어렵다고 느낀다는 거예요. 따라서, 지난 3년 동안 일어난 변화에 대해 말할게요.

Body

5G 네트워크 구축
working tirelessly to establish 5G networks

접이식 화면
foldable displays

전기 자동차
electric vehicles

Currently, a lot of companies are working tirelessly to establish 5G networks, which is known to be about a hundred times faster than 4G. With 5G, people will have access to a lot of new technology, such as self-driving cars, remote surgery using virtual reality, and a bunch more. Next up is foldable displays. Large mobile phone companies like Samsung have recently released smartphones with foldable displays, and that's a game changer. A lot of my friends have foldable devices and I still cannot believe how a display can fold like paper. Lastly, electric vehicles have become competitive over the past few years. This was possible due to the fall in battery prices, which represented more than 50% of an EV's total cost, and EV manufacturers like Tesla were able to double their market share.

현재, 많은 기업들이 4G보다 100배 정도 빠르다고 알려진 5G 네트워크를 구축하기 위해 지칠 줄 모르고 일하고 있어요. 5G로, 사람들은 자율 주행차나 가상 현실을 이용한 원격 수술, 그리고 더 많은 신기술에 접근할 수 있을 거예요. 다음은 접을 수 있는 화면이에요. 삼성과 같은 대형 휴대폰 회사들은 최근 접이식 화면이 장착된 스마트폰을 출시했는데, 그것은 혁신적이었죠. 많은 제 친구들은 접을 수 있는 기기를 가지고 있는데, 아직도 저는 어떻게 화면이 종이처럼 접힐 수 있는지 믿을 수가 없어요. 마지막으로, 전기 자동차는 지난 몇 년간 경쟁력이 높아졌어요. 이는 전기차 전체 비용의 50% 이상 상당의 배터리 가격 하락으로 가능했고, 테슬라 같은 전기차 제조사들은 시장 점유율을 두 배로 끌어올릴 수 있었죠.

Wrap-up

최근 변화
recent changes

These are the recent changes in the technology industry.
이것들이 바로 기술 분야의 최근 변화예요.

■ AL 패턴/표현

Q15 돌발 | 기술/산업 - 관심 산업에서 기대 이하였던 상품이나 서비스 ★★★★★

With regards to the industry of your interest, were there any products or services that did not meet your expectation? How has it failed to satisfy you?

당신의 관심 산업과 관련하여, 당신의 기대에 미치지 못한 제품이나 서비스가 있었나요? 그것이 당신을 어떻게 만족시키지 못했나요?

답변 전략 INTRO 전략

Intro

부정적인 면
downsides

Although **many people** are excited about **the new technology, there** are always downsides.

많은 사람들이 새로운 기술에 대해 흥분하고 있지만, 부정적인 면들은 항상 있죠.

Body

5G 기술의 초기 단계
5G technology: still in its early stage

접이식 화면: 주름, 불룩함
foldable display
: creases and bulges

For example, 5G technology is still in its early stage and mobile network operators have offered their customers 5G plans while most places in Korea don't even support 5G yet. This limitation led customers to use LTE while paying for 5G plans and it's a hot potato in Korea right now. I am also enrolled in a 5G plan but I use LTE mode because it simply doesn't work often. Next, foldable display has disappointed many consumers due to its defects such as creases and bulges. I personally was an early adopter of this technology, but I was let down by it. I don't understand how a company expects to get paid by their customers after selling defective products. Creases in foldable displays are clearly a defect, and companies should start selling them when they are fully ready.

예를 들어, 5G 기술은 아직 초기 단계여서 국내 지역의 대부분이 아직 5G를 지원하지 않는 상황인데도 불구하고, 이동통신사들은 5G 요금제를 판매하고 있어요. 이러한 한계는 고객들로 하여금 5G 요금을 지불하면서 LTE를 사용하게 했고, 현재 한국에서는 뜨거운 감자이죠. 저도 5G 요금제에 가입했지만, 그야말로 작동이 안 돼서 LTE 모드를 사용해요. 다음으로, 접이식 화면은 주름과 불룩함 등의 결함으로 많은 소비자를 실망시켰어요. 저는 개인적으로 그 기술을 초기에 사용해봤지만 그건 실망스러운 수준이었어요. 저는 회사들이 불량품을 판매하면서 어떻게 고객들로부터 돈을 받기를 기대하는지 이해할 수가 없어요. 접이식 화면의 주름은 분명히 결함이며, 기업들은 완전히 준비된 후에 판매를 시작해야 해요.

Wrap-up

실망했던 적 있어?
be unsatisfied with

Ava, were there any products or services that you were unsatisfied with?

Ava, 당신이 만족하지 못한 제품이나 서비스가 있었나요?

■ AL 패턴/표현

어휘
표현
downside 부정적인 측면, 단점 be in its early stage 초기 단계에 있다 mobile network operator 이동통신사 deceive 속이다 expensive 비싼 support 지원하다 limitation 한계 hot potato 골치 아픈 문제, 난감한 문제 enroll in ~에 가입하다 disappointed 실망한 defective 결함이 있는 defect 결함 crease 주름 bulge 불룩함 be fully ready 완전히 준비하다, 만반의 준비를 하다 be unsatisfied with ~에 만족하지 못하다

음악 감상하기, 영화 보기

▲ 송쌤 총평 듣기

문제 구성

자기소개	1 자기소개	돌발 주제 패션	8 우리나라 사람들의 패션
돌발 주제 재활용	2 내가 하는 재활용		9 마지막으로 옷을 샀던 시기
	3 쓰레기를 처리하는 방법		10 과거와 현재의 패션 변화/비교
	4 어렸을 때 했던 재활용 기억	롤플레이 영화 보기	11 친구에게 영화에 대해 질문하기
선택 주제 음악 감상하기	5 내가 좋아하는 음악 장르와 가수		12 영화를 보다가 너무 지루한 상황 해결책 제시하기
	6 음악을 듣는 시간과 장소		13 지루한 영화를 본 경험 이야기하기
	7 음악에 관심을 갖게 된 계기와 취향 변화	돌발 주제 모임	14 도시 규모에 따른 모임의 차이점
			15 내가 사는 도시 사람들이 모임에 대해 걱정하는 부분

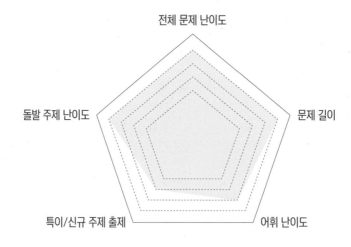

시험 난이도 ★★★★☆

전체 문제 난이도

돌발 주제 난이도

문제 길이

특이/신규 주제 출제

어휘 난이도

Q1 기본 | 자기소개 - 직장인 ☆☆☆☆☆

Let's start the interview. Tell me about yourself.
인터뷰를 시작합니다. 당신에 대해 말해주세요.

답변 전략 ·INTRO 전략

Intro

오늘 어때?
how are you doing today?

> Hi, Ava. I'm Amy. How are you doing today?
> 안녕하세요, Ava. 저는 Amy라고 해요. 오늘 어떠세요?

Body

승진을 위해 시험 응시
in order to get promoted

긴장됨
feel pretty nervous

> I'm doing well, and I'm here to get an evaluation on my English because this is one of the requirements I need to meet in order to get promoted. It seems like life is a series of tests. I feel pretty nervous right now because English is not my first language. What I learned from studying English is that to be fluent in foreign languages is not as easy as it sounds. It takes a lot of effort. Yes, I can definitely tell you that.
> 저는 잘 지내고 있고, 승진을 위해서는 충족되어야 하는 요건 중 하나가 이것이기 때문에 영어 평가를 받으러 왔어요. 인생은 시험의 연속인 것 같아요. 영어가 제 모국어가 아니라서 지금 꽤 긴장돼요. 영어를 공부하면서 배운 것은 외국어를 유창하게 하는 것이 말처럼 쉽지 않다는 것이죠. 많은 노력이 필요해요. 그래요, 분명히 말할 수 있죠.

Wrap-up

얘기할 기회가 생겨 기뻐
please to have a chance to talk to you

> Anyway, I'm so pleased to have a chance to talk to you, Ava.
> 어쨌든, 당신과 얘기할 기회가 생겨서 너무 기뻐요, Ava.

■ AL 패턴/표현

어휘
표현 get an evaluation on ~에 대한 평가를 받다 requirement 요건 meet 충족하다 in order to ~하기 위해서 get promoted 승진하다 life is a series of tests 인생은 시험의 연속이다 first language 제1언어, 모국어 be fluent in ~에 유창하다 be not as easy as it sounds 말처럼 쉽지 않다 definitely 분명히 have a chance to ~할 기회를 갖다

 친절한 송쌤 ♥

- 보통 **meet**은 만나다라는 뜻으로만 많이들 알고 계시죠? 하지만 meet은 **충족하다**라는 뜻으로 meet the deadline 마감기한을 지키다/충족하다 meet the requirement 자격요건을 충족하다 등으로도 아주 많이 사용됩니다. 반드시 알아두세요!
- A is (not) as easy as it sounds는 A는 말처럼 쉽다/쉽지 않다 라는 표현으로 통째로 암기해두면 여기저기에 유용하게 쓸 수 있어요.

Q2 | 돌발 | 재활용 - 내가 하는 재활용 ★★★☆☆

Tell me about recycling you do in the area where you live. How do you recycle? What are your routines when you recycle at home? What do you usually recycle? Can you categorize things that should be recycled? Provide as many details as possible.

거주하는 지역에서 하는 재활용에 대해 말해주세요. 당신은 어떻게 재활용을 하나요? 집에서 재활용을 할 때 당신의 루틴은 무엇인가요? 당신은 보통 무엇을 재활용하나요? 재활용되어야 하는 것들을 분류할 수 있나요? 가능한 한 많이 자세히 말해주세요.

답변 전략 · MI 전략

MP3 9_4

Main

간단하고 체계적
simple and systematic recycling system

I believe my apartment complex has a simple and systematic recycling system.
우리 아파트 단지는 간단하고 체계적인 재활용 시스템을 갖추고 있다고 생각해요.

Body

재활용품 넣기
put recyclable items in the corresponding bin

수요일, 일요일
9AM ~ 11PM
Wednesday, Sunday from 9AM to 11PM

나의 재활용 루틴
my own recycling routine

That's because all I have to do is just put each recyclable item in the corresponding bin, which is located right in front of my apartment building. One thing that I should keep in mind is that we're only allowed to recycle every Wednesday and Sunday from 9AM to 11PM. To make this process much easier, I have my own recycling routine I follow at home. I first categorize items that need to be recycled, such as plastic, paper, glass, cans, and Styrofoam. And then, I go to the recycling area and dump them into the recycling bin according to their category on every designated day.

그 이유는 제가 해야 할 일은 그저 제 아파트 바로 앞의 각각의 재활용품을 해당 쓰레기통에 넣는 것뿐이기 때문이죠. 한 가지 명심해야 할 점은 매주 수요일과 일요일 오전 9시부터 밤 11시까지만 재활용이 허용된다는 것이죠. 이 과정을 훨씬 쉽게 하기 위해, 저는 집에서 하는 저만의 재활용 루틴이 있어요. 플라스틱, 종이, 유리, 깡통, 스티로폼과 같이 재활용이 필요한 물품부터 분류해요. 그리고 나서, 재활용 구역에 가서 지정된 날마다 그들의 분류에 따라 재활용 쓰레기통에 버려요.

Wrap-up

이렇게 간단함
How simple is it?

That's it! How simple is it? I try to recycle on recycling day even if there's not a lot because that way I can keep my house clean!
그게 다예요! 얼마나 간단한가요? 그렇게 하면 집을 깨끗하게 유지할 수 있기 때문에, 쓰레기가 많지 않더라도 재활용하는 날에는 재활용을 하려고 해요!

■ AL 패턴/표현

어휘 표현 believe ~라고 생각하다 systematic 체계적인 recyclable item 재활용품 corresponding 해당하는 right in front of ~의 바로 앞에 keep in mind ~을 꼭 기억하다 be allowed to ~하는 것이 허용되다 categorize 분류하다 recyclable area 재활용 구역 dump A into B A를 B에 버리다 according to ~에 따라 designated 지정된

친절한 송쌤 ♡

아래 발음에 유의하며 모범 답변을 연습해보세요.
- systematic [씨스터매-릭]
- Styrofoam [스따이뤄-포움]
- keep in mind [키삔-마인드]
- category [캐러고-뤼]

Q3 돌발 | 재활용 - 쓰레기를 처리하는 방법 ★★★★★

고난도

How do you dispose of your waste? Are there specific steps that you take? Tell me the first, second, and third steps on how you dispose of the garbage.

당신은 쓰레기를 어떻게 처리하나요? 구체적으로 어떤 단계를 밟나요? 쓰레기 처리 방법에 대한 1단계, 2단계, 3단계를 알려주세요.

답변 전략 INTRO 전략

MP3 9_6

Intro

쓰레기 처리가 쉬움
easy to dispose of trash

It's very easy to **dispose of trash in Korea, and it's so simple** that I can explain to you in three simple steps.

한국에서 쓰레기를 처리하는 것은 매우 쉬워서 간단하게 설명할 수 있어요.

Body

종량제 봉투 구매
purchase standard waste bags

쓰레기 버리기 적합한 장소
find the proper places for dumping trash

쓰레기를 언제 버릴 수 있는지
when you are allowed to dump your waste

First, you need to **purchase standard waste bags from any nearby grocery stores or convenience stores.** One thing to be careful of when buying standard waste bags is that **they differ by districts or cities, so make sure you are purchasing the right bags for your neighborhood.** Next, once you have the bags, you need to **find the proper place for dumping your trash.** For most apartments and villas, they are usually located **at the front of the entrance on the first floor.** Lastly, you need to find out **when you are allowed to dump your waste.** Each apartment building and villa has a different schedule of when trash is collected, and you need to make sure you are following the rules because if you don't, then you may be subjected to fines.

첫째로, 가까운 식료품점이나 편의점에서 종량제 봉투를 구매해야 해요. 종량제 봉투를 살 때 주의해야 할 점은, 봉투가 구역이나 도시에 따라 다르기 때문에 지역에 맞는 봉투를 구입하고 있는지 확인해야 해요. 그 다음, 일단 그 봉투들을 갖게 되면, 쓰레기를 버리기에 적합한 장소를 찾아야 하죠. 대부분의 아파트와 빌라의 경우 대개 1층 출입구 앞에 위치해 있어요. 마지막으로, 쓰레기를 언제 버릴 수 있는지 알아야 해요. 아파트와 빌라마다 쓰레기가 수거되는 시기와 일정이 달라서 그 규정에 꼭 따라야 하는데, 그 이유는 그렇지 않을 경우 과태료 부과 대상이 될 수 있기 때문이에요.

Wrap-up

간단함
Very simple, isn't it?

Very simple, isn't it?
정말 간단하죠, 그렇지 않나요?

■ AL 패턴/표현

어휘 표현 be easy to ~하는 것은 쉽다 dispose of ~을 처리하다 explain 설명하다 standard waste bags 종량제 봉투 nearby 인근의 differ by ~에 따라 다르다 make sure ~을 분명히 하다 proper 적절한, 적합한 be collected 수거되다 be subjected to ~의 대상이다 fine 과태료, 벌금

Q4 **돌발 | 재활용 - 어렸을 때 했던 재활용 기억** ★★★☆☆

How did you recycle when you were young? Are there any special memories about recycling? Was there a special container to categorize recyclable items in your house? Please tell me in detail.

어렸을 때는 재활용을 어떻게 했나요? 재활용에 대한 특별한 추억이 있나요? 당신의 집에는 재활용품을 분류할 수 있는 특별한 용기가 있었나요? 자세히 말해주세요.

답변 전략 ·MI 전략

◁⑴ MP3 9_8

Main

할 말이 많지 않음
not much to say

Well, there's not much to say regarding the experience of recycling in my childhood. I mean, I rarely did housework including recycling when I was little because most of the housework was the responsibility of my mother.

글쎄요, 제 어린 시절의 재활용 경험에 대해서는 할 말이 많지 않아요. 제 말은, 저는 어렸을 때 재활용을 포함한 집안일은 거의 하지 않았는데, 그 이유는 대부분의 집안일은 엄마가 책임졌기 때문이죠.

Body

엄마가 왔다 갔다 뛰어다님
my mom running back and forth

쓰레기 분리
separate each item

재활용 방법이 완전히 이해되지 않음
didn't fully understand how it works

The only thing I remember is my mom running back and forth to the recycling area, which was located on the first floor of my apartment. I also remember my mom separating each item such as cartons of milk, a bunch of paper, a lot of cans, and bottles into a special container in my house before heading down to the recycling area. At that time, I didn't fully understand how it works. I mean, I didn't know how many categories of recyclable items exist, which is honestly still confusing. Now, I live alone and every household in my country must recycle under the current law. In order to learn how to recycle properly, I even looked it up the internet, but I'm still not used to it. I wish I had learned how to recycle when I was little. If I'd done that, I wouldn't still be confused.

기억나는 건 엄마가 아파트 1층에 있던 재활용 구역까지 왔다 갔다 뛰어다니시던 것뿐이에요. 또한 엄마가 재활용 구역으로 내려가기 전에 우유갑, 종이 뭉치, 많은 깡통, 그리고 병과 같은 각각의 물건들을 우리 집의 특별한 용기에 분리했던 것이 기억나요. 그 당시 저는 재활용 방법을 완전히 이해하지 못했죠. 제 말은, 재활용품에 얼마나 많은 종류가 있는지 몰랐고, 솔직히 아직도 혼란스러울 정도예요. 지금 저는 혼자 살고 있는데, 현행법상 우리나라의 모든 가정은 재활용을 해야 하죠. 재활용하는 방법을 제대로 배우기 위해 인터넷까지 찾아봤지만 여전히 익숙하지 않아요. 어렸을 때 재활용을 배웠으면 좋았을 거예요. 그랬다면 지금 혼란스럽지 않았을 텐데 말이죠.

Wrap-up

이게 전부
this is everything

This is everything I can say about recycling.
이것이 제가 재활용에 대해 말할 수 있는 전부예요.

■ AL 패턴/표현

어휘 표현 regarding ~에 대하여 **back and forth** 왔다 갔다 **separate A into B** A를 B로 분리하다 **carton** 한 갑, 상자 **fully** 완전히, 충분히 **confusing** 혼란스러운 **in order to** ~하기 위해

🔊 MP3 9_9

Q5 선택 | 음악 감상하기 - 내가 좋아하는 음악 장르와 가수 ★★★☆☆

You indicated in the survey that you enjoy listening to music. Can you please tell me about your favorite musician or genre of music? Why? Tell me in as much detail as possible.
당신은 설문조사에서 음악 듣는 것을 즐긴다고 했습니다. 당신이 가장 좋아하는 뮤지션이나 음악 장르에 대해 말해줄 수 있나요? 이유는 무엇인가요? 가능한 한 자세히 말해주세요.

답변 전략 ·MI 전략

🔊 MP3 9_10

Main

아이유
goes by the name of IU

My favorite musician goes by the name of IU, and she is one of the most popular singer-songwriters in Korea.
제가 가장 좋아하는 뮤지션은 아이유라는 이름으로 불리며, 그녀는 한국에서 가장 인기 있는 싱어송라이터 중 한 명이죠.

Body

훌륭한 외모, 재능 있음
have good looks,
talented in what she does

많은 수상곡을 작곡하고 노래함
written, sung many award-winning songs

독특한 목소리와 능력
recognized for her unique voice and ability

She mostly sings and writes K-pop and R&B songs and I am a big fan of hers for many reasons. First, not only does she have good looks, but she is also talented in what she does. With her good looks, she has appeared in many Korean dramas and she was applauded by critics and audiences for her great acting. Next, she has written and sung many award-winning songs and she is recognized for her unique voice and ability to write great songs. My favorite song of hers is called 'Autumn Morning', which is a remake of a famous song. I like the song because it best represents IU's soft vocals and it also helps me reminisce about fun memories from my past.
그녀는 주로 K-pop과 R&B 노래를 부르고 작곡하는데, 저는 여러 가지 이유로 그녀의 열렬한 팬이에요. 첫째로, 그녀는 훌륭한 외모뿐만 아니라 그녀가 하는 일에도 재능이 있어요. 그녀의 훌륭한 외모로 많은 한국 드라마에 출연했고, 훌륭한 연기로 비평가들과 관객들로부터 갈채를 받았어요. 다음으로, 그녀는 많은 수상곡을 쓰고 불렀으며, 독특한 목소리와 훌륭한 곡을 쓰는 능력으로 인정을 받았죠. 제가 가장 좋아하는 그녀의 노래는 유명한 노래를 리메이크한 '가을 아침' 이에요. 저는 이 노래가 아이유의 부드러운 목소리를 가장 잘 표현하고, 또한 과거의 즐거운 추억을 회상하는 데 도움이 되기 때문에 좋아해요.

Wrap-up

너는 누구를 좋아해?
your favorite

What about you, Ava? Who's your favorite musician?
당신은 어때요, Ava? 가장 좋아하는 뮤지션은 누구인가요?

■ AL 패턴/표현

어휘 표현 by the name of ~라는 이름의   a big fan of ~의 열렬한 팬   not only A but also B A뿐만 아니라 B도   be talented ~에 재능이 있다   appear 출연하다   be applauded by ~에게 갈채를 받다   award-winning 상을 받은, 수상한   be recognized for ~로 인정을 받다   represent 대표하다   reminisce about ~을 회상하다

 친절한 송쌤 ♡

아래 발음에 유의하여 모범 답변을 연습해보세요.
applauded [엎플러어-드]   recognize [렉-커그나이즈]   reminisce [레미니이-쓰]

Q6 선택 | 음악 감상하기 - 음악을 듣는 시간과 장소 ★★★☆☆

I'd like to know how you enjoy listening to music. Do you usually go somewhere to listen to music? Mostly when do you listen to music? Is there anything that you specifically do to enjoy music? Tell me everything.

당신이 음악을 즐기는 방법을 알고 싶습니다. 음악을 감상하러 보통 어디론가 가나요? 주로 언제 음악을 듣나요? 특별히 음악을 즐기기 위해 하는 일이 있나요? 모두 말해주세요.

답변 전략 · INTRO 전략

Intro

언제, 어디인지 말해줄게
let me tell you when and where

I listen to music so much that my friends call me a music junkie. Music calms me down and it helps me focus better while I'm working, too. That being said, let me tell you when and where I listen to music.

저는 음악을 너무 많이 들어서 제 친구들은 저보고 음악 중독자라고 불러요. 음악은 저를 진정시키고 제가 일하는 동안 더 잘 집중하도록 도와주죠. 말이 나온 김에, 제가 언제 어디서 음악을 듣는지 말해줄게요.

Body

매일 아침
when I wake up every morning

일하러 나갈 때까지
until I leave my house for work

출퇴근 시간 동안
during my commute

First, I listen to music whenever I get the chance. When I wake up every morning, I turn on music because that is my favorite way to start the day. I usually play energetic songs in the morning because they bring joy and make me feel good. I leave the music on while I shower and until I leave my house for work. During my commute, I continue listening to music and this makes the boring commute more enjoyable.

첫째로, 저는 틈만 나면 음악을 들어요. 매일 아침 일어나면, 저는 음악을 트는데, 그 이유는 그것이 제가 하루를 시작하는 가장 좋아하는 방법이기 때문이죠. 저는 아침에 활기찬 노래를 틀어놓는데, 그것은 제게 즐거움을 주고 기분 좋게 해주기 때문이에요. 저는 샤워하는 동안부터 출근하기 전까지 음악을 틀어 둬요. 출퇴근하는 동안 저는 계속 음악을 듣는데, 이것은 지루한 통근 시간을 더 즐겁게 해주죠.

Wrap-up

라이브 음악 - 콘서트 참석
live music - attend a concert

헤드폰으로 음악 감상
using headphones

When I feel like enjoying live music, I attend a concert also, but I normally listen to music from anywhere at any time simply using headphones.

라이브 음악을 즐기고 싶을 때는 콘서트에 가기도 하지만, 보통은 헤드폰을 이용해 언제 어디서나 음악을 들어요.

■ AL 패턴/표현

어휘 표현 calm A down A를 진정하게 하다 that being said 말이 나온 김에 whenever one get the chance 기회가 될 때마다 energetic 활기찬 enjoyable 즐거운 attend 참석하다 from anywhere at any time 언제 어디서나

 친절한 송쌤 ⊙

- that being said는 말 나온 김에 의 뜻으로 이야기를 시작할 때 자주 쓰여요
- feel like [동사ing]은 ~하고 싶은 기분이다로 want to [동사원형]과 비슷하게 사용되는 또 다른 표현이에요

Q7 선택 | 음악 감상하기 - 음악에 관심을 갖게 된 계기와 취향 변화 ★★★☆☆

Tastes in music can change as you age. Tell me how you first became interested in music and how your taste has changed since you were little.

음악에 대한 취향은 나이가 들면서 달라질 수 있습니다. 당신이 음악에 관심을 갖게 된 계기와, 어렸을 때부터 음악 취향이 어떻게 달라졌는지 말해주세요.

답변 전략 · INTRO 전략

Intro

기억이 나지 않음
don't exactly remember how

I started listening to music when I was very young, and I don't exactly remember how I first discovered my interest in music. It almost feels as if I've loved music since I was born. However, I can tell you how my music taste has changed over the years.

저는 아주 어렸을 때 음악을 듣기 시작했는데, 어떻게 처음 음악에 관심을 갖게 됐는지 정확히 기억 나지는 않아요. 마치 제가 태어날 때부터 음악을 사랑한 것 같은 느낌이 들어요. 하지만, 수년간 제 음악 취향이 어떻게 바뀌었는지는 알려드릴 수 있어요.

Body

과거
빠른 템포
fast tempo songs

스트레스 해소
relieve my stress

현재
클래식 음악처럼 느린 음악
slower music like classical songs

밤에 숙면
have sound sleep at night

First, in my youth, I preferred to listen to fast tempo songs with a high BPM. I used to work out a lot when I was young, and listening to fast songs gave me the strength I needed. I used to dance to the music, which relieved my stress. However, my taste in music changed when I started working. I now prefer to listen to slower music like classical songs. One of the reasons is that they help me focus better while I work and help me have sound sleep at night.

첫째로, 어린 시절에는 BPM이 높은 빠른 박자의 노래를 듣는 것을 더 좋아했어요. 어렸을 때 운동을 많이 했는데, 빠른 곡을 들으면 운동에 필요한 힘이 생겼죠. 저는 그 음악에 맞춰 춤을 추곤 했는데, 그 덕분에 스트레스가 풀렸어요. 하지만 일을 시작하면서 음악에 대한 취향이 달라졌어요. 이제 저는 클래식 음악처럼 느린 음악을 듣는 것을 선호해요. 그 이유 중 하나는 그 음악이 제가 일하는 동안 집중을 더 잘 하도록 도와주고 밤에 숙면하도록 도와주기 때문이에요.

Wrap-up

이 정도면 충분할까?
would this be enough

Would this be enough to answer your question?
이 정도면 당신의 질문에 충분한 답변이 됐을까요?

■ AL 패턴/표현

어휘 표현 exactly 정확히 feel as if 마치 ~인 것 같은 기분이다 music taste 음악 취향 in one's youth ~가 어렸을 때, ~의 어린 시절에 prefer to ~하기를 더 좋아하다, ~하기를 선호하다 used to ~하곤 했다 relieve one's stress 스트레스를 해소하다 have sound sleep 숙면하다

Q8 돌발 | 패션 - 우리나라 사람들의 패션 ★★★★☆

Tell me what kind of clothing people in your country like to wear. Do they wear any uniforms, casual clothes, or suits? Tell me in detail.

당신 나라의 사람들이 즐겨 입는 옷의 종류를 말해주세요. 유니폼, 평상복, 또는 정장을 입나요? 자세히 말해주세요.

답변 전략 INTRO 전략

MP3 9_16

Intro

상황에 따라 다름
depends on what kind of situation

I think it really depends on what kind of situation they are in. I mean, the kind of occasion has a lot to do with what to wear.

그것은 사람들이 처한 상황에 달려 있다고 생각해요. 제 말은, 행사의 종류와 무엇을 입을 것인지는 많은 관련이 있다는 거죠.

Body

장례식: 검은색
a funeral: wear black

결혼식: 흰 옷 입기 피함
wedding: avoid wearing white

청바지 즐겨 입음
love wearing jeans

To give you an example, when people have to attend a funeral, they have to wear black or dark formal clothing. When a woman has to attend someone's wedding, she has to avoid wearing white. In addition, since people have various tastes in fashion, what kind of clothing people like to wear differs. However, except for special occasions, people in my country do love wearing jeans most of the time. Jeans are for all seasons, and go very well with any kind of top. For those who work for a company, they prefer to wear black pants with a white shirt to blend in well.

예를 들면, 장례식에 참석해야 할 때는 검은색 또는 어두운 색의 정장을 입어야 해요. 여성이 누군가의 결혼식에 참석해야 할 때는 흰 옷 입기를 피해야 하죠. 게다가, 패션에 대한 취향이 다양하기 때문에, 즐겨 입는 옷의 종류는 각기 달라요. 하지만 우리나라 사람들은 특별한 경우를 제외하고 대부분의 경우에 청바지를 즐겨 입어요. 청바지는 사계절용이기 때문에 어떤 상의와도 매우 잘 어울리죠. 회사에 다니는 사람들은 잘 섞여 들기 위해 검은색 바지에 흰색 셔츠를 입기를 선호해요.

Wrap-up

거의 모든 것임
pretty much everything

This is pretty much everything about clothing people in my country like to wear.

이것이 바로 우리나라 사람들이 즐겨 입는 옷에 대한 거의 모든 것이에요.

■ AL 패턴/표현

어휘 표현 depend on ~에 달려 있다　have a lot to do with ~와 많은 관련이 있다　attend 참석하다　have to ~해야 하다　formal clothing 격식을 차린 복장, 정장　in addition 게다가　except for ~을 제외하고　most of the time 대부분의 경우에　for all seasons 사계절용　go well with ~와 잘 어울리다　prefer to ~하기를 선호하다　blend in 조화를 이루다, 섞여 들다

 친절한 송쌤 ♡

A have(has) a lot to do with B는 A 는 B 와 많은 연관/관련이 있다의 표현으로 a lot 대신에 nothing 혹은 something 또한 사용할 수 있어요. A has **nothing** to do with B A는 B와 아무런 연관이 없다　A has **something** to do with B A는 B와 연관이 있다

Q9 | 돌발 | 패션 - 마지막으로 옷을 샀던 시기 ★★★☆☆

I'd like to know about the last time you bought some clothes. When did you last buy a piece of clothing? What did you buy? Tell me everything about the last time you bought clothes.

당신이 마지막으로 옷을 샀던 때에 대해 알고 싶습니다. 마지막으로 옷을 산 게 언제였죠? 무엇을 샀나요? 마지막으로 옷을 샀을 때의 모든 것을 말해주세요.

답변 전략 · WH 전략

When

며칠 전
a couple of days ago

The last time I shopped for clothes was a couple of days ago.
제가 마지막으로 옷을 사러 간 것은 며칠 전이었어요.

WH

백화점에 감
went to the department store

더 두꺼운 재킷이 필요했음
needed a thicker jacket

둘러보면서 쇼핑함
started shopping by browsing

I went to the department store to buy a jacket because the weather has changed. It's got much chillier, and I thought I needed a thicker jacket for winter. Luckily, there is a department store within walking distance from my house, and they offered a big sale. As I expected, it was packed with a lot of people, and I started shopping by browsing through different stores. Some items attracted my attention, and I tried them all on. I usually go straight to what I need rather than spending much time looking around, but the last time was a bit different. I had some time on my hand, and I liked all the items I tried on.

날씨가 변해서 재킷을 사러 백화점에 갔어요. 날씨가 훨씬 더 추워져서, 저는 겨울을 위한 더 두꺼운 재킷이 필요하다고 생각했죠. 다행히 우리 집에서 걸어서 갈 수 있는 거리에 백화점이 하나 있는데, 빅 세일을 했어요. 제 예상대로 그곳은 많은 인파로 꽉 찼고, 각기 다른 매장을 둘러보며 쇼핑을 시작했죠. 몇 개의 제품은 제 관심을 끌었고, 저는 그것들을 모두 입어보았어요. 저는 보통 둘러보는 데 많은 시간을 할애하기보다는 제가 필요한 것으로 곧장 가지만 이번엔 조금 달랐어요. 저에게는 시간이 좀 있었고, 제가 입어본 모든 제품이 마음에 들었죠.

So

구매한 것에 만족함
be satisfied with the one I bought

It was a bit over my budget, but I was satisfied with the one I bought.
제 예산을 조금 넘었지만, 구매한 것에 만족했어요.

■ AL 패턴/표현

어휘 표현 chilly 쌀쌀한 thick 두툼한, 두꺼운 luckily 다행히도 within walking distance 걸어서 갈 수 있는 거리에 be packed with people 인파로 꽉 차다, 초만원을 이루다 browse through ~을 둘러보다 attract one's attention ~의 관심을 끌다 go straight to ~로 직행하다 rather than ~보다는 look around 둘러보다 have time on one's hand 시간 여유가 있다 be over one's budget 예산을 초과하다 be satisfied with ~에 만족하다

Q10 돌발 | 패션 – 과거와 현재의 패션 변화/비교 ★★★★★

고난도

Fashion changes all the time. Can you tell me how it is different now than in the past when you were young? Give me all the details.

패션은 항상 변합니다. 당신이 어렸을 때와 지금의 패션이 어떻게 다른지 말해줄 수 있나요? 자세히 말해주세요.

답변 전략 INTRO 전략

MP3 9_20

Intro

패션은 항상 변함
changing all the time

> Yes, fashion is definitely changing all the time.
> 맞아요, 패션은 확실히 항상 변하고 있어요.

Body

유행은 돌고 돎
goes round in circles

예전 패션: 복고풍
back in fashion: retro style

부츠 컷, 스키니진 유행
bootcut, skinny jeans
considered trendy

> But, you know what? Fashion goes round in circles. For example, some styles that were popular decades ago are back in fashion. There is even a term for that, and it is called retro style. Retro means from the past and it can be used with fashion or music. One thing I remember is that bootcut jeans and skinny jeans were considered trendy when I was young, but I see many people enjoying those jeans now as well. After all, fashion is not so different now than in the past.
> 하지만, 그거 아세요? 유행은 돌고 돌아요. 예를 들어, 수십 년 전에 유행했던 몇 개의 스타일은 다시 유행하고 있죠. 심지어 그것에 대한 용어도 있는데, 이는 복고풍이라고 불려요. 복고란 과거로부터 온 것을 의미하며 패션이나 음악에 사용될 수 있죠. 한 가지 기억나는 건 어릴 때 부츠컷 청바지와 스키니 진이 유행이었다는 것인데, 지금도 그런 청바지를 즐기는 사람들이 많이 보여요. 결국 패션은 과거와 크게 다르지 않죠.

Wrap-up

오래된 옷 버리지 않음
don't get rid of my old clothes

> And, that is why I don't get rid of my old clothes because they might make a comeback someday.
> 그래서 저는 제 오래된 옷을 버리지 않는데, 그 이유는 그것들이 언젠가 다시 유행할 수도 있기 때문이죠.

■ AL 패턴/표현

어휘 표현 · fashion 패션, 유행(하는 스타일) definitely 분명히, 확실히 go(es) round in circles 돌고 돌다 popular 인기 있는 be back in fashion 다시 유행하다 retro style 복고풍 be considered ~로 간주되다 trendy 최신 유행의 get rid of ~을 버리다 make a comeback 다시 인기를 얻다 someday 언젠가

 친절한 송쌤 ⦿

아래 발음에 유의하며 모범 답변을 연습해보세요.
decade [덴! 케이-드]
trendy [츄렌-디이]
bootcut [부울-컷]

Q11 롤플레이 ㅣ 영화 보기 - 친구에게 영화에 대해 전화해서 질문하기 ★★★☆☆

I'd like to give you a situation to act out. Let's suppose one of your friends has just told you about a new movie that sounds interesting. Ask your friend three or four questions about the movie.

당신에게 주어진 상황에 대해 역할극을 해주세요. 여러분의 친구 중 한 명이 여러분에게 흥미롭게 들리는 새로운 영화에 대해 이야기했다고 가정해보세요. 당신의 친구에게 그 영화에 대해 서너 가지 질문을 해주세요.

답변 전략 INTRO 전략

Intro

영화 관련 질문
a few questions regarding the movie

> Hi, this is Jiwon and I'm calling you to ask you a few questions regarding the movie that you told me about the other day. Can you please answer my questions?
>
> 안녕, 나 지원인데, 저번에 네가 말한 영화와 관련해서 몇 가지 물어보고 싶어서 전화했어. 내 질문에 대답해줄 수 있어?

Body

어떤 장르
what genre

주연 배우
who stars in the movie

개봉 했을까
has been released

> First of all, what genre did you say the movie is? I mean, I'm normally not very choosy about movies, but I tend to avoid gory movies, so I hope the movie we're planning on watching is not of the type. Second, who stars in the movie? I think I've heard one of my favorite actors/actresses Jim is playing a major role in that movie. If I'm right, I can't wait to watch that movie! Lastly, has the movie been released? I mean, if it's out, would you like to watch that movie with me? Let's talk about when and where to watch that movie!
>
> 우선, 어떤 장르의 영화라고 했지? 내 말은, 보통은 내가 영화에 대해 까다롭진 않지만, 잔인한 영화를 기피하는 경향이 있어서, 우리가 볼 영화가 그런 종류가 아니었으면 좋겠어. 둘째로, 그 영화에서 누가 주연을 맡아? 내가 좋아하는 배우 중 한 명인 Jim이 그 영화에서 중요한 역할을 맡았다는 말을 들은 것 같아. 만약 내가 맞다면, 나는 그 영화를 빨리 보고 싶어! 마지막으로, 영화가 개봉했을까? 내 말은, 만약 그 영화가 개봉했다면, 나랑 같이 그 영화 볼래? 언제 어디서 그 영화를 볼 것인지에 대해 이야기해보자!

Wrap-up

고마움
thanks

> Thanks.
>
> 고마워.

■ AL 패턴/표현

어휘 표현 call A to B B하려고 A에게 전화하다 be choosy about ~에 대해 끼다롭다, ~에 대해 까다롭게 굴다 tend to ~하는 경향이 있다 avoid ~을 (회)피하다 gory movies 잔인한 영화 star 주연을 맡다 favorite 가장 좋아하는 play a major role in ~에서 중요한 역할을 하다 can't(=cannot) wait to ~하기를 기다릴 수 없다, 빨리 ~하고 싶다

🔊 MP3 9_23

Q12 롤플레이 ┃ 영화 보기 - 영화를 보다가 너무 지루한 상황 해결책 제시하기 ★★★☆☆

I'm sorry, but there's a problem I need you to resolve. You and your friend are at the theater to watch the movie. However, the movie is so boring that you want to leave. Explain the whole situation to your friend and suggest two to three alternatives.

유감스럽게도, 당신이 해결해야 할 문제가 있습니다. 당신과 당신의 친구는 영화를 보기 위해 극장에 있습니다. 하지만 영화가 너무 지루해서 나가고 싶은 상황입니다. 친구에게 전체 상황을 설명하고 두세 가지 대안을 제시해주세요.

답변 전략 INTRO 전략

🔊 MP3 9_24

Intro

대화 필요
need to talk to you

> Hey, I'm so sorry for interrupting you in the middle of the movie, but there's something that I need to talk to you about.
> 저기, 영화 중간에 방해해서 정말 미안한데, 너한테 할 얘기가 있어.

Body

너무 지루함
so boring that I cannot continue

좀 더 재미있는 것
do something more fun

허기 달래기
go get a bite to eat

> I mean... the movie is so boring that I cannot continue anymore. Maybe, my expectations were way too high for the movie, and the movie turned out to be disappointing. I cannot help but ask you to leave with me right now. So, if you are okay with that, here are my alternatives. Why don't we do something more fun? I mean, there's a bowling alley downstairs, so it would be nicer. If you don't feel like bowling, why don't we go get a bite to eat? As you probably know, there are plenty of great restaurants nearby, and I'm starting to feel hungry. Is there a particular dish you'd like to eat?
> 그러니까 내 말은... 나는 영화가 너무 지루해서 더 볼 수가 없어. 어쩌면 이 영화에 대한 나의 기대가 너무 컸던 걸지도 모르지만, 영화는 실망스러웠어. 지금 당장 나가자고 할 수밖에 없을것 같아. 그래서, 만약 네가 괜찮다면, 내 대안이 있어. 우리 좀 더 재미있는 걸 할까? 내 말은, 아래층에 볼링장이 있으니까 더 좋을 것 같아. 볼링을 치고 싶지 않다면, 뭐 좀 먹으러 갈래? 너도 알다시피, 근처에 좋은 식당들이 많고, 나는 배가 고프기 시작했어. 특별히 먹고 싶은 음식이 있어?

Wrap-up

원하는 것 알려줘
let me know what you want

> Please let me know what you want.
> 네가 원하는 것을 나에게 알려줘.

■ AL 패턴/표현

어휘 표현 be sorry for ~해서 미안하다 interrupt 방해하다 in the middle of ~의 중간에, ~도중에 expectation 기대 way too high 너무 높은 turn out to be ~로 밝혀지다 disappointing 기대에 못 미치는, 실망스러운 cannot help but ~할 수밖에 없다 be okay with ~이 괜찮다 alternative 대안 bowling alley 볼링장 get a bite 간단히 먹다 probably 아마도 plenty of 많은 particular 특정한

 친절한 송쌤 💬

- in the middle of something/doing something은 ~하는 도중에/중간에라는 뜻으로 어떤 일의 중간에 있다 즉, 그 일을 하느라 바쁜 상황에서 쓰일 수 있어요. 단순히 구조를 이야기할 때만 쓰이는 것이 아니라는 점을 같이 알아 두세요.
- way는 way [비교급]과 way too [형용사] 이렇게 많이 쓰이는데, 훨씬 더 ~한 혹은 해도 너무 ~한 이라는 뜻이에요. 일상 회화에서도 아주 많이 사용해요.

Q13 롤플레이 | 영화 보기 - 지루한 영화를 본 경험 이야기하기 ★★★☆☆

That's the end of the situation. I'd like to ask you if you've ever been in the same situation where you wanted to leave the theater because the movie you were watching was too boring. If so, what did you do? Did you finish the whole movie or just leave? Tell me all the details.

상황극이 종료되었습니다. 보고 있던 영화가 너무 지루해서 극장을 떠나고 싶은 것과 같은 상황에 처한 적이 있는지 묻고 싶습니다. 만약 그렇다면, 당신은 무엇을 했나요? 영화를 다 보았나요, 아니면 그냥 나갔나요? 자세히 이야기해주세요.

답변 전략 · WH 전략

MP3 9_26

When

정확히 기억나지 않음
don't exactly remember when

Well, yes. I don't exactly remember when, but I do remember the name of the movie because it was the most boring movie I've ever watched so far.

음. 네. 언제인지는 정확히 기억나지 않지만, 제가 지금까지 본 영화 중 가장 지루한 영화였기 때문에 그 영화의 이름을 기억해요.

WH

인터스텔라
Interstellar

졸고 있는 나의 모습
found myself dozing off

다시 자기로 함
decided to just go back to sleep

The name of the movie is Interstellar, which is a science-fiction epic directed by a world-renowned director, Christopher Nolan. You might be surprised to hear that I consider this movie the most boring one because many movie-lovers have spoken highly of it. Before the movie was even released to the public, all the media and movie fans were looking forward to watching it, which was the reason why I also decided to watch that movie. The beginning was okay but I found myself dozing off as time went on. I really want to let you know what the movie is about, but all I remember about that movie was a few people in spacesuits floating around the universe. The running time of the movie was about three hours long, which made the movie even more boring. I watched the movie with my friend, and when I opened my eyes, I wanted to leave the theater but my friend was totally immersed in the movie. I tried to keep watching it, but the movie just wasn't my thing. So I decided to just go back to sleep.

영화의 이름은 인터스텔라로, 세계적으로 유명한 감독 크리스토퍼 놀란이 연출한 공상과학 서사시예요. 제가 이 영화를 가장 지루하게 여긴다는 말을 들으면 놀랄지도 모르는데, 이는 많은 영화 애호가들이 이 영화를 격찬했기 때문이에요. 영화가 대중에게 공개되기도 전에 모든 언론과 영화 팬들이 그 영화를 보기를 고대하고 있었기 때문에, 저도 그 영화를 보기로 마음먹었죠. 시작은 괜찮았지만 시간이 지날수록 졸고 있는 저를 발견했어요. 어떤 내용의 영화인지 정말 알려주고 싶은데, 그 영화에 대해 기억나는 건 우주복을 입고 우주에 떠다녔던 몇 사람뿐이에요. 상영 시간이 3시간 정도여서 더욱 지루했죠. 저는 그 영화를 친구와 함께 봤는데, 눈을 떴을 때 극장을 바로 떠나고 싶었지만, 친구는 영화에 완전히 빠져있었어요. 영화를 계속 보려고 노력했지만, 그 영화는 정말 제 취향이 아니었어요. 그래서 그냥 다시 자기로 했죠.

So

가장 지루한 영화
the most boring movie

This is the story of the most boring movie I have ever seen.
이것이 제가 여태까지 본 영화중 가장 지루한 영화를 본 이야기예요.

■ AL 패턴/표현

Q14 돌발 ㅣ 모임 - 도시 규모에 따른 모임의 차이점 ★★★★★ 고난도

Tell me how gatherings in big cities and small cities differ. What is the biggest difference you've noticed?

대도시와 소도시의 모임이 어떻게 다른지 제게 말해주세요. 당신이 발견한 가장 큰 차이점은 무엇인가요?

답변 전략 · INTRO 전략   MP3 9_28

Intro

많은 차이
many differences

> There are many differences between big cities and small towns when it comes to gathering.
> 모임에 있어서는 대도시와 소도시 사이에 많은 차이가 있어요.

Body

대도시
많은 활동
many activities

주로 밖에서 만남
tend to meet outside

소도시
집에서 모임
gather at houses

늦게까지 열지 않는 상점들
not many businesses open late

> First, let me talk about the gathering in bigger cities. In urban areas, there are many activities that people can enjoy, such as amusement parks, clubs, and so on. Therefore, people tend to meet outside their homes to spend time together. With respect to business hours, most bars and restaurants in cities usually stay open past midnight, so there are many things to do until late at night. On the other hand, gathering in smaller towns is very different than in a metropolis in terms of location of the meeting and what people do. Let me talk about where people meet first. People living in rural areas usually gather at one of their houses because there aren't many places to go, actually. Also, because elderly people make up most of rural areas' population, they prefer to spend time at home. Due to this reason, there aren't many businesses that stay open till late at night.
> 첫째로, 대도시에서의 모임에 대해 이야기할게요. 도시 지역에서는 놀이공원, 클럽 등 사람들이 즐길 수 있는 활동이 많아요. 그래서 사람들은 함께 시간을 보내기 위해 집 밖에서 만나는 경향이 있죠. 영업시간과 관련해서는, 도시 내 대부분의 술집과 식당이 보통 자정이 넘도록 문을 열기 때문에, 밤늦게까지 할 것들이 많아요. 반면, 작은 마을에서의 모임은 만남 장소와 사람들이 하는 것들의 면에서 대도시와는 매우 달라요. 사람들이 어디서 만나는지에 대해 먼저 얘기할게요. 사실, 시골 지역에 사는 사람들은 갈 곳이 많지 않기 때문에 보통 누군가의 집에서 모이죠. 또한, 노인들이 농촌 인구의 대부분을 차지하기 때문에, 집에서 시간을 보내는 것을 선호해요. 이러한 이유 때문에 밤늦게까지 영업하는 상점들이 많지 않죠.

Wrap-up

이것들이 차이점
these are the differences

> These are the differences that I can think of for now.
> 이것들이 지금 제가 생각해 낼 수 있는 차이점이에요.

■ AL 패턴/표현

어휘 표현 metropolis 대도시 make up 구성하다 population 인구

 친절한 송쌤

- past + [특정 시간]을 말하면 그 시간을 지나서라는 뜻입니다. 예 It's past 3PM. 오후 3시가 넘었어.
- elderly는 old 보다 정중한 표현으로 연세가 드신 혹은 the elderly 로 연세가 드신 분들 로 사용돼요. 발음은 [엘덜리이] 입니다!

🔊 MP3 9_29

Q15 돌발 | 모임 - 내가 사는 도시의 사람들이 모임에 대해 걱정하는 부분 ★★★★★ 고난도

I'd like to know what people in your town worry about the most when planning a gathering. For example, they might be concerned about parking or food. Tell me what problem can arise when people have a gathering.

당신 동네의 사람들이 모임을 계획할 때 가장 걱정하는 것이 무엇인지 알고 싶습니다. 예를 들면, 주차나 음식에 대해 걱정할 수 있죠. 사람들이 모일 때 어떤 문제가 생길 수 있는지 말해주세요.

답변 전략 INTRO 전략
🔊 MP3 9_30

Intro

몇 가지
some things

When people in my city hold gatherings, there are some things that they have to worry about.
제가 사는 도시의 사람들이 모임을 열 때, 그들이 걱정해야 할 것들이 몇 가지 있어요.

Body

주차 공간
parking space

날씨
the weather

음식의 품질
the quality of food

First, parking space is very limited in my city because of its density. It is so hard to find a gathering place with enough parking that it is considered the top priority when planning a get-together. Also, people oftentimes worry about the weather as well because although my city is not a rainy city, it is known for sudden showers especially in summer. Therefore, many people in my country tend to take an umbrella with them just in case it rains. Lastly, people worry about the quality of food that they will be having at gatherings. Most Koreans are foodies, and their emotions sometimes heavily depend on what they eat. For example, people may call an event successful if the food was satisfying. However, it could always cause disappointment if people are not satisfied with the food.

첫째로, 우리 도시는 인구 밀도가 높아서 주차 공간이 매우 제한되어 있다는 거예요. 충분한 주차 공간을 갖춘 모임 장소를 찾기가 어렵기 때문에, 주차 공간은 모임을 계획할 때 최우선 사항으로 고려하죠. 또한, 사람들은 종종 날씨에 대해 걱정하는데, 비가 자주 오지는 않지만, 우리 도시는 특히 여름에 갑자기 소나기가 오는 것으로 알려져 있기 때문이에요. 그래서 우리나라의 많은 사람들은 비가 올 때를 대비해서 우산을 가지고 다니는 경향이 있어요. 마지막으로, 사람들은 모임에서 먹을 음식의 품질에 대해 걱정해요. 대부분의 한국인은 미식가로, 그들의 감정은 때때로 그들이 먹는 것에 따라 아주 많이 달라지거든요. 예를 들어, 사람들은 음식이 만족스러웠다면 어떤 행사를 성공적이라고 부를 수도 있어요. 하지만, 사람들이 음식에 만족하지 않는다면, 항상 실망하게 될 수도 있다는 거죠.

Wrap-up

그것들이 고민
those are some of the worries

Those are some of the worries that people in my city have when holding a gathering.
그것들이 우리 도시 사람들이 모임을 열 때 하는 걱정이에요.

■ AL 패턴/표현

어휘 표현 hold gatherings 모임을 열다 be limited 제한되다 density 밀도 consider A the top priority ~을 최우선 과제로 생각하다 oftentimes 종종 be known for ~로 알려져 있다 sudden shower 소나기 just in case ~의 경우에 대비하여 foodies 미식가들 heavily depend on ~에 크게 의존하다 satisfying 만족스러운 cause 유발하다 disappointment 실망(감) be satisfied with ~에 만족하다

10 TV 보기

▲ 송쌤 총평 듣기

문제 구성

자기소개	1 자기소개	선택 주제 TV 보기	8 좋아하는 TV 프로그램 혹은 영화
돌발 주제 음식점/외식	2 자주 가는 외식 장소와 좋아하는 메뉴		9 TV나 영화에 관심을 갖게 된 계기와 취향 변화
	3 과거와 현재 우리나라의 외식 문화 변화		10 최근에 본 TV 프로그램 혹은 영화
	4 기억에 남는 외식 경험	롤플레이 휴대폰	11 신규 휴대폰 구매를 위해 전화로 질문하기
돌발 주제 인터넷	5 좋아하는 웹사이트와 인터넷 사용 방식		12 구매한 휴대폰이 마음에 들지 않는 상황 해결책 제시하기
	6 과거와 현재의 인터넷 사용 변화		13 새로 출시된 제품이나 기술이 마음에 들지 않았던 경험 이야기하기
	7 인터넷 사용의 문제점과 해결한 경험	기본 주제 거주지	14 5~10년 전과 현재의 우리나라 주택 변화
			15 우리나라 주택 시장 관련 뉴스

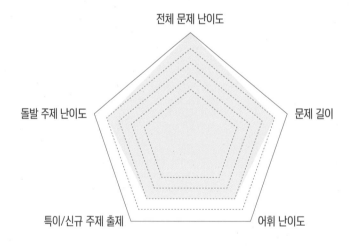

시험 난이도 ★★★★★

전체 문제 난이도 / 문제 길이 / 어휘 난이도 / 특이/신규 주제 출제 / 돌발 주제 난이도

Q1 기본 ㅣ 자기소개 - 직장인 ☆☆☆☆☆

Let's start the interview. Tell me about yourself.
인터뷰를 시작합니다. 당신에 대해 말해주세요.

답변 전략 ·INTRO 전략·

Intro

이야기할 기회가 있어 감사함
thank you for giving me a chance to talk

> Hi, Ava. My name is Jiwon. First of all, I'd like to begin by thanking you for **giving me a chance to talk about myself**.
> 안녕하세요, Ava. 제 이름은 지원이에요. 우선 제에 대해 이야기할 기회를 준 것에 대해 감사하는 것으로 시작하고 싶어요.

Body

30대 후반
in my late 30s

인력 관리를 담당
in charge of managing people

> As far as I know, westerners do not really **talk about their age when they talk about themselves, but age** can be a sensitive matter here in Korea. Well, anyway, I'm in my late 30s, and we, Koreans, must use honorifics to older people **as opposed to Westerners. Well, the next one I'd like to talk about is what I do. I'm in charge of managing people at UC company. And I'm fully satisfied with it because I make decent money and I love the people I work with.**
> 제가 알기로 서양 사람들은 자기 자신에 대해 이야기할 때 나이에 대해 별로 이야기하지 않지만, 한국에서는 나이가 민감한 문제가 될 수 있어요. 음, 어쨌든, 저는 30대 후반이고, 우리 한국 사람들은 서양 사람들과 반대로 나이든 사람들에게 존댓말을 써야 하죠. 다음으로 이야기하고 싶은 것은 제가 하는 일이에요. 저는 UC 회사에서 사람 관리를 담당하고 있는데, 돈도 꽤 벌고 함께 일하는 사람들도 정말 좋아하기 때문에 충분히 만족하고 있어요.

Wrap-up

이야기할 기회가 있어 기쁨
so pleased to have a chance to talk to you

> Anyway, I'm so pleased to have a chance to **talk with you, Ava.**
> 어쨌든, 당신과 이야기할 기회가 생겨서 너무 기뻐요, Ava.

■ AL 패턴/표현

어휘 표현 sensitive matter 민감한 문제 honorifics 존댓말 as opposed to ~와는 반대로, ~와는 대조적으로 make decent money 상당한 돈을 벌다

 친절한 송쌤 ⊙

• I'd like to begin by thanking you for [동사ing]는 상대방에게 ~해줘서 고맙다는 말을 하며 시작하고 싶다 라는 뜻으로 이야기를 시작할 때 많이 쓰이는 표현인데요. 여러분도 자기소개할 때 사용해보세요.

• decent는 (수준이나 질이) 괜찮은, 좋은이란 뜻을 가진 형용사로 decent money하면 돈을 꽤 잘 번다정도로 생각해 주면 돼요. [디이-쎈트] 발음으로 de에 강세를 주어 발음 해주는거 잊지 마세요!

MP3 10_3

Q2 돌발 ㅣ 음식점/외식 - 자주 가는 외식 장소와 좋아하는 메뉴 ★★★☆☆

I'd like to know your favorite restaurant, and the kind of menu you prefer to order. Why do you like it? Where is the restaurant located? When and with whom do you normally go there? Tell me everything.

당신이 가장 좋아하는 식당과 주문하고 싶은 메뉴의 종류를 알고 싶어요. 왜 그것을 좋아하나요? 그 식당은 어디에 있나요? 당신은 보통 언제 누구와 함께 가나요? 모두 말해주세요.

답변 전략 · MI 전략
MP3 10_4

Main

중국 음식
Chinese food

I am a food enthusiast, and I love Chinese food the most for many reasons.
저는 음식 애호가인데, 여러 가지 이유로 중국 음식을 제일 좋아해요.

Body

우리집 근처 중국 음식점
a Chinese restaurant near my house

가끔 가족과 함께 감
every once in a while, with my family

생일과 같이 특별한 날 방문
for special occasions like birthdays

Chinese food is difficult to mess up, meaning that the food will almost always satisfy people eating it. I have never eaten unsatisfying Chinese food in my life. There is a Chinese restaurant near my house that I go to every once in a while. I am a regular customer there and I usually go there with my family. On rainy days or when we just feel lazy to go out, we order food from there and it's almost as good as eating it there. Also, we go there for special occasions like birthdays because they have private rooms where we can celebrate in private. Lastly, it is really difficult to find a restaurant with a parking lot in Korea, but this restaurant has a big parking lot where customers can park their cars for free.

중국 음식은 엉망으로 만들기 어려운데, 이는 중국 음식은 사람들이 먹을 때마다 거의 항상 만족시킬 것이라는 것을 의미하죠. 저는 살면서 불만족스러운 중국 음식을 먹어 본 적이 없어요. 우리 집 근처에 가끔 가는 중국집이 있어요. 저는 그곳의 단골이고 주로 가족과 함께 가죠. 비가 오는 날이나 밖에 나가기가 귀찮을 때, 우리는 그곳에서 음식을 주문해서 먹는데, 식당에서 먹는 것과 다름없어요. 또한, 우리는 생일과 같은 특별한 날에 그곳에 가요. 왜냐하면 그곳에는 우리가 다른 사람들 없이 축하할 수 있는 독립적인 방이 있기 때문이죠. 마지막으로 한국에서는 주차장이 있는 식당을 찾기가 정말 어려운데, 이 식당은 손님이 무료로 차를 주차할 수 있게 넓은 주차장을 가지고 있어요.

Wrap-up

이것들이 이유
these are the reasons why

These are the reasons why I go to this restaurant frequently.
이것들이 제가 이 식당에 자주 가는 이유입니다.

■ AL 패턴/표현

어휘 표현 food enthusiast 음식 마니아 mess up ~을 엉망으로 만들다 every once in a while 가끔, 이따금 rainy day 비 오는 날 regular customer 단골 as good as ~나 다름없는

MP3 10_5

Q3 **돌발 | 음식점/외식 - 과거와 현재 우리나라의 외식 문화 변화** ★★★★☆

In your country, how have the dining culture and restaurants changed from the past? Do people eat out more often now than in the past? What led to all the changes? I'd like to know in detail.
당신 나라에서는 과거에 비해 외식 문화와 식당이 어떻게 바뀌었나요? 사람들은 과거보다 지금 외식을 더 자주 하나요? 무엇이 모든 변화를 이끌었나요? 자세히 알고 싶어요.

답변 전략 ·INTRO 전략

MP3 10_6

Intro

많은 변화
has changed a lot

Dining culture in Korea has changed a lot over the course of many years.
한국의 식사 문화는 오랜 세월 동안 많이 변했어요.

Body

과거: 특별한 때
in the past
: only for special occasions

현재: 외식, 음식 배달
nowadays
: go out to dine,
food delivery

Let me first talk about the dining culture in the past. Back in the day, dining out wasn't something that people did every day and going to a restaurant was reserved only for special occasions. Instead, families preferred to cook their own meals at home and invite family and friends over for dinner. Nowadays, however, people have become so busy that they have no time for grocery shopping and cooking. Therefore, people either order delivery food or go out to dine these days. Recently, food delivery has gained so much popularity that even fancy restaurants now offer delivery services.
먼저 과거의 식사 문화에 대해 이야기할게요. 옛날에는 외식이 사람들이 매일 하는 것이 아니었고 식당에 가는 것은 특별한 날을 위한 것이었어요. 대신에, 가족들은 집에서 직접 음식을 만들고 가족과 친구들을 저녁 식사에 초대하는 것을 선호했죠. 하지만, 요즘 사람들은 너무 바빠서 장을 보고 요리를 할 시간이 없어요. 그래서 요즘에 사람들은 배달 음식을 주문하거나 외식을 하죠. 최근에는 고급 식당들까지 배달 서비스를 제공할 정도로 음식 배달이 큰 인기를 끌고 있어요.

Wrap-up

이러한 것들이 변화
these are some of the changes

These are some of the changes in Korean dining culture.
이러한 것들이 한국 식사 문화의 몇몇 변화예요.

■ AL 패턴/표현

어휘 표현 dining culture 외식 문화 back in the day 옛날에, 예전에 reserve 예약하다 grocery shopping 장보기 delivery service 배달(배송) 서비스

 친절한 송쌤 ◉

• 어느 정도의 시간에 걸쳐 변화되었다 라고 표현할 때에는 **현재완료** 시제를 사용하여야 합니다. 과거에 한 순간에 변하고 끝난 것이 아니라, **과거의 변화가 현재까지 영향을 미치기 때문에** change라는 단어는 **have p.p**와 자주 사용된다는 점 반드시 알아두세요.

• occasion [오-케이-젼] sion이 [션]이 아닌 [젼] 발음이라는 점도 알아둡니다.

🔊 MP3 10_7

Q4 | 돌발 | 음식점/외식 - 기억에 남는 외식 경험 ★★★☆☆

Tell me about the most memorable experience you've had at a restaurant. What happened? When did it happen? Where did you go? Who did you go with? Tell me everything from the beginning to the end.

당신이 식당에서 겪은 가장 기억에 남는 경험에 대해 말해주세요. 무슨 일이었나요? 언제 그런 일이 일어났나요? 어디로 갔나요? 누구와 함께 갔나요? 처음부터 끝까지 전부 말해주세요.

답변 전략 WH 전략

🔊 MP3 10_8

When

최근에 방문
have visited recently

I can't come up with **any special memories at a restaurant** as of now, so I will just talk about the restaurant that I have visited recently.

지금으로서는 식당에서 특별한 추억을 떠올릴 수 없으니, 최근에 방문한 식당에 대해서 이야기해보도록 할게요.

WH

한국식 바비큐 식당
a Korean barbecue restaurant

SNS에서 찾음
found the restaurant on SNS

기대에 못 미침.
below our expectation

It was a Korean barbecue restaurant, and I went there with my family. I found the restaurant on SNS, and I wanted to give it a try because the reviews were great. When we arrived there, the first thing that impressed me was its spacious parking lot. You know, most Korean restaurants don't offer parking, so the restaurant had a great merit. However, my impression soon changed when the food was served. Visually, it looked great, but its actual taste was below our expectation.

그곳은 한국식 바비큐 식당이었고 가족들과 함께 갔어요. SNS에서 식당을 찾았는데 후기가 좋아서 한번 가보고 싶었죠. 우리가 그곳에 도착했을 때, 가장 먼저 인상 깊었던 것은 널찍한 주차장이었어요. 알다시피, 대부분의 한식당들은 주차를 제공하지 않기 때문에, 그것은 그 식당의 커다란 장점이었죠. 하지만 음식이 나오자 제 느낀 인상은 금방 달라졌어요. 겉보기에는 훌륭해 보였지만 실제 맛은 기대에 못 미쳤던 거죠.

So

절대 SNS 믿으면 안 됨
should never trust reviews on SNS 100%

I soon realized **that the restaurant** must have paid **people to write great reviews, and I learned that I should never trust reviews** on SNS 100%.

저는 곧 그 식당이 사람들에게 돈을 주고 좋은 후기를 썼을 것이라는 것을 깨달았고, SNS에 있는 후기를 절대 100% 신뢰해서는 안 된다는 것을 알게 되었어요.

■ AL 패턴/표현

어휘 표현 as of now 지금으로서는 give it a try 시도하다, 한 번 해보다 spacious 널찍한 great merit 커다란 장점

 친절한 송쌤 ♡

come up with는 ~를 알아내다/생각해 내다의 뜻으로 보통 해결책 또는 해답 등과 같이 어떠한 생각이나 의견 등을 떠올려 생각해 낼 때 사용되는 표현이죠. 단순히 생각하다의 think와는 쓰임새가 완전 다르다는 점 알아두세요.

think of/about A: A를/대해서 생각하다
come up with A: A를 생각해 내다/고안해 내다

232 시원스쿨 오픽 실전 모의고사 10회

Q5 | 돌발 | 인터넷 - 좋아하는 웹사이트와 인터넷 사용 방식 ★★★★☆

People surf the internet in different ways. What's your style? Are there any specific steps you take to surf the internet? What is your favorite website, and why do you like it? What do you mainly do on the website? Tell me in detail.

사람들은 여러 방법으로 인터넷 검색을 합니다. 당신의 스타일은 무엇인가요? 인터넷 검색을 위해 특별히 밟는 단계가 있나요? 가장 좋아하는 웹사이트는 무엇이며, 왜 좋아하나요? 웹사이트에서 주로 무엇을 하나요? 자세히 말해주세요.

답변 전략 · INTRO 전략

Intro •

낮에 인터넷 검색
during the day surfing the web

I spend a lot of my time **during the day surfing** the web.
저는 낮에 인터넷 검색을 하면서 많은 시간을 보내요.

Body •

네이버 웹사이트 방문
visit a website called NAVER

한국 포털 사이트
a Korean web portal

검색창에서 시작
starts from its search box

I usually visit a website called NAVER to do many different things such as reading news articles, shopping, and so on. Just so you know, NAVER is a Korean web portal that provides various services such as email, a search engine, and online communities. The way I use the website is pretty straightforward. First, if there is a news topic that I want to find out more about, then I type the keyword into the search box and browse through different media that talks about the topic. Or, if there is a product that I'm interested in, I search for the product and compare the price of the product among different online shops. Basically, everything I do on NAVER starts from its search box and it gathers the results and shows them to me in just a few clicks.

저는 주로 네이버라는 웹사이트를 방문해서 뉴스 기사 읽기, 쇼핑 등 많은 다양한 것을 하죠. 참고로 말하자면, 네이버는 이메일, 검색 엔진, 온라인 커뮤니티 등 다양한 서비스를 제공하는 한국의 포털 사이트예요. 제가 웹사이트를 사용하는 방법은 꽤 간단하죠. 첫째로, 좀 더 자세히 알고 싶은 뉴스 주제가 있다면 검색창에 키워드를 입력하고, 해당 주제에 대해 이야기하는 다른 매체를 훑어봐요. 또는 관심 있는 제품이 있으면 검색해서 여러 온라인 상점들 사이에서 제품 가격을 비교하기도 하죠. 기본적으로 제가 하는 모든 일은 네이버 검색창에서 시작해요. 클릭 몇 번만으로 결과를 모아서 보여주죠.

Wrap-up •

편리하고 사용하기 쉬움
convenient and easy to use

The website is so **convenient and** easy to use that **it has** the highest number of **daily visitors out of all Korean websites**.
이 웹사이트는 정말 편리하고 사용하기 쉬워서, 한국의 모든 웹사이트 중 일일 방문객 수가 가장 많아요.

■ AL 패턴/표현

어휘 표현 just so you know 참고로 말하자면 straightforward 간단한 search box 검색창 browse through ~을 여기저기 훑어보다 search for ~을 찾다

Q6 돌발 ┃ 인터넷 - 과거와 현재의 인터넷 사용 변화 ★★★★☆

Compared to the past, the purpose of internet use has changed a lot. People in the past used the internet to just do simple tasks whereas people now use the internet for various purposes. How has the internet usage changed from the past? Tell me everything about internet use.

과거에 비해 인터넷을 사용하는 목적이 많이 달라졌습니다. 과거에 사람들은 간단한 일을 하기 위해 인터넷을 사용했지만, 요즘 사람들은 다양한 목적으로 인터넷을 사용하죠. 인터넷 사용이 과거와 어떻게 달라졌나요? 인터넷 사용에 대한 모든 것을 말해주세요.

답변 전략 · INTRO 전략

MP3 10_12

Intro

과거와 크게 달라짐
changed dramatically from the past

The way people use the internet has changed dramatically from the past, and I have witnessed the transformation with my own eyes because I started using the internet when I was little.

사람들이 인터넷을 사용하는 방식은 과거와 크게 달라졌고, 저는 그 변화를 직접 눈으로 목격했어요. 왜냐하면 어릴 때부터 인터넷을 사용하기 시작했기 때문이죠.

Body

인터넷을 어떻게 다뤘는가
how people treated the internet

채팅과 블로그
chatting and blogging

하루의 시작과 끝
starts and ends their day

First and foremost, the biggest change is how people treated the internet. Back in the day, it was considered a luxury, not a necessity because there weren't many things that people could do on the internet. For example, people only used the internet to do things like chatting and blogging. Nowadays, however, everyone starts and ends their day on the internet, and it has become a crucial part of our lives. It has changed from a luxury to a necessity, and we've become so reliant that most people have the fear of not having access to the internet. Moreover, everyone's life revolves around the internet.

다른 무엇보다도, 가장 큰 변화는 사람들이 인터넷을 어떻게 다뤘는가예요. 옛날에는 사람들이 인터넷에서 할 수 있는 일이 별로 없었기 때문에, 그것은 필수품이 아닌 사치품으로 여겨졌죠. 예를 들어, 사람들은 채팅이나 블로그 같은 것을 하기 위해서만 인터넷을 사용했어요. 하지만 요즘은 모든 사람들이 인터넷을 통해 하루를 시작하고 마감하며, 그것은 우리 삶의 중요한 부분이 되었죠. 사치품에서 필수품으로 바뀌었고, 우리는 너무 의존하게 되어서 대부분의 사람들이 인터넷에 접속하지 못하는 것에 대한 두려움을 가지게 되었죠. 게다가, 사업과 모든 사람들의 삶은 인터넷을 중심으로 돌아가요.

Wrap-up

그렇게 느끼니?
feel the same way, Ava?

Do you feel the same way, Ava?

Ava, 당신도 그렇게 느끼나요?

■ AL 패턴/표현

어휘 표현 witness 목격하다 transformation 변화 crucial part 중요한 부분 reliant 의존하는 revolve 돌다

 친절한 송쌤 ♡

- dramatically 발음에 유의합니다. dr 은 'ㅈ' 소리를 tr 은 'ㅊ' 소리를 냅니다. [쥬뤠메-리컬리]
- consider A B A를 B로 생각하다/여기다 A is/are considered B 수동태 형태를 사용할 때의 변화도 같이 익혀 주세요.
- feel the same way는 같은 방식으로 느끼다 라고 해서 agree와 같은 뜻으로 쓰이는 표현입니다.

234 시원스쿨 오픽 실전 모의고사 10회

Q7 돌발 | 인터넷 – 인터넷 사용의 문제점과 해결한 경험 ★★★★☆

Problems can arise while using the internet. They might be technical issues or related to addiction. Have you had any problems with using the internet? What kind of problem was it? How did you handle the problem? Tell me in detail.

인터넷을 사용하는 동안 문제가 발생할 수 있습니다. 그것들은 기술적인 문제일 수도 있고 중독과 관련이 있을 수도 있죠. 당신은 인터넷 사용에 문제가 있었던 적이 있나요? 어떤 문제였나요? 그 문제를 어떻게 처리하셨나요? 자세히 말해주세요.

답변 전략 · WH 전략

MP3 10_14

When

재택 근무하던 때
working from home

There are many different kinds of problems related to using the internet, and most of them would be related to the connection. One of the problems occurred recently when I was working from home.

인터넷 사용과 관련해서는 여러 가지 종류의 문제가 있으며, 대부분 접속과 관련된 문제들이죠. 그 문제들 중 하나는 최근에 제가 재택 근무를 할 때 일어났어요.

WH

중요한 회의
scheduled to have an important meeting

연결 끊김
lost my connection to the internet

서비스 제공 업체에 전화
called my internet service provider

That day, I was scheduled to have a really important meeting with my coworkers, and I was gathering data to present during the meeting. Right before the meeting was about to start, I suddenly lost my connection to the internet and I couldn't find a way to connect to it again. I tried restarting my computer and the router, but to no avail. One of my coworkers called me to ask where I was and tell me that everyone was waiting for me. I started panicking and called my internet service provider. It turned out that there was a little problem with the network in my area, and it was restored within an hour. That resulted in many people waiting for me, and I felt ashamed.

그날, 저는 동료들과 정말 중요한 회의를 하기로 예정되어 있어서, 미팅 중에 발표할 자료를 모으고 있었죠. 회의가 시작되려는 참에 갑자기 인터넷 연결이 끊겼고, 저는 다시 접속할 방법을 찾지 못했어요. 컴퓨터와 라우터를 다시 시작하려고 했지만, 아무 소용이 없었어요. 직장 동료 중 한 명에게 전화가 왔고 제가 어디 있는지 물으며, 모두 저를 기다리고 있다고 했어요. 저는 당황하기 시작했고, 인터넷 서비스 제공 업체에 전화를 걸었죠. 알고 봤더니, 제 지역의 네트워크에는 약간의 문제가 있었고, 한 시간 안에 복구될 것이라고 그들은 저에게 말했어요. 그 결과 많은 사람들이 저를 기다리게 되었고, 저는 면목이 없었죠.

So

결코 익숙해지지 않음
never get accustomed

No matter how many times I've gone through problems related to connection, I never get accustomed to it.

연결과 관련된 문제는 아무리 많이 겪어도 결코 익숙해지지 않아요.

■ AL 패턴/표현

어휘 표현 work from home 재택근무를 하다 arise 발생하다 be about to 막 ~하려는 참이다 to no avail 아무 소용이 없었다
panic 당황하다 feel ashamed 면목이 없다 accustom 익숙해지다

Q8 선택 | TV 보기 - 좋아하는 TV 프로그램 혹은 영화 ★★★☆☆

빈출

🔊 MP3 10_15

Tell me about one of your favorite movies or TV shows. Why do you like the movie or the show? What's the title of it? Which aspect attracted you the most? Tell me in detail.

당신이 가장 좋아하는 영화나 TV 프로그램에 대해 말해주세요. 당신은 왜 그 영화나 TV 쇼를 좋아하나요? 제목은 무엇인가요? 어떤 면이 가장 끌렸나요? 자세히 말해주세요.

답변 전략 - MI 전략

🔊 MP3 10_16

Main

님아, 그 강을 건너지 마오
My Love, Don't Cross That River

Out of all the movies or TV shows I've watched, the movie that I always pick as my favorite is titled, 'My Love, Don't Cross That River'.

지금껏 본 영화나 TV 프로그램 중에서 제가 가장 좋아하는 영화로 항상 꼽는 영화는 '님아, 그 강을 건너지 마오' 라는 제목의 영화입니다.

Body

다큐멘터리 영화
a documentary film

노부부의 사랑과 삶
the love and life of an ordinary elderly couple

널리 호평을 받음
has become a highly acclaimed film

It is a documentary film about the love and life of an ordinary elderly couple who spent 76 years together. Originally, it was made into a five-part documentary, but it was remade into a movie. Despite the fact that it is a documentary film, a genre which usually is not popular, it has become a highly acclaimed film among every generation, with a huge audience of over a million. Through this movie, I learned that being able to be with a loved one is a blessing in itself.

이 영화는 76년을 함께 보낸 평범한 노부부의 사랑과 삶을 담은 다큐멘터리 영화입니다. 원래는 5부작 다큐멘터리로 제작되었지만 영화로 리메이크되었죠. 보통 인기가 없는 장르인 다큐멘터리 영화임에도 불구하고, 이 영화는 100만 명이 넘는 엄청난 관객이 몰릴 정도로 모든 세대를 아우르는 널리 호평을 받는 영화가 되었어요. 이 영화를 통해 저는 사랑하는 사람과 함께할 수 있다는 것 자체가 축복이라는 것을 배웠죠.

Wrap-up

고맙게 여기다
be grateful for

Although the movie wasn't a blockbuster with famous actors or actresses, it helped me realize that I should be grateful for my family and loved ones.

비록 이 영화가 유명한 배우들이 출연하는 블록버스터는 아니었지만, 가족과 사랑하는 사람들이 있음을 고맙게 여겨야 한다는 것을 깨닫게 해주었어요.

■ AL 패턴/표현

어휘 표현 aspect 측면 ordinary 평범한 despite the fact that ~임에도 불구하고 highly acclaimed 널리 호평을 받는 generation 세대 be grateful for ~을 고맙게 여기다

 친절한 송쌤 🎧

• be grateful for은 ~를 고맙게/감사하게 여기다 라는 뜻으로 be thankful for과도 같이 쓰일 수 있습니다.

• 아래 발음에 유의하며 모범 답변을 연습해보세요.
originally [어뤼-쥐널리]
acclaimed [억클레임-드]

Q9 선택 | TV 보기 - TV나 영화에 관심을 갖게 된 계기와 취향 변화 ★★★★☆

Explain how your taste in TV shows or movies has changed from the past. Do you still like the same kinds of TV shows or movies? Why or why not? What kinds of TV shows or movies did you like in your youth? What about now? How did you first become interested in watching TV shows or movies? Give me all the details.

TV 쇼나 영화에 대한 당신의 취향이 과거와 어떻게 달라졌는지 설명해 주세요. 당신은 아직도 같은 종류의 TV 쇼나 영화를 좋아하나요? 그렇다면 혹은 그렇지 않다면 이유는 무엇인가요? 어린 시절에 어떤 종류의 TV 쇼나 영화를 좋아했나요? 지금은 어떤가요? 처음에 어떻게 TV나 영화에 관심을 갖게 되었나요? 자세하게 모두 말해주세요.

답변 전략 · MI 전략

MP3 10_18

Main

영상: 생생하고 즐거움
videos: vivid and fun

You know, I guess I was born to be a couch potato... I mean, I just love watching TV, movies, or anything. You actually asked me to explain how I became interested in watching videos, but... well, honestly, I don't remember how it started. Now that I think of it, it's possibly because videos are more vivid and more fun than reading printed books.

저는 태생이 소파에 앉아 TV만 보며 많은 시간을 보내는 것을 좋아하는 사람 같아요... 제 말은, 전 그냥 TV나 영화나 뭐든 보는 걸 좋아해요. 사실 당신이 내게 어떻게 영상을 보는 것에 흥미를 가지게 되었는지 설명하라고 했지만... 솔직히 어떻게 시작됐는지 기억이 나진 않아요. 지금 생각해 보면, 종이책을 읽는 것보다 영상이 더 생생하고 재미있기 때문인 것 같아요.

Body

어린시절: 만화
used to watch cartoons

20대: 드라마
in my 20s: loved dramas

현재: 다큐멘터리
now into watching documentaries

To reflect on my childhood, I think I used to watch cartoons, which I don't watch anymore. I still remember the theme songs of some cartoons I watched when I was little. As I get older, my taste in videos has been changing. I mean, when I was in my 20s, I loved dramas whether they were realistic or not. However, I'm now more into watching documentaries mostly because they are based on true stories.

어린 시절을 돌이켜보면, 이제는 보지 않는 만화를 보곤 했던 것 같아요. 저는 제가 어렸을 때 보았던 몇몇 만화의 주제곡을 아직도 기억해요. 나이가 들면서 영상에 대한 취향도 달라지고 있죠. 그러니까 20대 때는 드라마를 굉장히 좋아했어요. 그게 사실적이든 아니든 말이죠. 하지만, 이제 저는 실화를 바탕으로 하기 때문에 다큐멘터리를 보는 것에 더 빠져 있어요.

Wrap-up

당신의 취향 궁금
what about your taste

What about your taste in TV shows or movies, Ava? I'm wondering how it has changed!

당신의 TV 쇼나 영화에 대한 취향은 어떤가요? 그것이 어떻게 바뀌었는지 전 궁금하네요!

■ AL 패턴/표현

어휘 표현 couch potato 소파에 앉아 TV만 보며 많은 시간을 보내는 사람 printed book 종이책 reflect on 되돌아보다 theme songs 주제곡 taste in ~에 있어서의 취향 be into ~에 관심이 많다

Q10 선택 | TV 보기 - 최근에 본 TV 프로그램 혹은 영화 ★★★☆☆

Tell me about the most recent TV show or movie you've watched. What kind of show or movie was it? When did you watch it? How was it? Tell me everything from the beginning.

가장 최근에 본 TV 프로그램이나 영화에 대해 말해주세요. 어떤 종류의 TV 쇼나 영화였나요? 언제 봤나요? 그것은 어땠나요? 처음부터 전부 말해주세요.

답변 전략 MI 전략

🔊 MP3 10_20

Main 일곱 개의 대륙, 하나의 지구 Seven Worlds, One Planet	The most **recent TV show** I've watched **was a documentary** called, 'Seven Worlds, One Planet'. 제가 가장 최근에 본 TV 쇼는 '일곱 개의 대륙, 하나의 지구'라는 다큐멘터리였어요.
Body 다큐멘터리 시리즈 a documentary series 동물 애호가 as an animal lover 모든 생명은 소중함 every life is precious	It's a documentary series about different animal species living in each of our 7 continents. I first got to know about the show from the preview I watched while I was browsing through different channels. As an animal lover, I just could not pass on it. After watching the show, I wrote down all the places from the show I would like to visit on my bucket list. Also, I learned that humans must learn to coexist with wildlife because every life is precious. 이것은 우리의 일곱개의 대륙에 살고 있는 다른 동물 종들에 대한 다큐멘터리 시리즈예요. 다른 채널을 둘러보다가 본 예고편으로부터 저는 이 프로그램에 대해 처음 알게 되었어요. 동물 애호가로서 그냥 넘길 수가 없었죠. 이 쇼를 본 후, 저는 쇼에 나온 모든 장소를 버킷 리스트에 적어 두었어요. 또한, 인간은 야생동물과 공존하는 법을 배워야 한다는 것을 배웠어요. 모든 생명은 소중하니까요.
Wrap-up 재방송 시청 watch the reruns	Nature is truly amazing, and I try to watch the reruns every time to kill time whenever I have the chance. 자연은 정말 놀랍고, 저는 항상 기회가 있을 때마다 시간을 보내기 위해 이 쇼의 재방송을 보려 해요.

■ AL 패턴/표현

**어휘
표현** animal species 동물의 종 preview (영화, TV의) 예고편 animal lover 동물 애호가 rerun (TV 프로그램의) 재방송

 친절한 송쌤 🔘

get to + [동사]는 ~해지다/~하게 되다라는 뜻으로 get to know 는 알게 되다 라는 뜻을 가진 표현입니다. 영어회화에서 자주 쓰이는 표현이니 반드시 알아주세요. 특히, 오픽 시험에서는 **처음 ~하게 된 계기**에 대한 답변을 말할 때, how I first got to know about A is/was ~ 의 패턴이나 I first got to know about A when ~ 패턴을 활용할 수 있으니 꼭 암기하세요!

Q11 롤플레이 | 휴대폰 - 신규 휴대폰 구매를 위해 전화로 질문하기 ★★★☆☆

I'd like to give you a situation and act it out. Imagine you are looking to buy a new cellphone but you don't know much about the features of cellphones that are currently out on the market. Go find the cellphone store manager and ask three or four questions about the phone that you're going to purchase.

당신에게 주어진 상황에 대해 역할극을 해주세요. 당신은 새 휴대폰을 구입하려고 하지만, 현재 시장에 나와 있는 휴대폰의 특징에 대해 잘 알지 못한다고 상상해 보세요. 휴대폰 매장 매니저를 찾아 구매하려는 휴대폰에 대해 서너 가지 질문을 해주세요.

답변 전략 · INTRO 전략

Intro

새 휴대폰 구매
purchase a new cell phone

Hello, I'm here to purchase a new cell phone because mine is pretty old. I'm afraid I don't know much about cellphones, so I need you to answer my questions to help me pick the best one that would fit my needs.

안녕하세요, 제 휴대폰이 오래돼서 새 휴대폰을 사려고 왔어요. 그런데, 제가 휴대폰에 대해 잘 몰라서, 제 필요에 맞는 가장 좋은 휴대폰을 고를 수 있도록 당신이 제 질문에 대답해줬으면 좋겠어요.

Body

가장 큰 화면
the largest screen

긴 배터리 수명
a long battery life

예산 범위 안
within my budget

First, can you show me the phone with the largest screen? I mean, the main purpose of using a phone, for me, is to watch YouTube these days... and I believe the bigger the better when it comes to the size of the screen, especially when watching some videos, right? Second, I would also like a phone with a long battery life. That's because I'm always on the move and I'm a heavy user. I mean, it wouldn't be a problem if I take an extra portable battery or a charger with me all the time, but it must be a hassle, right? I wouldn't want to do that... so, it would be great if the phone has a long battery life. Last but not least, it should be within my budget. I'm willing to spend up to 500,000 won, and I cannot afford anything more expensive than that.

첫째로, 가장 큰 화면이 있는 전화기를 보여주시겠어요? 제 말은, 제게 있어 요즘 휴대폰을 사용하는 주된 목적은, 유튜브를 보는 것이고... 화면 크기에 있어서 저는 크면 클수록 좋다고 생각하는데, 특히 비디오를 볼 때요, 그렇죠? 둘째로, 배터리 수명이 긴 전화기도 갖고 싶어요. 왜냐하면, 전 항상 이동 중이고, 사용량도 많기 때문이죠. 항상 여분의 휴대용 배터리나 충전기를 가지고 다니면 문제 없겠지만, 번거롭겠죠? 전 그렇게 하고 싶지 않아요... 그래서, 전화기의 배터리 수명이 길다면 좋을 것 같아요. 마지막으로 중요한 것은, 제 예산 범위 안에 있어야 한다는 거예요. 50만원 정도를 쓸 의향이 있고, 그보다 비싼 것은 살 여유가 없어요.

Wrap-up

미리 정말 감사
thank you very much in advance

Thank you very much in advance for sharing your time.
당신의 시간을 내줘서 미리 정말 감사해요.

■ AL 패턴/표현

어휘 표현 fit one's needs ~의 필요를 충족시키다 hassle 번거로운 일 budget 예산 be willing to 흔쾌히 ~을 하다 in advance 미리

MP3 10_23

Q12 롤플레이 | 휴대폰 – 구매한 휴대폰이 마음에 들지 않는 상황 해결책 제시하기 ★★★★☆

I'm sorry but there's a problem I need you to resolve. You've purchased a new cellphone but you don't like your phone for some reason. Call the manager, explain the whole situation and provide two to three suggestions.

유감스럽게도 당신이 해결해야 할 문제가 있습니다. 당신은 새 휴대폰을 구매했는데 왠지 그 휴대폰이 마음에 들지 않습니다. 매니저에게 전화해서 전체 상황을 설명하고, 두세 가지 제안을 해주세요.

답변 전략 · INTRO 전략

MP3 10_24

Intro

정말 만족스럽지 않음
not really satisfied

Hi, this is Jiwon, who purchased the cellphone, UPhone8, a couple of days ago. I'm not sure if you could recall me but I'm calling you because I'm not really satisfied with the one that I bought.

안녕하세요. 전 며칠 전에 유폰8 휴대폰을 구매한 지원이라고 해요. 저를 기억하실지 모르겠지만, 전 제가 산 휴대폰이 정말 만족스럽지 않아 전화 드렸어요.

Body

길지 않은 배터리 수명
battery life is not long

환불
get a refund

교환
get an exchange

As I asked you earlier, I desperately wanted to buy a phone with a long battery life, but it doesn't seem like this phone comes with the feature. On many occasions, I took my cell phone out fully charged and my battery had gone down by thirty percent after watching only a few videos. So, I'm wondering if you could help me with this matter. First, would it be possible for me to just get a refund? As far as I know, I can get a refund within seven days of purchase. If there's any penalty for that, please let me know how much you guys would charge me. If getting a refund is not an option, I need to get an exchange. I mean, the reason why I was willing to pay that much money for a cellphone was because I strongly believed that it was worth it, but I was wrong.

전에도 여쭤봤듯이, 전 배터리 수명이 긴 휴대폰을 꼭 사고 싶었는데, 이 휴대폰에 그 기능은 없는 것 같아요. 휴대폰을 완전히 충전해서 사용했는데, 비디오 몇 개만 보고 나서 배터리가 30%나 떨어진 적이 여러 번 있었어요 그래서 저는 당신이 이 문제를 도와줄 수 있는지 궁금해요. 우선, 그냥 환불을 받을 수 있을까요? 제가 알기로는 구매 후 7일 이내에 환불을 받을 수 있어요. 만약 그것에 대해 위약금이 있다면, 얼마를 청구할지 알려주세요. 만약 환불이 안된다면, 교환이 필요해요. 휴대폰에 그렇게 많은 돈을 기꺼이 지불할 의향이 있었던 이유는 그럴 만한 가치가 있다고 굳게 믿었기 때문이었는데, 제가 틀렸던 거죠.

Wrap-up

더 좋은 아이디어 제안
offer me a better idea

If you guys can offer me a better idea, please let me know. I don't want to use this phone anymore. Thanks.

만약 제게 더 좋은 아이디어를 제안해 줄 수 있다면 알려주세요. 저는 더이상 이 휴대폰을 사용하고 싶지 않아요. 감사해요.

■ AL 패턴/표현

어휘 표현 for some reason 웬일인지, 왠지　desperately 몹시, 심하게　as far as I know 내가 알기로는, 내가 아는 한에서는
penalty 위약금

Q13 롤플레이 | 휴대폰 - 새로 출시된 제품이나 기술이 마음에 들지 않았던 경험 이야기하기 ★★★★☆

Have you had an experience of not being satisfied with a product you bought or technology that was released recently? Why did you not like it? What was so bad about it? I'd like to know in detail.

구입한 제품이나 최근 출시된 기술에 만족하지 못한 경험이 있나요? 왜 그것이 마음에 들지 않았나요? 어느 부분이 그렇게 안 좋았나요? 자세히 알고 싶어요.

답변 전략 INTRO 전략

🔊 MP3 10_26

Intro

얼리 어답터
early adopter

실망하게 된 경험
my experience of becoming disappointed

As an early adopter, I love buying products that are equipped with new technology. However, not all products are as promising as they are advertised on the media, and I want to share with you my experience of becoming disappointed after buying a product.

얼리 어답터로서 저는 신기술을 갖춘 제품을 사는 것을 좋아해요. 하지만 모든 제품이 미디어에 광고되는 것처럼 장래성이 있는 것은 아니며, 저는 제품을 구매한 후 실망하게 된 저의 경험을 당신에게 공유하고 싶어요.

Body

출시일에 구매
on the release date, purchased it

너무 신남
so excited

주름이 눈에 띔, 덩치 커 보임
the crease was noticeable, looked bulky

Recently, I purchased a new mobile device with a foldable display. Prior to its release, the media was going crazy over how amazing the product would be and that it's a steal at the price. I, who loves to try new technology, immediately went to a store near my house on the release date and purchased the product. When I first opened the box, I had never been so excited in my life before that moment. However, after a few days of using it, I realized that the crease in the middle of the display was more noticeable than I had thought. Moreover, its design that once seemed sleek looked bulky.

최근 접이식 화면이 달린 새 휴대폰 기기를 구입했어요. 출시 전부터 언론은 제품이 얼마나 놀라울지에 대해 열광했고, 이 값이면 거저나 다름없다고 했죠. 신기술 사용을 시도해보는 것을 좋아하는 저는 출시일에 집 근처 매장에 바로 가서 제품을 구입했어요. 처음 상자를 열었을 때, 저는 인생에서 이런 적이 없었을 정도로 그 순간에 흥분했죠. 그러나 며칠을 써 보니 생각보다 화면 가운데의 주름이 뚜렷하다는 것을 깨달았어요. 게다가 한때는 날렵해 보였던 디자인도 덩치가 커 보였죠.

Wrap-up

돈 낭비
such a waste of money

I ended up selling that phone in less than six months, and it was such a waste of money!

결국 저는 그 휴대폰을 6개월도 되지 않아 팔게 되었고, 그것은 정말 돈 낭비였어요!

■ AL 패턴/표현

어휘 표현 equip 장비를 갖추다 foldable display 접이식 디스플레이(컴퓨터 화면에 나타나는 정보) go crazy over ~에 열광하다
a steal at the price 이 값이면 거저 crease 주름 noticeable 뚜렷한 sleek 날렵한 bulky 덩치가 큰

 친절한 송쌤 💬

end up은 결국 ~하게 되다라는 뜻으로 보통 의도하지 않게 일이 흘러가 뜻하지 않은 결과를 맞이했을 때 사용되는 표현입니다.
end up [동사ing] 혹은 end up with [명사]로 많이 사용됩니다.

Q14 기본 | 거주지 - 5~10년 전과 현재의 우리나라 주택 변화 ★★★★☆

How have houses in your country changed over the past five to ten years? What is the biggest change?

지난 5년에서 10년 동안 당신 나라의 주택은 어떻게 변화했나요? 가장 큰 변화는 무엇인가요?

답변 전략 · INTRO 전략
MP3 10_28

Intro

많은 변화
many differences

> There have been many changes to amenities and home interiors in Korean houses over the past five to ten years.
> 지난 5~10년 동안 한국 주택의 편의 시설과 실내 인테리어에 많은 변화가 있었어요.

Body

편의 시설
: 주민 센터, 체육관
the amenities
: community centers, gyms

인테리어: 많은 공간
home interior
: more storage space

주택 시장: 새로운 정책
housing market
: policies introduced

> First, let's talk about the amenities. People have started looking for houses with better amenities nearby such as community centers and gyms, where people could spend time with their family. Amenities have become one of the most important aspects of house hunting, and construction companies have begun focusing on providing the best facilities for their residents. In terms of home interior, houses now have more storage space compared to those of the past, and more homeowners have started living a minimalist lifestyle that allows them to have more space in their homes. Now, let's move on to Korea's housing market. Many new policies have been introduced to suppress real estate speculation that has caused housing prices in Korea to skyrocket. However, people are still debating whether the new policies are effective in controlling the housing market.
> 첫째로, 편의 시설에 대해 이야기해볼게요. 사람들은 가족과 함께 시간을 보낼 수 있는 주민 센터나 체육관과 같은 더 좋은 생활 편의 시설을 갖춘 주택을 찾기 시작했어요. 편의 시설은 집을 알아보는 데 있어서 가장 중요한 측면 중 하나가 되었고, 건설사들은 주민들에게 최상의 시설을 제공하는 데 주력하기 시작했죠. 실내 인테리어 측면에서 보면, 현재의 주택은 과거에 비해 좀 더 많은 수납 공간이 생겼고, 보다 많은 주택 소유자들이 집에 공간을 더 가질 수 있게 하는 미니멀한 생활 방식을 갖기 시작했어요. 자, 이제 한국의 주택 시장으로 넘어가 보죠. 국내 집값을 급등시킨 부동산 투기를 억제하기 위한 새로운 정책들이 많이 나왔어요. 그러나 국민들은 새 정책이 주택 시장을 통제하는 데 효과적인지에 대해 여전히 논쟁하고 있어요.

Wrap-up

가장 눈에 띄는 변화들
the most noticeable changes

> These are the most noticeable changes.
> 이것들이 바로 가장 눈에 띄는 변화들이에요.

■ AL 패턴/표현

어휘 표현 home interior 실내 인테리어, 홈 인테리어   amenity 생활 편의 시설   house hunting 집 보러 다니기   construction company 건설 회사   in terms of ~면에서   move on ~로 넘어가다   skyrocket 급등하다   suppress 진압하다, 억제하다   real estate speculation 부동산 투기

Q15 기본 | 거주지 - 우리나라 주택 시장 관련 뉴스 ★★★★★ 고난도

Have you ever read an article or seen a news report about the problems regarding the real estate market in your country? What kind of problems exist?

당신 나라 부동산 시장의 문제에 관한 기사를 읽거나 뉴스 보도를 본 적이 있나요? 어떤 종류의 문제가 있나요?

답변 전략 MI 전략

MP3 10_30

Main

집값 급등
housing price surge

If I have to talk about one problem regarding the real estate market in Korea, the hottest potato in recent years has been the housing price surge.

국내 부동산 시장과 관련해 한 가지 문제점을 얘기해야 한다면, 최근 몇 년간 가장 뜨거운 감자는 집 값 급등이었어요.

Body

투기 때문
one major cause is speculation

골칫거리
a pain in the neck

부동산 세금 내야 함
real estate taxes to be paid

One major cause behind the housing price bubble in Korea is speculation, and policymakers are having a difficult time responding to it. One of the major topics discussed among Koreans these days is the rising real estate price, and it's a pain in the neck for both homeowners and potential home buyers. For homeowners, rising prices mean more real estate taxes to be paid, and for people who are looking to purchase a home, it means a larger mortgage loan to be paid off.

한국의 집값 거품의 한 가지 주요 원인은 투기인데 정책 입안자들이 이에 대응하는 데 어려움을 겪고 있죠. 요즘 한국인들 사이에서 논의되는 주요 화두 중 하나는 부동산 가격 상승인데, 이는 집주인과 잠재적 주택 구입자 모두에게 골칫거리예요. 주택 소유자들에게 있어서, 가격 상승은 더 많은 부동산 세금을 지불해야 한다는 것을 의미하고, 집을 사려는 사람들에게 그것은 갚아야 할 더 큰 주택 담보 대출을 의미하죠.

Wrap-up

투기는 멈추지 않을 것임
speculation will not stop

In my opinion, directing the real estate market in Korea is virtually impossible because of speculators, and speculation will not stop until people find other places to invest their money in.

제 생각에는 한국의 부동산 시장을 감독하는 것은 투기꾼들 때문에 사실상 불가능하며, 투기는 사람들이 돈을 투자할 다른 곳을 찾을 때까지 멈추지 않을 거예요.

■ AL 패턴/표현

어휘 표현 real estate 부동산 hot potato 뜨거운 감자 = 난감한 문제(상황) surge 급등하다 speculation 투기 pain in the neck 골 칫거리 mortgage loan 주택 담보 대출 pay off 돈을 갚다

 친절한 송쌤 ⓘ

have a difficult/had time [동사ing]의 표현을 반드시 익혀 두세요. 힘든 시간/어려운 시간을 보내다라는 뜻으로 ~하는 데 있어서라고 할 때에는 **동사ing**를 씁니다. 정말 유용하게 쓸 수 있는 표현입니다.

시원스쿨LAB 강사 라인업

20년 노하우의 오픽/토스/토익/지텔프/텝스/아이엘츠/토플/SPA/듀오링고
기출 빅데이터 심층 연구로 빠르고 효율적인 목표 점수 달성을 보장합니다.

시험영어 전문 연구 조직

시원스쿨어학연구소

 시험영어 전문

 기출 빅데이터

 264,000시간

OPIc/TOEIC Speaking/TOEIC/ G-TELP/TEPS/IELTS/ TOEFL/SPA/Duolingo 공인 영어시험 콘텐츠 개발 경력 20년 이상의 국내외 연구원들이 포진한 전문적인 연구 조직입니다.	본 연구소 연구원들은 매월 각 전문 분야의 시험에 응시해 시험에 나온 모든 문제를 철저하게 해부하고, 시험별 기출문제 빅데이터 분석을 통해 단기 고득점을 위한 학습 솔루션을 개발 중입니다.	각 분야 연구원들의 연구시간 모두 합쳐 264,000시간 이 모든 시간이 쌓여 시원스쿨어학연구소가 탄생했습니다.

딱 3가지 만능 답변 전략만 알면 어떤 문제든 답변할 수 있다!

한 권으로 끝내는 IH~AL 실전서
시원스쿨 오픈 실전 모의고사 10회

시원스쿨LAB 오픈 전문 강사

송지원 선생님

최신 기출 트렌드를
완벽 반영했다!

최신 Background Survey
선택 사항 반영은 물론
수험자들이 가장 어려워하는
롤플레이&돌발 문제에 대한 전략 수록

3가지 만능 답변 전략으로
단기간에 IH-AL 획득

어떤 문제에도 적용 가능한
3가지 만능 답변 전략으로
실전 감각 향상과 함께
단 기간 IH~AL 획득이 가능

AL레벨을 보장하는
모의고사, 표현&패턴 추가 제공

순차적인 난이도 구성으로
목표 레벨에 따라 학습은 물론
원어민이 자주 사용하는
다양한 어휘와 표현, 패턴까지!

오픈 시험에 최적화된
저자 밀착 해설 제공

현장 강의에서만 들을 수 있는
스피킹 전문가, 송지원 쌤의
음성강의와 친절하고 꼼꼼한
문제풀이&꿀팁 제공

지금 시원스쿨LAB 사이트(lab.siwonschool.com)에서 오픈 강의를 유료로 수강하실 수 있습니다.

오픽
900% 환급반

* 제세공과금, 교재비 제외

쉽게 환급을 받을 수 있는 시원스쿨랩의 900% 환급반 비교할 필요가 없습니다.

시원스쿨LAB 토스

∨ 오픽 전 강좌 무제한 수강

∨ 달성 못하면 50% 환급 or 200일 추가 연장

∨ AL 달성만 해도 응시료 지급

첫 시험에 오픽 AL 달성한
시원스쿨LAB 수강생의 후기!
여러분도 할 수 있습니다!

첫 시험에 오픽 AL 달성!

온라인스터디를 통해서 매일 새로운
주제가 올라왔고, 매일 다른 주제로 연습함으로써
실전에 대비할 수 있었습니다.

오픽 수강생 박승*

시원스쿨 LAB

시험장에 들고 가는 핵심 정리

질문이 난해하거나 한 번도 생각해본 적이 없는 질문일 때

- ☐ Well, it's a really tough question for me.
- ☐ Well, it's pretty hard for me to answer this question.
- ☐ I've never thought about this before.
- ☐ I honestly don't know what to say.
- ☐ I don't have that many things to talk about for this topic.

생각할 시간을 벌고 싶을 때

- ☐ I need some time to think about your question.
- ☐ Could you please give me some time to think?
- ☐ If it's okay with you, can I please take some time to think?
- ☐ I guess I need some time to come up with the answer to your question.
- ☐ Can you please give me a minute to think?

나의 과거 이야기를 할 때

- ☐ I honestly don't really remember the first time I [과거형 동사].
- ☐ I clearly remember how/when I first [과거형 동사].
- ☐ How I first got to know about A was when I [과거형 동사].
- ☐ It's been a long time, so I don't remember things in detail.
- ☐ I used to [동사원형] in my youth.

앞서 이미 대답한 질문이 주어졌을 때

- ☐ As I've mentioned earlier,
- ☐ I think I've already talked about this in the previous question.
- ☐ Well, I guess I already answered this question.

Ava 에게 이해/양해를 구할 때

- ☐ Please understand me even if I stumble from time to time.
- ☐ I don't honestly remember what happened exactly but I'll try to remember.
- ☐ Ava, could you please give me some time to think?

뷰봉안 filler 노봄

- ☐ Well,
- ☐ You know,
- ☐ You know what?
- ☐ You know what I mean?
- ☐ [주어+동사], right?
- ☐ What I mean is that…

- ☐ I mean…
- ☐ I guess / I believe …
- ☐ It's kind of / sort of…
- ☐ It's like…
- ☐ Um…

만능 표현/문장 세트 (기본 주제, 선택 주제, 돌발 주제)

장소를 묘사할 때

- ☐ To tell you about how it looks,/To talk about what it looks like,
- ☐ It looks just like other apartment buildings.
- ☐ It's located on the 9th floor of a 20-story building.
- ☐ As soon as I enter the building, I see a huge stage in the middle/on the right/on the left.
- ☐ It's newly built/spacious/well-maintained/well-organized/cozy.

장소의 위치를 묘사할 때

- ☐ It's located within walking distance.
- ☐ It's located near my house/my office.
- ☐ It takes only about [   ] on foot/by bus/by subway.
- ☐ It's only a 5-minute walk.

내가 좋아하는 것에 대해 말할 때

- ☐ My all time-favorite actor/actress/movie would be [   ].
- ☐ Out of them all, I like [   ] the most.
- ☐ My number one [   ] would definitely be [   ].
- ☐ One of the reasons why I prefer [   ] is because [주어+동사].
- ☐ I like the way [주어+동사].

일상 루틴이나 활동에 대해 말할 때

- ☐ There are several steps I take in order to [동사].
- ☐ There are several things I do in order to [동사].
- ☐ I do many things before/during/after [주어+동사].
- ☐ I'd like to talk about my routine I typically follow when I [동사].
- ☐ What I do varies/differs depending on [   ].

변화에 대해 말할 때

- ☐ The way [주어+동사] has changed significantly over the past few years.
- ☐ My taste in [   ] has dramatically changed compared to when I was little.
- ☐ There aren't many differences between [   ] now and in the past.
- ☐ There are a couple of differences I can think of now.
- ☐ One of the most noticeable (the biggest) differences would be [   ].
- ☐ In the past, [주어] used to [동사].
- ☐ Compared to the past, [   ] got much/a lot/far [비교급].

활동 계기에 대해 말할 때

- ☐ I don't really remember when I first started [동사ing].
- ☐ I first started [   ] when [주어+과거형 동사].
- ☐ I'd like to talk about how/when I first became interested in [동사ing].
- ☐ I guess I was just born to [동사].
- ☐ This is how I became interested in [동사ing].

과거 경험에 대해 말할 때

- ☐ There have been many unforgettable/memorable/special moments so far.
- ☐ There was this time when [주어+과거형 동사].
- ☐ It happened when [주어+과거형 동사].
- ☐ It was so [형용사] that [주어+과거형 동사].
- ☐ I still cannot forget the moment when [주어+과거형 동사].
- ☐ What made [   ] so unforgettable/memorable/special was that [주어+동사].
- ☐ What was so unforgettable/memorable/special about [   ] was that [주어+동사].
- ☐ It was as good/bad as I expected/thought it would be.
- ☐ It's still fresh in my memory.
- ☐ From that experience, I learned a lesson that [주어+동사].
- ☐ Since then, [주어] have(has) [과거분사형 동사].

만능 표현/문장 세트 (롤플레이)

1. 질문하기

지인에게 (전화)로 질문하기 Intro

- ☐ Hi, I'm calling to [동사].
- ☐ Hi, this is [내 이름] and I'm calling to ask you about [   ].
- ☐ Hi, I'm [내 이름] and I need to ask you a few questions about [   ].

영업점에 (전화)로 질문하기 Intro

- ☐ Hi, I'm calling to ask you a few questions about [   ] because I'm thinking of [동사ing].
- ☐ Hi, I'm planning to [동사], so I need you to answer some of my questions about [   ].
- ☐ Hi, I'd like to 동사, and I have some questions about [   ]. Could you please answer my questions?
- ☐ Hi, my name is [내 이름], and I'd like to make an appointment with [   ]. So, I have some questions.

지인에게 (전화)로 질문하기 Body

- ☐ Is there any particular [   ] you'd like to [동사]?
- ☐ When/where/what/how/who do you [동사]?
- ☐ Are you okay with [   ]?
- ☐ I'm wondering if there's anything you'd like to [동사].
- ☐ How much did you pay for [동사]?

영업점에 (전화)로 질문하기 Body

- ☐ What kinds of [   ] are available?
- ☐ Could you show me the best/cheapest [   ] you have?
- ☐ I'm wondering if you are offering any promotion at this time?
- ☐ I'd like one under 1000 dollars. The price should be reasonable.
- ☐ I'd like to know when is the earliest time I can [동사].

지인/영업점에 (전화로) 질문하기 Wrap-up

☐ These are my questions. Thanks for sharing your precious time.

☐ Thanks in advance for answering my questions.

2. 대안/해결책 제시하기

지인에게 대안/해결책 제시하기 Intro

☐ Hi, I'm sorry to tell you this, but I don't think I can make it today.

☐ Hi, I'm terribly sorry for letting you know at the last minute, but I think I should cancel today's meeting.

☐ Hi, I hate to tell you this, but I don't think I can [동사]. I did everything I could think of, but I can't [동사].

영업점에 대안/해결책 제시하기 Intro

☐ Hi, I've just [동사] but I'm not very satisfied with it.

☐ Hi, I'm a person who [동사] but I have a problem.

☐ There seems to be a problem with [   ].

☐ I have a problem, so I was wondering if you could help me with this matter.

지인에게 대안/해결책 제시하기 Body

☐ Would it be okay for us(me) to [동사]?

☐ Could I(you) possibly [동사]?

☐ Is it possible for [목적어] to [동사]?

☐ If you are not okay with it, I'll [동사].

영업점에 대안/해결책 제시하기 Body

☐ Is there any way to get a refund/get an exchange?

☐ Can you please do something as soon as possible?

☐ Would you possibly [동사] for me?

☐ I'm wondering if you could [동사].

지인/영업점에 대안/해결책 제시하기 Wrap-up

☐ I'll be waiting for your answer.

☐ Please let me know what you want.

☐ I'd like to know what you can do for me as soon as possible.

☐ Please get back to me as soon as possible.

☐ Please call me back when you get this.